科技型中小企业金融服务研究

——基于信息不对称视角

A Research on Financial Services to High-tech SMEs: Based on the Perspective of Asymmetric Information

刘 飞 著

经济管理出版社
ECONOMY & MANAGEMENT PUBLISHING HOUSE

图书在版编目（CIP）数据

科技型中小企业金融服务研究——基于信息不对称视角/刘飞著. —北京：经济管理出版社，2014.11

ISBN 978-7-5096-3391-5

Ⅰ.①科… Ⅱ.①刘… Ⅲ.①高技术企业—中小企业—金融—商业服务—研究—中国 Ⅳ.①F279.244.4

中国版本图书馆 CIP 数据核字（2014）第 225092 号

组稿编辑：宋 娜
责任编辑：宋 娜 刘广钦
责任印制：司东翔
责任校对：陈 颖

出版发行：经济管理出版社
（北京市海淀区北蜂窝 8 号中雅大厦 A 座 11 层 100038）
网 址：www. E-mp. com. cn
电 话：（010）51915602
印 刷：北京晨旭印刷厂
经 销：新华书店
开 本：720mm×1000mm/16
印 张：17.25
字 数：283 千字
版 次：2014 年 11 月第 1 版 2014 年 11 月第 1 次印刷
书 号：ISBN 978-7-5096-3391-5
定 价：92.00 元

编委会及编辑部成员名单

本书得到了国家科技部科技支撑项目“面向科技型中小企业的科技金融综合服务平台及应用示范”（2012BAH31）课题“科技金融综合服务体系设计及政策理论研究”（2012BAH31F07）和国家重点基础研究发展计划（973 计划）“气候变化经济过程的复杂性机制、新型集成评估模型簇与政策模拟平台研发”（2012CB955800）课题“气候变化与气候保护中的全球经济问题”（2012CB955802）的资助。

序　一

博士后制度是19世纪下半叶首先在若干发达国家逐渐形成的一种培养高级优秀专业人才的制度，至今已有一百多年历史。

20世纪80年代初，由著名物理学家李政道先生积极倡导，在邓小平同志大力支持下，中国开始酝酿实施博士后制度。1985年，首批博士后研究人员进站。

中国的博士后制度最初仅覆盖了自然科学诸领域。经过若干年实践，为了适应国家加快改革开放和建设社会主义市场经济制度的需要，全国博士后管理委员会决定，将设站领域拓展至社会科学。1992年，首批社会科学博士后人员进站，至今已整整20年。

20世纪90年代初期，正是中国经济社会发展和改革开放突飞猛进之时。理论突破和实践跨越的双重需求，使中国的社会科学工作者们获得了前所未有的发展空间。毋庸讳言，与发达国家相比，中国的社会科学在理论体系、研究方法乃至研究手段上均存在较大的差距。正是这种差距，激励中国的社会科学界正视国外，大量引进，兼收并蓄，同时，不忘植根本土，深究国情，开拓创新，从而开创了中国社会科学发展历史上最为繁荣的时期。在短短20余年内，随着学术交流渠道的拓宽、交流方式的创新和交流频率的提高，中国的社会科学不仅基本完成了理论上从传统体制向社会主义市场经济体制的转换，而且在中国丰富实践的基础上展开了自己的伟大创造。中国的社会科学和社会科学工作者们在改革开放和现代化建设事业中发挥了不可替代的重要作用。在这个波澜壮阔的历史进程中，中国社会科学博士后制度功不可没。

值此中国实施社会科学博士后制度20周年之际，为了充分展示中国社会科学博士后的研究成果，推动中国社会科学博士后制度进一步发展，全国博士后管理委员会和中国社会科学院经反复磋商，并征求了多家设站单位的意见，决定推出《中国社会科学博士后文库》(以下简称《文库》)。作为一个集中、系统、全面展示社会科学领域博士后优秀成果的学术平台，《文库》将成为展示中国社会科学博士后学术风采、扩大博士后群体的学术影响力和社会影响力的园地，成为调动广大博士后科研人员的积极性和创造力的加速器，成为培养中国社会科学领域各学科领军人才的孵化器。

创新、影响和规范，是《文库》的基本追求。

我们提倡创新，首先就是要求，入选的著作应能提供经过严密论证的新结论，或者提供有助于对所述论题进一步深入研究的新材料、新方法和新思路。与当前社会上一些机构对学术成果的要求不同，我们不提倡在一部著作中提出多少观点，一般地，我们甚至也不追求观点之"新"。我们需要的是有翔实的资料支撑，经过科学论证，而且能够被证实或证伪的论点。对于那些缺少严格的前提设定，没有充分的资料支撑，缺乏合乎逻辑的推理过程，仅仅凭借少数来路模糊的资料和数据，便一下子导出几个很"强"的结论的论著，我们概不收录。因为，在我们看来，提出一种观点和论证一种观点相比较，后者可能更为重要：观点未经论证，至多只是天才的猜测；经过论证的观点，才能成为科学。

我们提倡创新，还表现在研究方法之新上。这里所说的方法，显然不是指那种在时下的课题论证书中常见的老调重弹，诸如"历史与逻辑并重"、"演绎与归纳统一"之类；也不是我们在很多论文中见到的那种敷衍塞责的表述，诸如"理论研究与实证分析的统一”等等。我们所说的方法，就理论研究而论，指的是在某一研究领域中确定或建立基本事实以及这些事实之间关系的假设、模型、推论及其检验；就应用研究而言，则指的是根据某一理论假设，为了完成一个既定目标，所使用的具体模型、技术、工具或程序。众所周知，在方法上求新如同在理论上创新一样，殊非易事。因此，我们亦不强求提出全新的理论方法，我们的最低要求，是要按照现代社会科学的研究规范来展开研究并构造论著。

我们支持那些有影响力的著述入选。这里说的影响力，既包括学术影响力，也包括社会影响力和国际影响力。就学术影响力而言，入选的成果应达到公认的学科高水平，要在本学科领域得到学术界的普遍认可，还要经得起历史和时间的检验，若干年后仍然能够为学者引用或参考。就社会影响力而言，入选的成果应能向正在进行着的社会经济进程转化。哲学社会科学与自然科学一样，也有一个转化问题。其研究成果要向现实生产力转化，要向现实政策转化，要向和谐社会建设转化，要向文化产业转化，要向人才培养转化。就国际影响力而言，中国哲学社会科学要想发挥巨大影响，就要瞄准国际一流水平，站在学术高峰，为世界文明的发展作出贡献。

我们尊奉严谨治学、实事求是的学风。我们强调恪守学术规范，尊重知识产权，坚决抵制各种学术不端之风，自觉维护哲学社会科学工作者的良好形象。当此学术界世风日下之时，我们希望本《文库》能通过自己良好的学术形象，为整肃不良学风贡献力量。

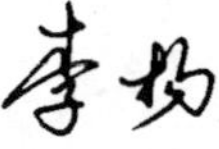

中国社会科学院副院长

中国社会科学院博士后管理委员会主任

2012 年 9 月

序 二

在21世纪的全球化时代，人才已成为国家的核心竞争力之一。从人才培养和学科发展的历史来看，哲学社会科学的发展水平体现着一个国家或民族的思维能力、精神状况和文明素质。

培养优秀的哲学社会科学人才，是我国可持续发展战略的重要内容之一。哲学社会科学的人才队伍、科研能力和研究成果作为国家的"软实力"，在综合国力体系中占据越来越重要的地位。在全面建设小康社会、加快推进社会主义现代化、实现中华民族伟大复兴的历史进程中，哲学社会科学具有不可替代的重大作用。胡锦涛同志强调，一定要从党和国家事业发展全局的战略高度，把繁荣发展哲学社会科学作为一项重大而紧迫的战略任务切实抓紧抓好，推动我国哲学社会科学新的更大的发展，为中国特色社会主义事业提供强有力的思想保证、精神动力和智力支持。因此，国家与社会要实现可持续健康发展，必须切实重视哲学社会科学，"努力建设具有中国特色、中国风格、中国气派的哲学社会科学"，充分展示当代中国哲学社会科学的本土情怀与世界眼光，力争在当代世界思想与学术的舞台上赢得应有的尊严与地位。

在培养和造就哲学社会科学人才的战略与实践上，博士后制度发挥了重要作用。我国的博士后制度是在世界著名物理学家、诺贝尔奖获得者李政道先生的建议下，由邓小平同志亲自决策，经国务院批准于1985年开始实施的。这也是我国有计划、有目的地培养高层次青年人才的一项重要制度。二十多年来，在党中央、国务院的领导下，经过各方共同努力，我国已建立了科学、完备的博士后制度体系，同时，形成了培养和使用相结合，产学研相结合，政府调控和社会参与相结合，服务物质文明与精神文明建设的鲜明特色。通过实施博士后制度，我国培养了一支优秀的高素质哲学社会科学人才队伍。他们在科研机构或高等院校依托自身优势和兴趣，自主从事开拓性、创新性研究工作，从而具有宽广的学术视野、突出的研究能力和强烈的探索精神。其中，一些出站博士后已成为哲学社会科学领域的科研骨干和学术带头人，在“长江学者”、“新世纪百千万人才工程”等国家重大科研人才梯队中占据越来越大的比重。可以说，博士后制度已成为国家培养哲学社会科学拔尖人才的重要途径，而且为哲学社会科学的发展造就了一支新的生力军。

哲学社会科学领域部分博士后的优秀研究成果不仅具有重要的学术价值，而且具有解决当前社会问题的现实意义，但往往因为一些客观因素，这些成果不能尽快问世，不能发挥其应有的现实作用，着实令人痛惜。

可喜的是，今天我们在支持哲学社会科学领域博士后研究成果出版方面迈出了坚实的一步。全国博士后管理委员会与中国社会科学院共同设立了《中国社会科学博士后文库》，每年在全国范围内择优出版哲学社会科学博士后的科研成果，并为其提供出版资助。这一举措不仅在建立以质量为导向的人才培养机制上具有积极的示范作用，而且有益于提升博士后青年科研人才的学术地位，扩大其学术影响力和社会影响力，更有益于人才强国战略的实施。

今天，借《中国社会科学博士后文库》出版之际，我衷心地希望更多的人、更多的部门与机构能够了解和关心哲学社会科学领域博士后及其研究成果，积极支持博士后工作。可以预见，我国的博士后事业也将取得新的更大的发展。让我们携起手来，共同努力，推动实现社会主义现代化事业的可持续发展与中华民族的伟大复兴。

王晓初

人力资源和社会保障部副部长

全国博士后管理委员会主任

2012 年 9 月

摘要

21世纪被认为是一个创新经济的时代，科技型中小企业的作用越来越受到世界各国的重视。科技型中小企业对于国民经济发展和国家科技创新能力提升都有重要意义，作用十分突出。相比于其作用的突出，科技型中小企业更为突出的特征是其普遍缺失合意的金融服务的问题。该金融服务难题已经成为制约我国科技型中小企业良好发展的最大阻碍，也在很大程度上影响了我国经济结构的调整转型和建设科技创新型国家的战略目标的实现。因此，对于科技型中小企业金融服务问题的研究意义重大。

我国涉及科技型中小企业金融服务领域的研究成果不可谓不多，但大多数的研究都是就融资问题进行探讨，较少有系统性地对于科技型中小企业金融服务的专题研究。并且由于该研究领域涉及的内容广泛，学者们对于科技型中小企业金融服务难题原因的探讨分歧较大，给出的对策建议也纷繁复杂。有鉴于此，本书选择从信息不对称的视角出发，提出一个统一的分析框架来对科技型中小企业金融服务现状、问题和造成困难的原因展开全面、系统的分析。具体来说，本书主要从以下几个方面展开研究：第一，研究了科技型中小企业的定义，然后从理论上论述了科技型中小企业对于我国经济发展的作用和意义，并明确指出了阻碍我国科技型中小企业发展的核心问题——科技型中小企业缺失合意的金融服务。第二，本书分别从金融服务和企业需求的角度，对我国科技型中小企业金融服务发展现状进行了梳理，并指出了其存在的问题。然后基于信息不对称视角，从企业本身、金融机构和中间信息渠道3个方面对科技型中小企业缺失合意的金融服务的根本原因展开了分析。第三，本书从信息不对称的视角出发，在理论上对现有的各种对策建议进行评价，还尝试性地使用了宏微观一体化建模和模拟方法对政策的可能效应进行了评估。第四，本书从对策的目标、原则、体系框架和具体的办法措施4个方面，系统地提出了解决我国科技型中小企业缺失合意的金融服务难题的一整套对策方案。

相较于前人的研究，文本的研究在3个方面做了一些有益的尝试和创新。首先，本书在研究的系统性上有所贡献。本书以信息不对称的视角为切入点，建立了信息传递的分析框架，这样能够将以前各位学者所提及的原因涵盖在该框架下，厘清这些看法、观点之间的关系，这对于深入研究科技型中小企业金融服务难题具有重要的意义。其次，本书开展了政策评价。以前对于科技型中小企业的研究，主要都是指出问题，分析原因，然后给出建议。本书在这个基础上，向前推进了一步，即对现有的政策建议进行评价，分析其有效性。最后，本书在科技型中小企业金融服务研究领域内，引入了新的研究方法。本书首次在该研究领域内引入了宏微观一体化建模和模拟方法，借助数量模型和计算机的技术，对不同的科技型中小企业金融服务状况进行比较分析，从而发现微观行为和宏观现象之间的联系，并进一步地借此进行政策效应的评估。

这些创新的尝试有效地推动了笔者对于该问题的深入思考和研究，在借鉴前人研究的基础上，笔者给出了有效改善或破解科技型中小企业金融服务难题的对策建议——要打造“以保障信息传递为核心，以金融多样化改革为重点，发挥政策性资金引导和补充作用，进行一紧一松管理”的对策措施体系。该对策措施体系应该包含以下5个方面的主要内容：一是打造科技型中小企业金融服务的社会化信息传递通道和信息甄别机制，这包含科技型中小企业社会征信机制、企业发展评价机制及以知识产权评估和交易为核心的无形资产价值评估机制3个方面；二是推进我国金融多样性改革；三是充分发挥政策性资金在引导和撬动商业资金及补充市场不足这两方面的作用；四是严抓科技型中小企业的信息收集和披露制度的建设和管理，从而让企业信息能够被社会充分获取；五是适当放松对服务科技型中小企业的金融机构的管理和监管，促进金融产品、模式和机构的创新。

具体来说，要解决科技型中小企业金融服务的难题，需要应用如下措施和手段：建立社会征信机制、企业发展评价机制、无形资产价值评估机制，完善科技型中小企业的划分标准，统一科技型中小企业金融服务监测的统计口径，建立科技型中小企业相关信息披露机制，降低金融业的准入门槛，适度放松监管，改善中小金融机构的基础设施，鼓励专业金融机构的成立和合作，对科技型中小企业金融服务机构实行差异化监管、考核及激励，建立政策性担保机构，设立针对科技型中小企业的创新支持基金等十余项具体措施。通过这么多项的具体措施来综合打造一个促进科技型中小企业金融服务发展的有效对策措施体系，保证科技型中小企业的良好发展。

关键词： 科技型中小企业　金融服务　科技金融　信息不对称

Abstract

The 21st century considered to be an innovative economy era, more and more countries have seen that High -tech SMEs are becoming the key factors to the economy in the world. High -tech SMEs have been gradually taking a very important role to promote the development of a national economy and improve the innovative capability of a nation. But till now, High -tech SMEs have badly been in need of nice financial services. The financial services have not only become a major obstacle to the development of China's High -tech SMEs, but also largely affected the adjustment and transformation of the Chinese economic structure and seriously impeded realizing the strategic objective that an innovative country should speedily be built in China. Therefore a research on the financial services High-tech SMEs is quite significant.

There have been a lot of papers referring to the field of financial services to High-tech SMEs in China. However, most of the writers only focused on financing. Few thought about any systematic policy of financial services to High-tech SMEs.In addition, the experts have found and put forward various reasons for the issue about the financial services to High -tech SMEs and recommendations. Regrettably, the recommendations to the issue have not agreed with each other. So it is necessary for China to build a unified analytical framework in connection with the existing research on the financial services to SMEs from the information asymmetrical perspective. Then it can be used to explain the problems which High-tech SMEs have been facing.

This book mainly contains the following aspects: Firstly, I sought the definition of the High-tech SMEs, researched the role and significance of High-tech small and medium enterprises of China, while pointed up that the core problem which has hindered China from developing the High-tech SMEs is lacking in desirable financial services. Secondly, according to the point of financial services and business' needs, I found it quite useful to comb through the current development of financial services to High-tech SMEs and search for the problems related to them. I also took great care in analysing the basic cause of lacking desirable financial services to High-tech SMEs in three ways—enterprises, financial institutions and the channels between them. Thirdly, in view of the analysis of asymmetric information, I theoretically evaluated the present policy recommendations of others, and used the model of macro-micro integration and simulation method to evaluate the effects on policy. Finally, the book provided a set of policy measures to solve the problem that High-tech SMEs have not been obtaining the appropriate financial services, which included the policy objectives, principled framework and specific approaches.

Compared with previous research, my study raised a new issue over financial services to High-tech SMEs in three aspects. First of all, taking the asymmetrical information as a main core, I offered a systematic analysis framework to explain the issue and evaluate the effects on policy. My attempt is really conductive to our understanding and sorting out the logicalrelationship of lots of various reasons. After that, with the systemative analysis framework, I estimated a variety of policy recommendations within the framework. It was a step forward in the field of the research, I felt. At last, it is the first time in the field to use the model of macro-microintegration and simulation method to study the issue. With the using of the method and computer technology, we can find out the link between the microscopic behavior and macroscopic phenomena while further undertake the assessment of the effects of the policy.

The innovative attempt was effective—so much so that it promoted me being deep in thought and researching into the issue. Drawing on the basis of previous studies, I caused an effective improvement or broke through in the policy recommendations of the challenging financial services to the tech -based SMEs.That is to construct a policy support system of ensuring transmission of information at the core, giving special emphasis to the reform of financial diversification and making the best use of leading and supplying of the policy -based finances to manage the finances on fairly loose and tight scale. The policy system must contain the following five aspects. The first one is to create channels of social information of technology -based financial services to SMEs and a screening mechanism of information which contains the mechanism of social credit rating; the mechanism of evaluating the development of enterprises and the mechanism of evaluating intangible and invisible assets with evaluating intellectual property and trading at the core. The second one is to advance the information of financial diversification. The next one is to give full play to the policy funds in the tow respects -guiding and levering the commercial capital and supplements to lack markets. The forth one is to collect different information strictly about science and technology based SMEs while to establish and manage publishing system sternly, so that the collected information can be adequately gained and supervised by the public. The last is to give financial institutions more flexible rights and moderately relax their management and supervision of the services to SMEs so as to promote the innovation of financial produces, mode and institutions.

In summary, it needs the following means to solve the problem of financial services to SMEs: to establish the mechanism of social credit rating, which includes the mechanism of evaluating the development of enterprises, and the mechanism of evaluating intangible and invisible assets; to raise the classifiable standard of delimiting SMEs; to unify the statistical statement of monitoring technology-based financial services to SMEs; to build the publishing system of the relevant information to technology-based SMEs; to lower the entering threshold of financial institutions; to relax the management and supervision moderately; to improve the basic installations of small and medium-sized financial institutions; to encourage the establishment and cooperation of specialized financial firms; to set up policy guaranteeing institutions to supervise the financial services to SMEs in a different way and to found the innovative funds in support of SMEs and so on. With more than ten above-mentioned methods, I'm sure we can create an effective policy system to promote and ensure the better and speedy development of financial services to SMEs.

Key Words: High-tech SMEs; Financial Services; Technology Finance; Information Asymmetry

目 录

Contents

第一章　绪　论

第一节　背景和问题

21 世纪被认为是一个创新经济的时代，特别是经历了 2007 年开始的全球金融危机后，世界各国都越来越认识到未来经济的发展动力必将主要依靠科技型企业的科技创新，特别要依靠科技创新中的主力——科技型中小企业。当然，我国也不例外，政府、学界都深刻认识到科技型中小企业对于我国经济发展、产业结构调整和提高自主创新能力、建设创新型国家有着重要意义。

然而，与科技型中小企业的重要性一样被人关注和重视的是，我国科技型中小企业发展遭遇了诸多问题，特别是大家常说的科技型中小企业融资难的问题，该问题严重制约了我国科技型中小企业的良好发展。本书规范地将该问题描述为科技型中小企业缺失合意的金融服务的问题——企业在市场中不能够以可以接受的成本，从金融机构获取需要的金融服务。这一问题近年来逐渐成为社会关注的焦点和学界研究的热点，各级政府也不可谓不重视，各地出台的相关政策措施也非常多。但在这样的情况下，科技型中小企业缺失合意的金融服务的问题却没有得到有效改善，大多数科技型中小企业仍然反映缺乏融资支持。为何在国家重视和支持的情况下，科技型中小企业这些年来还存在普遍的金融难题？是什么原因导致了这一现象没有得到根本改善？对于这些问题的追问，促成了笔者对于科技型中小企业的金融服务这一主题展开深入研究。

第二节 文献研究综述

科技型中小企业金融服务这一研究涉及中小企业、科技企业、金融服务及促进科技型中小企业金融服务政策等这几个主题。因此，研究相关的文献必然涵盖这几个方面的成果。但是对于这几方面的研究成果太丰富，涉及的内容十分广泛。为了让研究聚焦，同时又不失对本研究主题的整体把握，笔者决定将文献综述主要集中在中小企业金融服务、科技金融、科技型中小企业、科技型中小企业金融服务和促进科技型中小企业金融服务发展政策这 5 个方面。

一、中小企业金融服务相关的研究

中小企业金融服务相关研究，主要围绕“中小企业缺乏金融服务”这一主题展开，基本的研究逻辑链条是：首先说明中小企业缺失金融服务主要的表现是融资难；其次指出中小企业融资难的原因；最后提出如何破解中小企业融资难的办法和对策建议。众多研究的共同点是都承认中小企业融资难是一个普遍现象，并且相比于中小企业的其他问题，融资难是最为制约中小企业发展的。而研究的不同点主要在于研究视角不同、所用理论不同，因而对于造成中小企业融资难的原因有不同的看法。需要说明的是，从现有文献的情况来看，对于中小企业融资难问题展开研究的学者普遍认为是多面的、综合的因素造成了中小企业融资难的现象，只不过由于研究角度不同，各位学者所强调的主要原因是不同的。学者强调的主要原因不同，自然提出重点不同的对策建议。下面笔者就根据各位学者所强调的不同对策建议做分类，对一些具有代表性的研究成果进行介绍。

许多学者认为中小企业缺乏金融服务是一个综合问题，涉及企业自身、银行和国家制度等很多方面，因而需要综合性、整体性的措施。陈佳贵和郭朝先（1999）的研究主要是针对小企业缺乏金融服务的探讨，他们认为是由于小型企业信誉等级低、受所有制形式的影响、银行方面考虑自身经济性、我国社会缺乏为小型企业贷款和担保的金融机构等综合原因造成了小型企业缺乏金融支持的现象。基于综合因素的判断，他们建议完善法律法规建设、设立专门为小企业服务的银行、建立小企业基金、制定小企业融资特殊优惠政策、构建小企业金融服务社会扶助体系这5方面的措施。张捷等（2004）也提出我国中小型企业融资难问题是转型经济和市场经济的矛盾混合体，它牵涉金融体制的方方面面，需要整体性的解决方案。刘敏和丁德科（2010）在总结有益于中小企业贷款的4种模式和发达国家的中小企业贷款趋势后，建议我国应该采取放松金融管制、建立多层次金融服务体系和政策性金融体系等综合措施。

尽管改善中小企业金融服务是一个系统工程，需要综合的解决措施，但是大多数学者认为，制约中小企业获取金融服务的主要原因是相关制度不完善，因此需要进一步改革和完善相关的制度。改革制度涉及许多方面，各位学者所强调的各有不同。王霄和张捷（2003）通过构建内生化抵押品和企业规模的均衡信贷配给模型对中小企业贷款进行了研究。他们认为减少抵押型信贷配给对中小企业融资有积极影响，政府应放松对信贷市场的准入管制，允许更多的中小银行进入市场。这样做有助于降低信贷市场的企业规模门槛，从而让中小企业获得贷款。Berger和Udell（2006）比较了全球不同地区的企业贷款的金融服务体系后，认为贷款方面的基础制度（Lending Infrastructures）能够大大帮助中小企业更容易获取贷款。徐忠和邹传伟（2010）从理论和实证上分析了银行内部审批中小企业贷款的问题，他们认为贷款审批权的上收严重影响了中小企业获取贷款。基于硬信息和软信息不对称的分析，他们提出应该建立中小型的金融服务机构和改革银行贷款审批权的建议。

在对相关金融、信贷制度的探讨中，一部分学者将焦点集中在了信用评估制度和技术方面。徐洪水（2001）从宁波市中小企业融资问题个案分析入手，认为主要是由于我国缺乏良好的政府信贷支持系统使得中小企业贷款的交易成本较高，最终造成了中小企业存在着刚性的金融缺口。因而其建议政府、银行和企业都要在甄别企业信用、企业信用合作、提高担保抵押制度效率以及减小金融缺口等方面下功夫。罗正英（2004）从信誉链角度研究中小型企业融资困境，认为调整财务信息结构、建立“大企业监督式财务制度”，并最终形成大企业与中小型企业的信誉链结构，是中小型企业摆脱融资不利地位的重要途径之一。Berger和Frame（2007）认为小企业信用评分（Small Business Credit Scoring）的广泛应用对于银行增加小额贷款（“micro credits” under $250000）是有用的。因此，小企业信用评分的使用能够从增加信贷总额、增加对信息相对不透明及风险较高借款人的信贷额、增加对低收入和偏远地区企业的信贷覆盖、增长还贷期限这几个维度来增加小企业获取贷款的可能。王素义和朱传华（2009）认为目前对中小企业信用评价采用的是与大企业相同的信用评价指标，导致中小企业的信用评价值普遍偏低，直接制约了中小企业的融资。为了对中小企业的信用进行有针对性的评价，他们提出在传统财务量化指标的基础上，结合中小企业的特点进行信用评价的指标拓展，包括企业管理者素质、企业信用评价历史、行业发展状况及环境政策变化、企业发展阶段等。周再清、钟翼和欧阳国良（2010）在借鉴国内外商业银行的企业信用评价指标体系的基础上，结合供应链中小企业自身特点，提出了一种基于模糊数学的供应链上中小企业信用评价模型，并应用模型实证：供应链合作水平对中小企业信用评价结果具有重要影响，把供应链合作水平加入评价体系能够更为客观地得出被评价主体的信用状况。罗正英（2010）认为缓解中小企业融资难问题应该从中小企业集群信贷融资角度来解决，其建议广泛运用基于中小企业集群的信贷融资技术，完善中小企业集群信贷融资的政策环境，建立与中小企业集群信贷融资相对应的多层次金融市场结构体系来发挥中小企业集群信贷融资的优势，从而缓解中小企业融资难问题。周中胜和王愫（2010）基于江浙地区中小企业问卷调查数据，考察了企业家能力对中小企业信贷融资可获性的影响。他们认为企业家能力对中小企业信贷融资有重要的影响，因此，建议我国应从企业家能力入手，完善基于中小企业信用评级的信贷融资技术，这样可以缓解中小企业融资难问题。

改善中小企业金融服务的建议中，很多研究者都认为建立与中小企业相匹配的金融服务机构是关键，具体什么样的金融服务机构适合服务中小企业，各位学者有不同的看法。林毅夫和李永军（2001）从国情出发，认为我国中小企业多为劳动密集型企业，从资源禀赋的角度分析来看，发展这类中小企业是我国正确的选择。然后，他们认为我国中小企业融资难题要解决的重点在于劳动密集型中小企业，而对于改善这类企业的融资问题，资本市场等作用不大，必须依赖于借贷市场。基于信息不对称和制度视角对我国借贷市场进行分析后，他们指出在我国的现实情况下，解决这类性质中小企业融资难题的唯一出路是大力发展中小金融机构。张捷（2002）分析了融资中的信息种类与银行组织结构的关系，认为关系型借贷对于中小企业融资更有作用，并证明在关系型贷款上小银行更具优势。因此，建议发展以民营中小银行为主体的中小金融机构体系。龙超和邓琨（2011）仔细介绍了美国社区银行发展的相关信息，借鉴美国社区银行的经验，建议中国也应建立社区银行，并具体提出中国发展社区银行的思路——构建有效的社区银行监管框架、建立存款保险制度、培养金融人才和注重金融企业家的成长。郭斌和刘曼路（2002）基于对温州中小企业金融服务的调查展开研究，他们指出中小企业从银行获取贷款的成本与从民间金融获取资金的成本几乎一致，考虑到银行权限的上收和中小企业与民间金融私人关系更好等情况，解决中小企业融资的出路应该在民间金融。林毅夫和孙希芳（2005）构建了一个包括异质性的中小企业借款者和异质性的贷款者（具有不同信息结构的非正规金融和正规金融部门）的金融市场模型，证明非正规金融的存在能够改进整个信贷市场的资金配置效率，因此建议支持非正规金融的发展。

资本市场是金融体系的重要组成部分，资本市场对于中小企业也有重要作用。巴曙松（2003）、王国刚（2003）就资本市场与中小企业融资进行论述，认为发展多层次资本市场对扩大中小企业直接融资渠道和风险投资的退出、调整金融结构均具有重要作用。

除了完善各种市场外，对于改善中小企业金融服务的问题，一些学者强调不能忽视政策性金融的重要作用。这其中，贾康的观点最具代表性。贾康（2010，2011）在进行了政策性金融系统研究和国际比较后，认为立足我国现有情况，破解中小企业融资难题，政策性金融有极大的作用。他指出要从中央到地方建立起“政策性资金、市场化运作、专业化管理、信贷式放大”的政策性金融体系，通过多种形式的政策性金融来解决中小企业融资难的问题。

二、科技金融相关的研究

什么是科技金融？国内比较普遍采用的定义是由赵昌文、陈春发和唐英凯（2009）给出的：“科技金融是促进科技开发、成果转化和高新技术产业发展的一系列金融工具、金融制度、金融政策与金融服务的系统性、创新性安排，是由为科学和技术创新活动提供金融资源的政府、企业、市场、社会中介机构等各种主体及其在科技创新融资过程中的行为活动共同组成的一个体系，是国家科技创新体系和金融体系的重要组成部分。”近年来，对于“科技金融”相关主题探讨的成果非常丰富，涉及科技金融的内涵界定、科技和金融的相互关系、科技金融的意义和作用、科技金融机制与体系、政策应该如何支持科技金融等方面。结合本书主题“科技型中小企业金融服务”，笔者主要研究了金融对于科技产生作用的文献。下面介绍一些具有代表性的研究成果。

尽管金融对于科技有没有显著的作用这一问题尚存争议，但大量的研究成果显示绝大多数学者都认为金融对于科技进步有较为明显的影响，并且金融的发展对于科技进步有正向作用。但金融对科技的具体正面影响，学者们论证的角度较为不同。

大多数学者基于理论分析和数据研究，从正面论证金融与科技的正向关系。李扬、王松奇和王国刚（1999，2000）认为技术创新是推动经济发展的核心动力，也是一个国家取得长期竞争优势的决定性因素。因而为了推动我国的科技创新，有必要建立相应的创投体系。这其中的分析就充分肯定了包括第二板市场、创业投资公司和创业投资基金等在内的创投体系对于推动科技创新有重要作用。王益和许小松（2000）对美国资本市场与专利数量进行建模研究，发现风险投资与技术专利的应用有显著的正相关关系，从而说明风险投资对技术创新有显著的刺激作用。邓乐平和孙从海（2001）认为资本市场是科技创新的重要保证，因此建议我国应该大力发展资本市场，尤其是风险资本市场并以此推动科技创新及其产业化的发展。Keuschning（2004）在一个涉及创新和政策作用的动态一般均衡框架下分析了风险投资的作用，他认为风险投资机构和投资家的存在可以大大提高企业创新的成功率，从而提高均衡状态下的技术创新效率。丁文丽（2004）也利用美国的数据实证分析发现，风险投资与技术创新之间确实存在着长期稳定的相关关系，证实了风险投资促进技术创新的作用。杨刚（2005）对中介机构在科技金融结合过程中的介入阶段和机理、多层次资本市场的构成和作用等做了研究，认为科技企业的发展必须要金融的全方位支持，特别是完善多层次的资本市场是不可或缺的。程昆、刘仁和及刘英（2006）采用我国1994~2003年10年的数据，分析专利申请量与风险投资额以及研究开发（R&D）费用之间的关系，研究结果证明风险投资对

中国技术创新有促进作用。姚战琪和夏杰长（2007）在研究科技进步与金融创新相互关系和其关系的内在机理中肯定了金融促进科技进步的作用，并提出要通过大力发展风险投资、成立政策性科技开发银行、拓宽科技企业融资渠道、发行科技创新债券等措施来支持科技进步和创新型产业。王雷和党兴华（2008）对中国 1994~2006 年 R&D 经费支出、风险投资与技术创新以及高新技术产业产出的相关性进行实证研究，结果表明风险投资额与专利授权数、高技术产品出口额、高技术产业工业总产值以及高技术产业工业增加值具有正相关性，从而说明了金融对于高科技产出具有正向作用。Benfratello L.、Schiantarelli F.和 Sembenelli A.（2008）基于 20 世纪 90 年代意大利大量企业创新活动的相关数据，研究了地方银行的发展对企业创新活动的影响。他们区分了银行发展对于工艺创新、产品创新和研发投入的影响：①银行的发展对企业的工艺创新可能有影响，特别是对那些处于高科技行业或主要依靠外部资金行业中的企业以及小企业影响更为显著；②银行发展对于产品创新没有显著影响；③银行发展降低了企业对固定投资支出的现金流敏感度，提高了企业投入研发的可能，这一效应对于小企业更为显著。王玉荣和李军（2009）基于 2007 年有风险投资股东的中国中小企业板上市公司数据，分析了企业专利申请数、风险投资股东持股比例以及公司的研发投入占营业收入的比率指标。他们指出有风险投资背景公司的专利申请数要远远高于无风险投资背景公司的专利申请数，风险投资股东持股比例与企业自主创新资本投入强度呈正相关，这可以说明风险投资在技术创新投入活动中发挥了相对积极的影响。

一部分学者从另一个方面对金融促进科技进行了研究，他们主要是从金融约束会对科技产生负面影响的角度展开研究。Gilles Saint-Paul（1992）从资本市场可以分散风险的角度，认为没有金融市场，人们为了控制风险只能选择低专业化和低产出的技术。从这个角度看，金融市场的存在促进了企业家们对于高科技、专业化的追求。Canepa 和 Stoneman（2008）基于欧盟第二次和第三次的社区创新调查（Community Innovation Surveys，CIS）数据分析了金融约束对于英国创新活动的影响，他们认为金融约束对于欧盟各国的创新活动有显著影响，并且对高技术产业和规模较小企业的创新活动的影响，相比于其他行业和企业更为显著。Gorodnichenko 和 Schnitzer（2010）通过跨国研究和比较指出，金融约束对于一国国内企业的创新和出口有显著负面影响。

三、科技型中小企业相关的研究

近年来，围绕“科技型中小企业”这一主题的研究十分丰富，涉及科技型中小企业成长、创新等多个方面，当然其中最多的还是与科技型中小企业金融服务、融资相关的成果。由于下文中会专门介绍科技型中小企业金融服务相关的研究成果，因此，本小节中将介绍关于科技型中小企业其他方面的文献。

对于科技型中小企业研究的一个基本起点是对于其现状和问题的认识，但是相比较而言，针对科技型中小企业现状的专门研究并不多。造成这一现象的原因有很多，其中之一就是我国缺乏科技型中小企业的统计数据，学者们的研究只能依靠调查问卷的方式展开。但是做全国性调查的经济成本和时间成本是十分高昂的，因此这类研究主要还是限于区域性的研究，其中比较有代表性的成果是：陆立军和周国红（2001）以大规模问卷结果为依据，分析了浙江省科技型中小企业发展的现状与模式，指出创办人的年轻化和高学历化、公司小型化和技术高级化与群集化是其发展趋势。王宏达和赵志强（2003）对天津市获得国家科技部科技型中小企业技术创新基金的企业做了问卷调查，对科技型中小企业发展的现状、基本特征进行了分析，指出科技型中小企业发展中存在创新人才缺乏、企业生存寿命期短、外部环境有待改善等问题。

从文献研究中可以发现，对于科技型中小企业成长的相关研究比较活跃，在这一细分领域中，各位学者研究角度差异也很大。尚增健（2002）以个案企业分析为研究基础，探讨了科技型中小企业的成长机理。他指出企业的成长应主要依靠自身理念的创新、管理的创新、技术的创新乃至制度的创新，同时政府也有责任完善产业政策、发挥更大的服务职能、营造更加有利于所有企业发展的社会环境。周国红和陆立军（2002）在研究科技型中小企业特征的基础上，借鉴国内外中小企业、高新技术企业有关成长环境方面的研究成果，给出了适合中国科技型中小企业成长环境的分层递阶评价指标体系。盛世豪和王立军（2004）从网络结构和知识溢出、创新资源的可获得性和植根性及创新文化 3 个方面研究分析了产业集群与科技型中小企业集聚的关系，指出产业集群（如高科技园区）能够有效促进科技型中小企业成长。章卫民、劳剑东和李湛（2008）认为科技型中小企业的成长有着明显的阶段特征，因而他们从资金需求和来源、财务状况、组织结构、创新行为、风险特征、市场环境 6 个方面对我国科技型中小企业成长阶段的特征进行定性分析，然后结合对于上海市的调研情况给出了一个依据销售收入为指标的量化划分标准。秦德智和姚超（2008）从对中小企业发展过程中 3 个不同时期的特点出发，分析了科技型中小企业成长与政府行为机制的关系。他们认为政府对于促进科技型中小企业发展的作用很大，因此建议政府应该创造有利环境来促进科技型中小企业成长。陈红和卫建业（2009）基于 2006 年 12 月至 2007 年 2 月初从太原高新区选取 48 家企业进行调查得到的 30 份问卷数据，研究了科技型中小企业不同成长阶段的特征，发现管理团队素质、组织结构设计、知识创新环境、社会资本积累等因素会影响科技型中小企业的成长。据此提出建议：政府扶持政策要从促进科技型中小企业社会化经营的角度出发，科技型中小企业健康快速成长需要更加注重社会资本积累。

科技型中小企业一个重要的特征就是具有创新性，因此对于其创新方面的探讨自然也是学界热点之一。周国红（2001）和陆立军（2002）基于 1162 家浙江省科技型中小企业调查统计数据，研究了企业创新绩效与创新行为之间的关系。研究结果表明，R&D 投入水平、技术开发机构完善程度以及营销能力的强弱是影响科技型中小企业创新绩效最重要的行为要素。因此，他们的对策建议是：要注重企业 R&D 能力内化、引进人才和完善企业的创新系统建设。陆立军、周国红和徐亚萍（2002）依据浙江省绍兴市 131 家科技型中小企业问卷调查和典型案例分析，剖析了科技型中小企业创新的制度，提出要从推进科技成果的评价、奖励和知识产权制度改革，完善市县党政领导科技进步目标责任制，构建有利于科技创新的文化环境这 3 个方面，促进科技型中小企业的创新。王琦（2005）从区域创新体系的角度对科技型中小企业的创新进化进行分析，指出区域创新体系的科技型中小企业创新进化与创新质量及市场机制的完善程度呈正函数关系，而与创新成本与创新周期呈反函数关系。

科技型中小企业的创新与风险并存，因此，除了对于创新的研究，还有一些学者对于其风险进行了研究。黄蕴洁和刘建秋（2009）的研究集中在科技型中小企业的风险。他们认为科技型中小企业财务风险中最关键的问题是风险评价问题，因此他们利用模糊层次分析模型的指标体系，给出了科技型中小企业财务风险管理中风险评价的评价体系。许晖、纪春礼和李季等（2011）借用医学概念，基于组织免疫视角，对科技型中小企业面临的风险及应对机理进行了研究。他们以个案的深度分析来说明科技型中小企业在发展中可能面临的环境风险，并提出了应对这些环境风险的办法，然后指出特异性机制和非特异性机制及其整合效应能够有效应对科技型中小企业面临的环境风险。

除了上述研究，学者们在其他方面也有所探索。陆立军和周国红（2003）基于浙江省的数据，从科技型中小企业的技术创新能力、产品技术水平、专利等方面与 GDP 的年增长率分别进行了定量分析，指出科技型中小企业对于浙江省经济增长有重要的推动作用。还有一些学者研究了科技型中小企业财务信息与其申请科技部中小企业创新基金的关系。余应敏（2008）基于从广州市科技局和省科技厅搜集的 72 家企业的相关数据，建立 Logistic 模型研究科技部中小企业创新基金管理中心确定项目申请立项与企业财务信息的关系。研究结果证实科技型中小企业创新基金的申请单位预计内部收益率对能否立项的影响最为显著。

四、科技型中小企业金融服务相关的研究

科技型中小企业金融服务研究是近年来的一个热点问题，这是由于随着我国经济转型的发展和国家对于科技创新的更加重视，科技型中小企业发展所遇到的问题愈加突出，这其中最为突出的就是科技型中小企业融资难问题。对于这一主题的研究主要集中在探讨如何破解科技型中小企业融资难题这个方向。下面介绍一些具有代表性的成果。

破解科技型中小企业融资难题，学者们思路很广泛。其中比较全面研究的是仲玲（2006），她通过采用系统分析方法，汲取管理学、系统工程学、数学知识对影响科技型中小企业融资的微观因素、宏观因素及其相互作用和规律进行探析，以科技型中小企业成长中融资状态依存过程和信息不对称问题的解决为主线，构筑企业成长的评价模型，并以案例研究方式将该模型在实际中进行了应用。

另外一些学者主要提出应该结合企业不同发展阶段的特点来获取资金。张保国（2004）基于企业发展的周期理论，认为科技型中小企业的不同发展阶段对于资金的需求和融资模式有很大不同，不同阶段的融资特点、难度和成本是不一样的。他探讨了处于不同成长阶段的科技型中小企

业的3种融资方式（政府基金、担保贷款和股权融资）的筹资成本、时效及利与弊，并给出了一个不同阶段获取这3种方式的难度评价。研究结果说明，不是所有的科技型中小企业在获取资金上都有很大难度。因此，他建议企业应该根据不同的发展阶段，选择适合自身的融资方式。

与解决中小企业融资难题的主张一样，许多学者提出需要综合的解决措施。汤志江、苗绘和李海申（2010）较为全面地分析了我国科技型中小企业融资现状、面临的问题，然后较为系统地从完善法律法规、间接融资市场等6个方面提出了解决高新科技型中小企业融资难问题的建议。林伟光（2011）结合广东科技型中小企业的统计数据，对广东省科技型中小企业融资渠道和融资难问题进行了分析，提出了完善广东科技型中小企业融资服务体系的相关建议，建议包括完善社会信用体系、信贷担保体系、资本市场建设和加快发展风险投资4项建议。

其实对于科技型中小企业金融服务问题，几乎所有学者都认为需要采取综合性的措施来破解融资难题，只是许多学者认为基于我国的现实情况，在这些综合措施中应该突出采取一些方法。这其中，很大一部分学者认为发展风险投资市场是应该突出采取的措施。张小蒂和李风华（2000）介绍了国外风险资本市场培育科技型中小企业的情况和风险资本的相关理论，在分析风险投资作用机制的基础上，指出风险资本市场应当成为我国科技型中小企业的首选融资渠道。惠晓峰、张振威和胡伟（2002）认为，我国科技型中小企业迫切需要风险投资的支持，因此他们在分析我国风险投资业的发展状况，并在总结还存在的主要问题的基础上，提出从拓宽资金来源、构建中介机构和网络等5个方面来完善我国风险投资体系。袁萍（2006）认为，风险投资是解决科技型中小企业融资问题的重要途径，但是她认为："鉴于目前国内风险投资尚处于初期发展阶段，为更好地解决中小企业的融资问题，除了继续改善国有商业银行针对中小企业创业融资的支持外，应设法建立起以政府为主导的、充分竞争的市场经济模式，逐步形成以政府投入为引导、企业投入为主体、银行贷款为支撑、社会集资和引进外资为补充的多元参与的投资体系，产生政府投入的杠杆效应。"鄢洪平和马怀军（2007）分析了我国科技型中小企业各种融资渠道的困难，尽管他们的研究指出了我国风险投资发展中还存在资金来源单一、退出机制不完善等主要问题，但他们同样得出了风险投资是科技型中小企业最优融资路径的结论。

然而，一些学者则认为创新金融服务方式才是更为有效的解决科技型中小企业融资难题的方法，尽管学者们自己强调的创新方面不尽一致。黄卫华（2003）认为，科技型中小企业在发展初期所具有的高度不确定性和高风险性，使其在资金融通上存在较大的困难，因此需要在融资方式上进行创新。该文中给出的创新是：使用金融租赁来解决科技型中小企业融资的难题。奚飞（2010）介绍了美国硅谷银行的发展、投资理念和创新模式等方面的内容，他认为我国应该从提高金融机构金融创新能力、完善金融服务和加强金融产品的研发来改善科技型中小企业融资难的现状。束兰根（2011）在借鉴美国硅谷银行商业模式的基础上，结合我国实际情况来探索科技与金融结合业务平台的构建，他提出："整合政府和民间科技型企业风险投资基金、政府主导的科技型企业担保公司以及保险公司、证券公司、信托公司等机构资源，共同构建科技型企业全方位金融服务体系。"

与解决中小企业融资难题一致，科技型中小企业融资问题的解决一样离不开政府的参与。胡喜保（2000）认为国有银行支持科技型中小企业的发展是解决科技型中小企业融资问题的重要办法。他在论述国有银行支持中小科技企业的战略意义、服务对象的复杂性与内容多样性的基础上，提出要从优化市场、法律等环境方面来更好地让国有银行支持科技型中小企业的发展。迟建新（2010）基于企业周期理论，研究指出创业板能够帮助的主要是处于企业发展中期的科技型中小企业，而对于初创期的科技型中小企业没有多大作用。因此，他建议政府科技投入应更加突出对初创期企业的支持。高松、庄晖和陈子健（2011）基于对上海市259家科技型企业的问卷调查，分析了科技型企业在不同生命周期的融资结构、遇到的融资问题和解决途径，提出建立适合我国科技型企业技术创新的融资支持体系应当从两个视角来看：①企业视角——根据企业生命周期特点选择合适的融资方式；②政府视角——成立专项风险担保基金。谢冰和蔡洋萍（2012）认为由于高风险、信息不对称、融资渠道单一、缺乏融资对接渠道、可抵质押资产少等原因，融资难一直是制约科技型中小企业发展的"瓶颈"。基于此，他们提出了科技型中小企业的立体式融资模式。具体来说，需要政府、科技型企业、创投机构、担保机构、银行等金融机构的通力合作，提供"股权融资＋债权融资"的全方位融资服务，担当起"天使投资"与"保驾护航"融资的功能。

由于数据可获取性问题，对于科技型中小企业金融服务做计量实证研究的成果十分有限，特别是应用宏观数据进行区域比较的更为有限。因此，这里还要单独介绍一篇文章。刘降斌和李艳梅（2008）基于长江三角洲、珠江三角洲、东北老工业基地和内陆科技圈4个科技区域的数据，构建面板模型对这4个科技区域科技型中小企业自主创新与金融体系的长期关系和短期关系进行实证研究。研究结果说明，发展中小金融机构、区域化和金融体系对科技型中小企业自主创新能力的长期影响是明显的，金融体系对科技型中小企业自主创新有长期的支持作用。但可能是由于民间、区域金融机构差异使得金融体系的短期支持效应有较大的区域差异，长江三角洲和珠江三角洲金融体系的短期支持效应显著，而东北老工业基地和内陆科技圈金融体系的短期支持效应不显著。基于区域差异的考量，研究建议不宜在全国范围内实行“一刀切”的金融政策。考虑到在长江三角洲和珠江三角洲科技区域的自主创新在短期内可能会产生明显的效果，而在东北老工业基地、内陆科技圈区域短期内自主创新效果可能不明显，因此在制定这些区域金融支持政策时，不仅要考虑加大资金投入量的问题，更为重要的是如何提高资金使用效率的问题。

五、促进科技型中小企业金融服务政策相关的研究

由于对促进科技型中小企业金融服务政策方面的研究较少，因此笔者将范围扩大到包括促进科技型中小企业发展的政策和支持中小企业创新活动的政策方面。促进科技型中小企业金融服务的政策和促进科技型中小企业的政策是不同的：前者政策作用的目标是金融服务机构，希望通过金融服务机构来促进科技型中小企业的发展和解决其缺失金融服务的问题；后者政策作用的目标就是科技型中小企业，是希望政策直接促进科技型中小企业的发展和解决企业的金融服务。关于这两者的区别，本书在下文的研究范围说明中将具体阐述，这里只是一个简单的说明。

提及对于企业的政策支持，许多人的第一反应就会想到税收方面的政策。的确，在科技型中小企业的政策研究中，不少学者选择了从税收的角度来展开研究。国家税务总局税收科学研究所课题组（2005）分析了我国现行科技型中小企业的所得税、流转税方面的税收优惠政策，并对这些税收优惠的成效进行了评估。在借鉴美国和日本的相关经验基础上，提出了完善科技型中小企业税收优惠政策的指导思想，给出了关于企业所得税、个人所得税、增值税和开征社会保障税的具体建议。张明喜和王周飞（2011）归纳了我国科技型中小企业可享受的税收优惠政策和存在的主要

问题，提出制定“促进科技型中小企业发展的税收条例”，改变税收优惠环节、方式和机制，对个人取得技术创新相关的收入免征个人所得税，将转让无形资产纳入增值税课税范围等建议。白景明、刘微和戚骥（2011）认为我国目前已经形成了财政资金直接投入、税收优惠、政府采购等政策工具并用的中央财政带动下各级财政联动支持中小企业创新的政策机制，但还存在财政支持力度仍偏弱、政策不协调等问题。在这些分析的基础上，他们给出了加强中小企业自主创新财税立法建设、部门间政策协调与整合和支持中小企业服务体系建设等方面的建议。

相比较于从税收角度的研究，其他涉及政策支持的研究就比较综合，强调政府在各个方面的参与和作用。刘小川（2006）在对科技型中小企业进行财政扶持作了经济分析的基础上，借鉴外国的经验做法，提出我国政府应对科技型中小企业采取财政补贴、政府采购扶持政策和税收扶持政策的建议。戴国庆（2006）从世界支持科技型中小企业趋势出发，分析了科技型中小企业当前面临的主要问题。然后研究指出：“科技型中小企业作为经济增长和科技创新的双重主体，需要在国家和政府制度设计层面进行统一规划和部署。”最后提出要从完善法律、提高科技型中小企业技术水平、推动政府采购和税收等政策实施方面来构建我国扶持科技型中小企业的政策支持体系。章卫民、劳剑东、殷林森和李湛（2009）对上海市电子信息行业的 62 家科技型中小企业的调研情况进行了分析，研究结果表明科技型中小企业对于政府支持政策的熟悉程度不容乐观，同时企业对于政策的评价总体满意度不高，政策支持与企业需求不一致，并且处于不同成长阶段的企业对于政策的需求存在明显的阶段性特征。基于研究分析结论，他们提出了立法和专职机构的形式保护科技型中小企业发展和构建阶段化的政策支持体系的对策建议。张明艳和田卫民（2010）对财政支持科技型中小企业投入方式进行了国际比较研究，研究发现我国主要存在投资主体集中、投入方式单一，税收优惠政策覆盖范围小、条件严格，没有针对科技型中小企业特点的专项政策这 3 方面的问题。针对这 3 方面的问题，在借鉴国外先进做法的基础上，提出了增加资助主体、积极推广投资引导基金、制定专项税收政策等方面的对策建议。高松、庄晖和牛盼强（2011）基于对上海市 255 家科技型中小企业进行的问卷调查，对政府直接资助资金的情况进行了研究。研究表明，在企业生命周期发展的不同阶段，政府直接资助金额与科技型中小企业所需要的资金额之间存在着不同程度的缺口。具体来说，企业处于种子期时政府资助和企业所需资金缺口最小，而在成长和成熟期缺口最大。由于缺口规模与企业周期是相关的，因此可以评价政府资助效应在不同企业生命周期的差异。为从整体提升政府对科技型中小企业的资助效应，建议完善种子期的政府直接资助方式，提升资助效应，设立科技型中小企业贷款担保的再保险体系，从而撬动银行信贷资金进入初创期、成长期和成熟期的科技型中小企业等。

与改善中小企业金融服务的问题一样，对待科技型中小企业这样特殊的中小企业，一些学者同样强调不能忽视政策性金融的重要作用。贾康（2010）强调政策性金融解决科技型中小企业融资问题的重要性，他指出政策性金融的支持方向是商业金融不愿进入而又对国民经济发展具有必要性和重要性的领域。

一些学者强调要通过政策的支持构建服务科技型中小企业金融发展的体系。邓彦（2007）分析了发达国家支持科技型中小企业发展的不同政策，从政府和法律法规的角度，提出了我国支持科技型中小企业发展的金融措施：政府合理定位，充分发挥政策导向和支持作用；建立健全扶持我国科技型中小企业融资的法律、法规；完善与发展科技型中小企业相配套的投融资体系法律、法规；拓展科技型中小企业的多层次融资渠道。兰邦华（2009）基于深圳证券交易所组织的“中小企业融资创新与发展”经验材料征集活动所收集的资料，综合介绍了各地应用金融体系支持科技型中小企业融资创新等方面的做法。肖玉香（2011）通过探讨科技型中小企业的社会地位、经济特征、外部环境，指出科技型中小企业金融支持制度建设是一项系统工程，在借鉴国际经验的基础上，提出了完善科技型中小企业金融支持制度的基本思路：①增设政府机构，完善政府监管、协调和服务体系；②培育信用评价和信用担保中介机构，构建信用评价和信用担保体系；③发展知识产权评估机构，完善知识产权质押和交易体系。

对于科技型中小企业融资政策研究比较系统的是西南财大的汤继强（2007）的博士论文，文章基于政府视角研究科技型中小企业融资政策的理论基础，从转型时期政府职能的角度出发，讨论政府在科技型中小企业融资中发挥的作用。该论文借助“成都市科技型企业融资情况调查问卷”活动的数据，分析了科技型中小企业一般特征、科技型中小企业资金需求特征、融资困境现状及科技型中小企业融资体系现状之后，分别采用信贷配给理论、产业集群理论及新兴产业融资模型对科技型中小企业融资困境提供了理论解释。然后在对国内外科技型中小企业融资成功模式的案例进行研究，及对科技型中小企业融资的国际比较后，提出了解决我国科技型中小企业融资问题的政策。这些政策包括制定有利于科技型中小企业发展的税收政策、引导资本流动，推动科技型中小企业产业集聚及改善政府隐性补贴、创新土地融资模式等方面的内容。

六、总结和评述

在文献研究中，笔者几乎泛读了我国中文核心期刊中关于"科技型中小企业"、"中小企业融资"和"科技金融"3个主题的引用超过10次的所有文献，并对经常被我国学者提及的国外研究文献进行了研读。之后将文献研究聚焦，重点研读了中小企业金融服务、科技金融、科技型中小企业、科技型中小企业金融服务和促进科技型中小企业金融服务发展政策这5个方面的论文。综观这些文献，可以从以下几个方面进行总结和评述：

（1）从研究数量上来看。近年对于中小企业金融服务、科技金融、科技型中小企业和科技型中小企业金融服务的研究成果较多，是学界研究的重点和热点领域。中小企业金融服务、科技金融、科技型中小企业、科技型中小企业金融服务和促进科技型中小企业金融服务发展政策这5个方面的论文数量呈现逐步下降的态势，这也说明了随着问题的聚焦，针对细分领域的研究还不充分，主要还是对于一般化的问题研究较多。随着研究者兴趣的增加和研究的深入，笔者相信对于较为细分领域的研究将越来越多。

（2）从研究内容来看。大多数的研究主要集中在论述中小企业融资难和科技型中小企业融资难的问题上，而不是它们的金融服务方向上①，这从文献研究中较少提及科技保险和金融信息服务等方面的内容可以看出。学者主要集中在从理论上探讨中小企业融资难和科技型中小企业融资难的问题，较少有实证的研究成果。在涉及实证研究中，主要是基于区域的调查问卷、调研数据的研究和个案的案例研究，较少有全国性的调查研究。当然这与我国没有相关统计数据是有关的，这是目前没有办法的事情。只有从国家层面组织全面的调查和统计才可能解决这一问题。

---

① 这里需要说明"融资问题"与"金融服务"是不同的概念，金融服务的概念更大，其包含了融资方面的问题，具体的概念区别将在下节的概念辨析中进行论述。

(3) 从研究方法上看。由于统计数据的缺乏，对于我国科技型中小企业的研究主要采取理论论述、比较研究和案例研究的方法，使用计量、统计及数量方法的研究较少。由于这些数理和数量方法使用较少，因而理论研究较多，较缺乏对于理论的论证。在统计数据缺乏的情况下，我们是不是可以探索别的研究方法呢?

(4) 从研究结论的角度看。学者对于科技型中小企业金融服务的看法是一致的，即科技型中小企业面临融资难题。研究关注的不同点是什么原因造成这一难题和应该如何破解这一难题，研究的不同也主要是对于原因分析角度不同和给出破解策略不同。进一步说，结合众多学者研究结论其实可以给出一个不相冲突的破解方案框架，笔者认为他们大致都同意，不同点主要在于框架中的办法哪个应该优先、哪个作用更为明显的选择。面对这一情况，是否可以从一个角度来统一看待和解释大家的观点呢? 这需要进一步的研究。

这里需要特别提出一个问题。在研究文献中，笔者发现学者都在使用科技型中小企业的概念，但是大家并没有对这一概念给出准确定义。对于这个问题，近年来也只有罗亚非和洪荧（2005）对科技型中小企业界定问题进行了系统研究。其实学者研究的服务对象是什么这一问题是十分重要的，不但关系到学者建议的国家政策的作用对象，还关系到国家对其进行统计研究和全面调查的可行性。笔者提到我国缺乏科技型中小企业的统计资料和全国性的调查也与这一概念不明确有关。

总的看来，学者对于科技型中小企业金融服务相关的研究涉及内容广泛，研究成果丰富且质量很高，这些都对我国经济理论的发展和社会经济的进步起到了重要的作用。

第三节　研究视角和意义

一、研究视角

在文献研究之后，笔者对于科技型中小企业金融服务的相关研究现状有了较全面的掌握，为了让本书不是在重复前人的劳动，而在前人研究的基础上有所贡献，本书最终选定以信息不对称视角作为切入点，通过建立信息传递的分析框架，将整个科技型中小企业金融服务的问题、原因和政策措施评价统一放置于信息分析的框架下进行较为全面的、系统的研究。选择这样的研究视角主要是出于以下原因考虑：首先，笔者认为造成科技型中小企业金融服务难题最根本、最深层次的原因在于信息不对称，信息不对称衍生出了其他一系列的问题。因此，对于科技型中小企业金融服务的研究，探讨如何破解科技型中小企业金融服务难题应该回到信息不对称的视角来展开。其次，笔者认为从信息不对称的角度展开研究，有利于研究的系统性和全面性。现今对于科技型中小企业金融服务难题的研究渐成热点，学者们基于不同角度，对该问题给出了不同的原因分析，这些分析涉及的领域甚为广泛，包括资本市场不健全、银行信贷审批制度不合理、科技型中小企业管理不规范等许多方面。综观对于这一主题的研究，内容较多，分析稍显纷繁复杂，没有一个较为系统的研究框架，缺乏全面性、系统性。仔细比较这些研究，笔者发现从信息不对称的视角来看，这些纷繁的研究都对应了信息不对称的不同方面，可以应用信息不对称的分析框架将它们进行统一解释和阐述，这样就有利于研究的系统性和全面性。最后，本书研究发现，从信息不对称的角度来探讨科技型中小企业金融服务的问题，能够得到一些不同于其他研究的结论，这对于深入认识该问题有一定的意义。

二、研究意义

本书对于科技型中小企业金融服务进行专题研究，在全面分析科技型中小企业金融服务现状的基础上，从信息不对称的视角来展开原因分析，并在信息不对称的分析框架下对于现有的对策建议进行了评价，最后给出了系统性的解决科技型中小企业金融服务难题的整体方案。因此，本书的研究在理论上和现实上都有一定的意义和贡献。

1. 理论意义

相比于已有的研究成果来说，本书将科技型中小企业金融服务的各方面视为一个整体来进行系统研究，而不是只关注其融资问题，所以研究具有全面性。引入信息不对称的视角，让科技型中小企业金融服务难题的分析回归到了其根本原因的层面展开，从而能够找到众多原因分析中的内在逻辑关联，进而使得提出统一的标准对学者们给出的解决办法和建议进行评价成为可能，这在一定程度上推进了科技型中小企业金融服务的深化研究。另外，本研究首次使用了宏观现象的微观研究方式来研究科技型中小企业金融服务问题，应该说为该领域的研究提供了一种新的方法和思路。从这几方面综合来看，本书具有较好的理论意义。

2. 现实意义

本书明确提出了一个较为完备的解决科技型中小企业金融服务难题的对策方案，对于改善甚至是破解科技型中小企业金融服务难题具有一定的指导意义，这对于处于经济转型时期的我国经济具有两方面的现实意义。首先，科技型中小企业的良好发展对于我国经济转型和产业升级有重要的作用。如果有效解决了科技型中小企业金融服务难题，将能推动和实现我国经济转型和产业升级。其次，从世界整体情况和趋势看，企业是国家科技创新的主体，而其中科技型中小企业是不可忽视的重要力量和国家科技创新体系的重要组成部分。破解科技型中小企业金融服务难题，支持其顺利发展，对于我国提升科技创新水平有着非常现实的作用。

第四节 研究的主要内容和方法

为了让阅读的人能够从整体上较好地把握本书，下面将介绍本书研究的主要内容和主要的研究方法。

一、主要内容

本书除第一章绪论外，安排了九个章节来展开，主要涉及五个方面的内容，下面按照研究的逻辑思路将这五个方面的九章内容进行概要性的介绍。

第一部分包含第二章和第三章，第二章探讨了科技型中小企业的定义，在综合分析比较我国和国外的相关定义基础上，本书提出应该综合我国现行的中小企业和科技企业的定义来界定科技型中小企业；第三章论述科技型中小企业的作用、特征及其遭遇的一般问题，然后明确指出了阻碍科技型中小企业发展的最核心的问题是缺失合意的金融服务，并介绍了我国金融服务体系的大致情况。

第二部分包含第四章和第五章，主要论述了科技型中小企业金融服务的现状和问题。第四章是从宏观数据的角度，介绍了总体上我国科技型中小企业金融服务体系的情况和问题；第五章则基于问卷调查的数据，从企业的视角，分析了科技型中小企业金融服务发展的现状和问题。我国的科技型中小企业金融服务状况可以总结为获取金融服务有限、获取金融服务的成本相对较高、资金来源主要依靠银行贷款、专业性服务机构缺乏。

第三部分包括第六章和第七章。第六章基于信息不对称的视角，对于科技型中小企业金融服务难题进行了原因分析，并展开了对于建议措施的评价；第七章尝试性地应用了宏微观一体的建模和计算机模拟方式，对解决科技型中小企业金融服务难题的政策进行了简单的模拟评价，对破解该问题的建议措施进行评价。这部分的主要观点是，科技型中小企业缺失合意的金融服务的根本原因在于科技型中小企业的金融服务市场存在严重的信息不对称，缺乏能有效解决信息不对称问题的政策措施，因而作用较为有限。

第四部分包含第八章，主要介绍和分析了金融服务的硅谷模式和我国金融多样性改革的情况，希望从中找到一些破解我国科技型中小企业金融服务难题的启示和探究我国推进金融多样性改革应在破解科技型中小企业金融服务难题中发挥怎样的作用。

第五部分包含第九章和第十章，第九章从政策目标、政策框架和具体措施三个方面提出了一套破解科技型中小企业金融服务难题的对策建议，希望打造的是一个“以保障信息传递为核心，以金融多样化改革为重点，发挥政策性资金引导和补充作用，进行一紧一松管理”的对策措施体系。第十章对本书做了简要总结，并对未来研究做了展望。

二、研究方法

如果能够应用多种方法对于一个问题展开全面研究是非常好的状态，但是在数据、研究问题的特征限制下，许多问题的研究只能使用很有限的研究方法。对于科技型中小企业金融服务的研究就存在着研究方式受限的问题。这是因为我国对于科技型中小企业没有明确的定义，因而必然缺失相关的统计数据，所以使得对于该问题不能很好地展开实证研究和数量分析。这样的情况下，选择合适的研究方法就显得十分关键。

1. 规范分析与实证分析

本书采用了规范分析与实证分析相结合的研究方法。一开始就应用实证方法研究了世界各国和我国对于科技型中小企业定义的实际情况，同时也从规范的角度，对于应该如何界定科技型中小企业展开了论述。之后在收集和整理了大量数据的基础上，描述了科技型中小企业金融服务目前是什么样的状况，接着又从理论上分析和研究了科技型中小企业金融服务体系应该是什么样的。

2. 问卷调查

本书使用了调查问卷的方式对部分科技型中小企业进行了调查，取得了相关数据，并进行了分析，试图从这些信息中了解科技型中小企业金融服务的现状和问题。问卷调查的具体说明如下：财政部科研所“科技金融综合服务体系设计及政策理论研究”课题组在 2013 年 1 月至 4 月进行了“科技型中小企业金融服务问卷调查”活动。该活动的调查问卷在科技部条财司的协调下，通过网络对武汉东湖高新技术开发区和成都高新区高科技园区的部分科技型中小企业进行了问卷调查。问卷回收了 37 份，其中有效问卷 35 份，数据完整的问卷 33 份。后文中如无特别说明，提及数据来源于调查问卷皆指来源于财政部科研所“科技金融综合服务体系设计及政策理论研究”课题组 2013 年 1 月至 4 月的“科技型中小企业金融服务问卷调查”活动数据。

3. 宏观现象的微观研究方式

本书将尝试性地应用宏观现象的微观研究方式（宏微观一体建模和模拟方法）来对破解科技型中小企业金融服务难题进行研究和对其政策进行评估。针对科技型中小企业缺失统计数据而不能较好地展开实证分析的情况，笔者认为采用宏观现象的微观研究方式不失为一种较好的尝试。在本书第七章中，笔者就进行了该方法的简单尝试，希望能为科技型中小企业金融服务研究提供另一种研究思路和视角。

第五节 关键概念的辨析

涉及科技型中小企业金融服务这一主题的相关研究文献汗牛充栋，其涉及的概念众多，涵盖的研究范围十分广泛，因此在展开具体的分析研究前，很有必要明确本书中要使用的重要概念。下面就对本书中涉及的关键概念进行说明和辨析。

一、融资与金融服务

1. 融资

融资，对应的英文为“Financing”，指为支付超过现金的购货款而采取的货币交易手段，或为取得资产而集资所采取的货币手段。融资通常是指货币资金的持有者和需求者之间，直接或间接地进行资金融通的活动，这些资金融通活动包含广泛，从首次公开募股（IPO）到银行贷款。广义的融资是指资金在持有者之间流动以余补缺的一种经济行为，即该活动应该包含资金的融入（资金的来源）和融出（资金的运用）的资金双向流动过程。狭义的融资只指资金的融入。从企业融资的角度来讲，一般指的是狭义的概念，即企业资金融入的活动——一个企业的资金筹集的行为。

学者研究中使用的企业融资，也都是从狭义定义来讲的，即公司通过一定方式，从一定的渠道向公司的投资者和债权人去筹集资金的行为。本书中使用的“融资”也指的是这个概念。

2. 金融服务

金融服务，英文表述为“Financial Service”，是指金融机构运用货币交易手段融通有价物品，向金融活动参与者和顾客提供的共同受益、获得满足的活动。广义的金融服务是指整个金融业发挥其多种功能以促进经济与社会的发展。具体来说，金融服务是指金融机构通过开展业务活动为客户提供包括融资投资、储蓄、信贷、结算、证券买卖、商业保险和金融信息咨询等多方面的服务。从企业金融服务的角度来看，企业的金融服务是指金融机构对于企业提供的融资、保险和提供金融信息等服务。具体来说，包括如图 1-1 所示的这些向企业提供的服务类型。

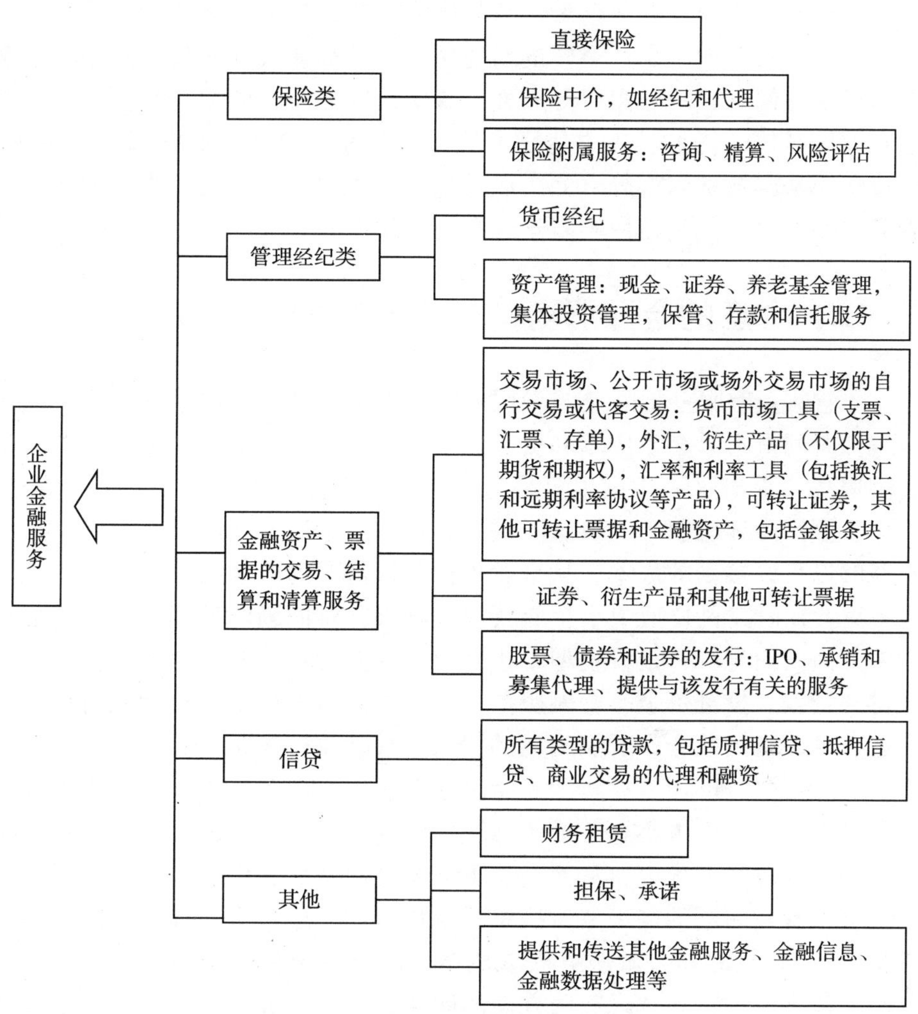

图 1-1　企业可获取金融服务内容

资料来源：笔者自己整理。

3. 概念比较和辨析

显然，金融服务概念的范围要大于融资，或者说融资只是金融服务的内容之一。准确地说，研究企业融资问题本身应该仅局限于贷款、租赁、资产管理、票据交易等可以获取资金的领域，而不应该涉及担保、金融信息甄别等，但是由于担保、金融信息甄别等与是否能有效获取资金密切相关，因而许多学者在研究融资问题时，都必然涉及这几个方面。也因为如此，对于科技型中小企业金融服务的研究也都直接使用融资问题研究。在学者对于科技型中小企业融资的研究中，几乎都涉及了科技型中小企业金融信息获取困难、缺乏担保等方面，事实上同类研究的覆盖面都超出了资金获取的范围。因此，本书为了研究内容涵盖到包括企业获取信息困难、企业信用暴露甄别困难等方面，以及基于更为规范的考虑，决定使用金融服务这一概念，其包括但不限于融资的问题。

二、合意的金融服务与缺失合意的金融服务

合意的金融服务指的是金融服务需求者能够在可以接受的成本（该成本包括时间成本、交易成本和资金成本等广泛概念）范围内取得其需要的金融服务。提出这一概念主要是为了说明缺失合意的金融服务这一情况。对应于合意的金融服务的概念，缺失合意的金融服务指的是企业在市场中不能够以可以接受的成本，从金融机构获取需要的金融服务的这一状况。

笔者在研究科技型中小企业获取金融服务难问题时发现，这一现象包含两方面的内容：一是科技型中小企业无论愿意付出多大的成本代价都不能得到贷款、投资资金等金融服务，这一方面情况信贷配给理论有大量的阐述。可以借用社会中看病问题的词汇“看病难”来称其为“融资难”或“获取金融服务难”，主要指的是金融服务供给的稀少。二是市场中的金融机构可以为科技型中小企业提供金融服务，但是其要求的价格十分高昂或要求等待的时间太长等，从而企业不能接受而获取金融服务失败。同样借用社会中看病问题的词汇“看病贵”来称其为“融资贵”或“获取金融服务贵”，主要指的是金融服务获取成本太高。由于科技型中小企业金融服务难题包含“难”和“贵”两方面的问题，因此，如果将科技型中小企业金融服务难题称为缺失金融服务，显然只反映了金融服务供给不足方面的信息，即“难”的一面，而没有包含成本高昂的信息，即“贵”的一面。所以，笔者引入了“缺失合意的金融服务”的概念，用来说明科技型中小企业面临的金融服务难题的两方面特征。

这里要说明的是，本书将使用缺失合意的金融服务，而不是使用缺失资金——融资难，来论述科技型中小企业金融服务难题。这样使用主要是

基于以下考虑：笔者认为金融服务范围要大于融资，而科技型中小企业的难题不仅是缺失充足的资金供给，而且也缺失金融信息服务、金融保险等内容，并且缺失金融信息服务、金融保险和担保等也是科技型中小企业融资难问题的原因之一，所以不能将其割裂。因此从全面性角度看，应该使用缺失合意的金融服务的概念。科技型中小企业缺失合意的金融服务这一概念本书多次使用，其等价于科技型中小企业金融服务难题，与大多数学者所用的科技型中小企业融资难的概念大致对应。

三、科技型中小企业概念说明

需要说明的是，对于科技型中小企业金融服务发展这一主题展开研究，最重要的概念就是要明确何谓“科技型中小企业”，但是本小节中并没有涉及该内容，而是将用一章的内容来对该概念进行阐述。这样做是基于以下考虑：一是该概念十分重要，其不仅关系到本书研究的对象和提出的对策建议的作用对象，并且对于整个学界对其展开专题研究和国家进行数据统计都是很重要的，因此有必要单独成章来进行研究；二是笔者在预研和文献研究时发现，不仅我国对于“科技型中小企业”没有明确的定义，世界各国也多没有这方面的界定。学者们对于该问题的关注不够，虽然都在反复使用该概念，但很少有人对其进行准确定义或者是专门研究过这一问题。为了研究的逻辑严密和方便专题研究的开展，笔者将在本书的第二章来对科技型中小企业的概念进行专门论述。

第二章 科技型中小企业概念的辨析

英国某报纸曾举办一项高额奖金的有奖征答活动，题目是：“在一个充气不足的热气球上，载着3位科学家：环保专家可拯救世人不受环境污染而面临死亡；核子专家有能力防止全球性核子战争，使地球免于灭亡；粮食专家能在不毛之地种植粮食作物，使几千万人脱离饥荒。热气球即将坠毁，必须丢出一人以减轻载重，使其余两人得以存活，请问该丢下哪位科学家？”

问题见报后，很多热心读者回复报社，答案多在讨论哪位科学家比较重要，争吵不休。最后结果出来了，答对的居然是一位小男孩，他的答案再简单不过——丢下那个最胖的人！

——《请给我结果》[①]

审视该问题，题目问的是“如何防止热气球超重坠毁”，所以答案自然是“减重活命”，至于“谁对人类贡献比较大”，根本与问题无关。多数人之所以做错决策，主因就在于对需要探讨的问题辨识不清和界定错误。而需要探讨的问题没有界定清楚，就算接下来的研究再全面、再完美，也不过是徒劳。因而，在开展任何研究之前，先将需要研究的问题和对象界定清楚是十分重要的。

当笔者开始对科技型中小企业金融服务和政策展开研究时，遭遇的第一个问题是对于科技型中小企业没有一个准确的定义。从已有文献和统计数据来看，各个研究中使用的定义并不一致，而更重要的是我国统计资料使用的标准和学者通常采用的标准也不一致。因此很有必要在辨析科技型中小企业这一重要概念的基础上再展开研究，以使后文的研究有的放矢和重点聚焦。

① 姜汝祥：《请给我结果》，中信出版社2009年版。

在本章中，笔者依次将阐述如何界定中小企业和科技企业，并在此基础上进一步地说明应该如何界定科技型中小企业，其界定标准是怎么样的。下面笔者按层次逐步地将这些重要概念阐述清楚。

第一节　中小企业的界定

中小企业也被称为中小型企业，是指经营规模较小、雇用人数与营业额皆不大的企业。多大营业规模是大？雇用多少人是多？对于不同的行业来说是非常不一样的。例如，2012 年全聚德营业收入为 19.47 亿元①，对于餐饮行业来说，19.47 亿元的营业额是一个标准的大企业。但 19.47 亿元的营业收入在房地产开发经营领域只算达到了中型企业的标准。同样，不同的地区，对于中小企业的定义也是不同的。比如中国第一家合资酒店——北京建国饭店 2011 年营业总收入 13250.64 万元，在我国的住宿业中已经不再是中小企业。但如果在英国，其营业收入大大低于非中小企业营业额 2280 万英镑的最低限。当然，对于同一地区不同的发展阶段，中小企业的划分也有显著区别。

由此，可以看出，中小企业不是一个一成不变的概念，在不同的时间、区域和行业，对中小企业有着不同的界定。下面笔者先介绍世界主要国家和地区对于中小企业的定义，之后再给出我国关于中小企业的明确定义。

一、世界主要国家和地区的界定标准

由于世界各国和地区所处的经济发展阶段、经济发展政策及相关法律体系不同，因而，不同的国家或地区不仅对中小企业的概念有不同的界定，而且在界定的方式上也很不相同。一些国家或地区是通过颁布法律的形式明确地给出中小企业的定义，如日本；而有的国家或地区是通过编制指导手册的形式给出中小企业的界定，如欧盟；还有的是在法律中给出描

① 全聚德：《2012 年度业绩快报》，凤凰网财经，http：//app.finance.ifeng.com/data/stock/ggzw/002186/14214333，2013 年 1 月 30 日。

述性定义，然后再通过中小企业管理局等机构的支持计划来给出具体的标准，如美国。下面我们来具体进行介绍，首先从世界银行的研究报告来总览世界各国或地区对于中小企业界定的大致情况，然后再介绍世界几个主要经济体的做法。

1. 世界银行的研究

世界银行 2011 年的研究报告首先指出，世界上并没有一个能够被广泛认可的关于中小企业的定义，甚至有的国家和地区根本没有这方面的任何界定和相关信息。世界银行收集 140 多个国家或地区的相关资料，通过比较各国或地区间定义的差别，最终找到了各国或地区较为通用的 3 个指标来描述中小企业：员工数量、营业收入和可获贷款规模。其中，最为常用的是员工数量。在调查的国家或地区中，有 68 个国家或地区明确地给出了中小企业的定义。它们中的 47 个国家或地区使用员工数量作为界定标准，而这 47 个国家或地区中又有 4 个同样使用其他两个标准。共有 41 个机构在界定标准中使用了最大营业收入规模，而 12 个使用最大贷款额，具体详见表 2-1。

表 2-1 各国或地区对于中小企业的定义

SME Definitions	Maximum Number of Employees	Maximum Sales (USD)	Maximum Loan Size (USD)
Afghanistan	100	995355	—
Albania	249	2632185	—
Argentina	—	23900000	—
Armenia	100	—	—
Australia	—	1559833	—
Azerbaijan	5	124412	311029
Bangladesh	150	—	—
Botswana	100	698301	—
Canada	499	43700000	4374069
Cape Verde	51	1889713	—
Colombia	200	—	—
Costa Rica	—	540000	—
Croatia	250	—	—
Dominican Republic	—	—	13879
El Salvador	50	1000000	—

续表

SME Definitions	Maximum Number of Employees	Maximum Sales (USD)	Maximum Loan Size (USD)
Estonia	50	4340278	1388889
France	—	69400000	—
Germany	250	73500000	—
Ghana	30	2129472	—
Greece	250	69400000	—
Guatemala	—	—	19604
Hong Kong SAR，China	100	—	—
Hungary	250	69400000	—
Indonesia	—	4812349	—
Iran，Islamic Rep.	50	—	—
Ireland	249	—	—
Lao PDR	99	117426	—
Latvia	250	—	—
Lebanon	—	5000000	—
Liberia	16	262500	155000
Lithuania	249	55600000	—
Madagascar	—	2555968	—
Malaysia	150	7093199	—
Mexico	250	18500000	—
Moldova	249	4500622	—
Mongolia	199	1043264	—
Morocco	—	6205707	124114
Netherlands	—	73500000	—
New Zealand	19	—	—
Nigeria	250	—	—
Oman	99	5201561	—
Pakistan	250	—	—
Panama	—	2500000	—
Peru	—	—	9962
Poland	250	—	—
Portugal	249	—	—
Russian Federation	250	31500000	—
Serbia	250	13900000	—
Slovenia	250	48600000	—

续表

SME Definitions	Maximum Number of Employees	Maximum Sales (USD)	Maximum Loan Size (USD)
South Africa	—	47200000	885094
Spain	250	13900000	—
Sudan	10	—	—
Syrian Arab Republic	—	—	107048
Taiwan, China	200	2420099	—
Tajikistan	—	—	12069
Thailand	200	—	—
Tunisia	300	—	—
Ukraine	50	8984449	—
United Kingdom	250	35500000	—
United States	—	—	1000000
Uruguay	100	3323292	—
Uzbekistan	100	—	—
Zambia	50	49543	—
Zimbabwe	20	50000	—

资料来源：Oya Pinar Ardic，Nataliya Mylenko and Valentina Saltane：Small and Medium Enterprises：A Cross-country Analysis with a New Data Set，Policy Research Working Paper 5538，January 2011.

2. 主要经济体的定义

从欧盟、美国、英国、日本及中国台湾地区的情况看，它们关于中小企业的定义内容和方式也是差别极大的。

（1）欧盟。欧盟对于中小企业的定义，是直接从企业的雇员人数和营业收入两个条件给出数量标准来进行界定的。欧盟委员会通过发布中小企业指导服务手册（SME User Guide Serves）来对中小企业进行界定，并且在手册中还强调其中的定义不具有法律约束力，仅仅是作为参考。当然欧盟这一做法与欧盟是经济联盟，而非一个统一国家的性质有关。

为了支持中小企业发展，给予中小企业一定的优惠政策，欧盟在1996年4月3日制定和发布了欧盟首个统一的中小企业标准（Recommendation96/280/EC），建议欧洲投资银行、欧洲投资基金及各个成员国采用这一标准。随着经济的发展，欧盟为了进一步促进欧盟各国企业进行创新，并保证优惠政策和相关支持项目能够真正用到中小企业上，欧盟委员会会同各成员国、各企业公司及专家学者讨论并制定推出了新的中小企业划分标准。该新标准（Recommendation2003/361/EC）和 1996 年的标准相比，增加了微型企业的定义，中小型企业的标准也有所提高。具体规定为：雇员数在 10 人以下、销售额和总资产额在 200 万欧元以下的为微型企业；雇员数在 50 人以下、销售额和总资产额在 1000 万欧元以下的为小型企业；雇员数在 250 人以下、销售额在 5000 万欧元、总资产额在 4300 万欧元以下的为中型企业。

（2）美国。美国关于中小企业[①]的定义主要由两方面内容组成，一是在美国的《小企业法》（*Small Business Act*）中给出了描述性定义[②]："中小企业是指独立所有并独立经营，且不在其行业内有垄断优势的企业。"并且说明各个行业将有不同的标准，而具体的标准由小企业管理局（Small Business Administration）给出。二是建立小企业管理局，通过制定支持中小企业的项目来具体给出各个行业中划分中小企业的标准。

从定义中小企业的方式上看，美国是属于立法定性描述，而具体标准通过支持项目和优惠政策的形式发布。这样做的好处是，中小企业划分的具体标准随着经济的发展而改变时，不需要对法律进行修改，而通过小企业管理局更改相应优惠政策、支持项目中规定的标准就可以实现。这样标准的变化具有很强的灵活性，不会涉及美国过程很复杂的法律修改程序。

美国对于中小企业的认定使用了两个定量标准：雇员人数和企业年平均收入。总的来看，在制造和采矿业中，雇员人数少于 500 人的属于中小企业；非制造和采矿业中，年平均收入小于 700 万美元的属于中小企业。具体来看，美国在认定中小企业时，分了九大部门，每个部门中又划分了许多个行业，对于不同的行业给出了具体的企业人数标准和年平均收入标准。需要注意的是，每个行业只采用了其中一个标准，没有对哪个行业同时使用人数和年平均收入这两个标准的（由于美国中小企业分部门的标准涉及的内容太多，本书就不将其具体列出）。

（3）英国。与美国不同，英国没有专门的立法来给出中小企业的定

---

① 这里需要注意的是，美国只有大企业（Large Business）和小企业（Small Business）的区分，而没有中小企业（Small and Medium-sized Enterprises，SMEs）的概念，但 OECD 和世界银行等在研究美国企业时，都将美国的小企业等同于其他国家和地区的中小企业。因此，为了保障叙述一致，在本书中使用的美国中小企业概念，都是指美国的小企业。

② *Small Business Act*，1953。

义，也没有专门管理中小企业的机构。英国各个部门，根据其不同的目的，有着各自的划分标准。英国海关税务总署（Her Majesty's Revenue and Customs）为了对企业的研发投入进行税收减免，将雇员人数少于 500 人，同时年营业收入少于 1 亿英镑的企业定义为中小企业。值得注意的是，该定义除英国海关税务总署外，别的政府机构并不使用。同样，英国商务部（Department for Business）为了在对相关数据进行统计时，将雇员人数少于 250 人的企业都划归为中小企业。公司管理部门（Companies House）同样是为了收集数据的需要，将雇员人数少于 50 人并且年营业收入小于 650 万英镑的企业定义为小企业，雇员人数少于 250 人并且年营业收入小于 2590 万英镑的企业定义为中型企业。除了上述几个部门的定义外，英国其余部门均使用欧盟标准来定义中小企业。

（4）日本。日本对于中小企业的界定也是直接给出数量指标，划分了 4 大类行业，从资本总额和雇员人数上进行定义。从方式上来说，日本采取了立法的形式进行定义，在需要修改时，也是直接修改法律。日本在 1963 年颁发了《中小企业基本法》（*Small and Medium Enterprise Basic Law*），1999 年在对旧法做出了许多更改的基础上，颁布了新的《中小企业基本法》。主要改变是定义上面增加了对服务业中小企业的界定，对其他行业也相应提高了标准，具体为：在零售业中，人数小于 50，资本额小于 5000 万日元的企业为中小企业；在批发业中，人数小于 100，资本额小于 1 万亿日元的企业为中小企业；在制造和其他行业中，人数小于 300，资本额小于 3 亿日元的企业为中小企业；在服务行业中，人数小于 100，资本额小于 5000 万日元的企业为中小企业。

（5）中国台湾地区。中国台湾地区自 1956 年第一次对中小企业进行了定义，先后 10 次对中小企业定义进行更改。从形式上来说，中国台湾地区通过其“经济部”中的中小企业处来发布中小企业认定标准，并没有立法来定义。总的来说，将制造业、营造业、矿业及土石采取业归为一类，将农林渔牧业、水电燃气业、服务业归为一类来分别界定。2009 年 8 月最新的一次调整后的规定为：在制造业、营造业、矿业及土石采取业中实收资本额在新台币 8000 万元以下者，或经常雇用员工数未满 200 人者为中小企业；在除制造业、营造业、矿业及土石采取业外的行业，前一年营业额在新台币 1 亿元以下者，或经常雇用员工数未满 100 人者为中小企业，具体见表 2-2。

表 2–2　中国台湾地区中小企业定义

行业类别 / 修改时间	制造业、营造业、矿业及土石采取业	农林渔牧业、水电燃气业、服务业
1967 年 9 月	资本额在新台币 500 万元以下者，或常雇员工在 100 人以下者（制造业、营造业、矿业及土石采取业）	全年营业额在新台币 500 万元以下者，或常雇员工在 50 人以下者
1973 年 3 月	登记资本额在新台币 500 万元以下，资产总值不超过新台币 2000 万元。或登记资本额在新台币 500 万元以下，常雇员工人数符合于下列标准者：①制衣制鞋、电子业在 300 人以下者。②食品业在 200 人以下者。③其他各业在 100 人以下者	
1977 年 8 月	实收资本额在新台币 2000 万元以下，资产总值不超过新台币 6000 万元者，或常雇员工不超过 300 人者（制造业）。实收资本额在新台币 2000 万元以下，常雇员工在 500 人以下者（矿业及土石采取业）	每年营业额在新台币 2000 万元以下，或常雇员工在 50 人以下者
1979 年 2 月	实收资本额在新台币 2000 万元以下，资产总值不超过新台币 6000 万元者，或常雇员工不超过 300 人者（制造业）。实收资本额在新台币 4000 万元以下者（矿业及土石采取业）	每年营业额在新台币 2000 万元以下，或常雇员工在 50 人以下者
1982 年 7 月	实收资本额在新台币 4000 万元以下，资产总值不超过新台币 12000 万元（制造业）。实收资本额在新台币 4000 万元以下者（矿业及土石采取业）	每年营业额在新台币 4000 万元以下者
1991 年 11 月	实收资本额在新台币 4000 万元以下，资产总值不超过新台币 12000 万元者（制造业、营造业）。实收资本额在新台币 4000 万元以下者（矿业及土石采取业）	每年营业额在新台币 4000 万元以下者
1995 年 9 月	实收资本额在新台币 6000 万元以下者，或经常雇用员工数未满 200 人者	前一年营业额在新台币 8000 万元以下者，或经常雇用员工数未满 50 人者
2000 年 5 月	实收资本额在新台币 8000 万元以下者，或经常雇用员工数未满 200 人者	前一年营业额在新台币 10000 万元以下者，或经常雇用员工数未满 50 人者
2005 年 7 月	实收资本额在新台币 8000 万元以下者，或经常雇用员工数未满 200 人者	前一年营业额在新台币 10000 万元以下者，或经常雇用员工数未满 50 人者
2009 年 8 月	实收资本额在新台币 8000 万元以下者，或经常雇用员工数未满 200 人者	（除左栏所规定外之行业）前一年营业额在新台币 10000 万元以下者，或经常雇用员工数未满 100 人者

资料来源：“中国台湾中小企业总会”。

二、中国的界定标准

我国对于中小企业的界定经历了一个过程，但在各个时期都使用了具体的数量指标。从使用标准上看，经历了从生产能力到销售额，再到销售额、资产总额及企业人数的不同阶段。从界定形式上看，经历了从国家部门发布标准到立法形式的转变。

1979 年，为了统计数据需要，国家统计局制定了《大中小型企业划分标准》。1988 年 4 月 3 日经国务院批准，国家经贸委、国家计委、国家统计局、财政部、劳动人事部联合发布《大中小型工业企业划分标准》，该标准主要依据企业的生产能力，辅助以固定资产（原值）额① 来划分大中小企业。1996 年 5 月，我国颁布了《批发零售贸易业、对外贸易业、餐饮业小型企业划分标准》，其中规定了批发业、零售业和餐饮业的小型企业标准。1999 年，我国对 1988 年制定的标准进行了修改，突出的变化是划分企业的标准从原来的生产能力转变为销售收入和资产总额。

2002 年 6 月 29 日，在中华人民共和国第九届全国人民代表大会常务委员会第二十八次会议上，通过了《中华人民共和国中小企业促进法》，我国首次以法律的形式界定了中小企业。2003 年 2 月，国家经贸委、国家计委、财政部和国家统计局就联合发布了《中小企业标准暂行规定》（经贸中小企［2003］143 号），该规定对工业、建筑业、交通运输和邮政业、批发和零售业、住宿和餐饮业等行业的中小企业做出了规定。

我国现行的中小企业划分标准，是 2011 年 7 月 4 日，由工信部、国家统计局、国家发展和改革委员会、财政部 4 部门联合发布的《中小企业划型标准规定》中给出的。该规定将中小企业划分为中型、小型、微型 3 种类型，具体标准根据企业从业人员、营业收入、资产总额等指标分 16 个行业来具体给出规定，详见表 2–3。

---

① 使用固定资产的企业主要是生产品种繁多难以按生产能力划分的少数行业的企业。

表 2–3 中国对于各行业中小企业的定义

行业	定义	中型企业	小型企业	微型企业
(一) 农、林、牧、渔业	营业收入 20000 万元以下的为中小微型企业	营业收入 500 万元及以上的为中型企业	营业收入 50 万元及以上的为小型企业	营业收入 50 万元以下的为微型企业
(二) 工业	从业人员 1000 人以下或营业收入 40000 万元以下的为中小微型企业	从业人员 300 人及以上，且营业收入 2000 万元及以上的为中型企业	从业人员 20 人及以上，且营业收入 300 万元及以上的为小型企业	从业人员 20 人以下或营业收入 300 万元以下的为微型企业
(三) 建筑业	营业收入 80000 万元以下或资产总额 80000 万元以下的为中小微型企业	营业收入 6000 万元及以上，且资产总额 5000 万元及以上的为中型企业	营业收入 300 万元及以上，且资产总额 300 万元及以上的为小型企业	营业收入 300 万元以下或资产总额 300 万元以下的为微型企业
(四) 批发业	从业人员 200 人以下或营业收入 40000 万元以下的为中小微型企业	从业人员 20 人及以上，且营业收入 5000 万元及以上的为中型企业	从业人员 5 人及以上，且营业收入 1000 万元及以上的为小型企业	从业人员 5 人以下或营业收入 1000 万元以下的为微型企业
(五) 零售业	从业人员 300 人以下或营业收入 20000 万元以下的为中小微型企业	从业人员 50 人及以上，且营业收入 500 万元及以上的为中型企业	从业人员 10 人及以上，且营业收入 100 万元及以上的为小型企业	从业人员 10 人以下或营业收入 100 万元以下的为微型企业
(六) 交通运输业	从业人员 1000 人以下或营业收入 30000 万元以下的为中小微型企业	从业人员 300 人及以上，且营业收入 3000 万元及以上的为中型企业	从业人员 20 人及以上，且营业收入 200 万元及以上的为小型企业	从业人员 20 人以下或营业收入 200 万元以下的为微型企业
(七) 仓储业	从业人员 200 人以下或营业收入 30000 万元以下的为中小微型企业	从业人员 100 人及以上，且营业收入 1000 万元及以上的为中型企业	从业人员 20 人及以上，且营业收入 100 万元及以上的为小型企业	从业人员 20 人以下或营业收入 100 万元以下的为微型企业
(八) 邮政业	从业人员 1000 人以下或营业收入 30000 万元以下的为中小微型企业	从业人员 300 人及以上，且营业收入 2000 万元及以上的为中型企业	从业人员 20 人及以上，且营业收入 100 万元及以上的为小型企业	从业人员 20 人以下或营业收入 100 万元以下的为微型企业
(九) 住宿业	从业人员 300 人以下或营业收入 10000 万元以下的为中小微型企业	从业人员 100 人及以上，且营业收入 2000 万元及以上的为中型企业	从业人员 10 人及以上，且营业收入 100 万元及以上的为小型企业	从业人员 10 人以下或营业收入 100 万元以下的为微型企业
(十) 餐饮业	从业人员 300 人以下或营业收入 10000 万元以下的为中小微型企业	从业人员 100 人及以上，且营业收入 2000 万元及以上的为中型企业	从业人员 10 人及以上，且营业收入 100 万元及以上的为小型企业	从业人员 10 人以下或营业收入 100 万元以下的为微型企业
(十一) 信息传输业	从业人员 2000 人以下或营业收入 10000 万元以下的为中小微型企业	从业人员 100 人及以上，且营业收入 1000 万元及以上的为中型企业	从业人员 10 人及以上，且营业收入 100 万元及以上的为小型企业	从业人员 10 人以下或营业收入 100 万元以下的为微型企业

续表

行业	定义	中型企业	小型企业	微型企业
（十二）软件和信息技术服务业	从业人员300人以下或营业收入10000万元以下的为中小微型企业	从业人员100人及以上，且营业收入1000万元及以上的为中型企业	从业人员10人及以上，且营业收入50万元及以上的为小型企业	从业人员10人以下或营业收入50万元以下的为微型企业
（十三）房地产开发经营	营业收入200000万元以下或资产总额10000万元以下的为中小微型企业	营业收入1000万元及以上，且资产总额5000万元及以上的为中型企业	营业收入100万元及以上，且资产总额2000万元及以上的为小型企业	营业收入100万元以下或资产总额2000万元以下的为微型企业
（十四）物业管理	从业人员1000人以下或营业收入5000万元以下的为中小微型企业	从业人员300人及以上，且营业收入1000万元及以上的为中型企业	从业人员100人及以上，且营业收入500万元及以上的为小型企业	从业人员100人以下或营业收入500万元以下的为微型企业
（十五）租赁和商务服务业	从业人员300人以下或资产总额120000万元以下的为中小微型企业	从业人员100人及以上，且资产总额8000万元及以上的为中型企业	从业人员10人及以上，且资产总额100万元及以上的为小型企业	从业人员10人以下或资产总额100万元以下的为微型企业
（十六）其他未列明行业	从业人员300人以下的为中小微型企业	从业人员100人及以上的为中型企业	从业人员10人及以上的为小型企业	从业人员10人以下的为微型企业

资料来源：《中小企业划型标准规定》。

三、小结

首先需要指出的是，我国一些学者在研究中小企业问题时，将各国对于中小企业的定义划分为两类，即所谓的定性标准和定量标准。笔者认为这样分类是不恰当的，因为综观世界各国或地区关于中小企业的定义，都是具有定量指标的，差别只在于，一些国家或地区直接用定量标准来定义，而一些国家或地区是在描述的基础上给出定量标准。

从世界范围来看，对于中小企业的界定都使用了相应的数量指标，并且通行的做法都是分行业，从企业人数、营业收入和资本额来确定。相比较而言，我国的划分属于比较详细和明确的。但是笔者认为，我国在中小企业界定上，还可以在一点上有所改进，即参考美国《小企业法》，将我国中小企业定义为，独立所有并独立经营的规模较小的企业。这样做是因为在获取金融服务、市场影响力等方面，大企业所属的中小企业一般都不会遭遇一般中小企业所面临的困难。基于此，国家的扶持计划和优惠政策不宜覆盖这类企业，将独立所有和经营的条件引入，可以防止把大企业所属的中小企业归进中小企业的范围。

第二节　科技型企业的界定

科技型企业对应的英文为“High-tech Enterprises”，即所谓的高技术企业，一般是指从事高科技（High-tech）行业的企业。在国际上，不仅对于科技型企业没有统一的认定标准，甚至就高科技和哪些行业属于高科技行业这些概念本身的界定都是模糊的。并且由于各国或地区所处的发展阶段、技术积累等方面的不同，对于科技型企业的认定也有很大差异。总结各国和地区对于科技型企业的认定，可以大致总结出这样一条路径：首先是认定何谓高科技，并且哪些行业属于高科技行业；然后在此基础上说明哪些企业属于科技型企业。因此，为了说明何谓科技型企业，下文将首先阐述什么是高科技和高科技行业应该包括哪些，然后再给出科技型企业的说明。

一、高科技和高科技行业的界定

高科技主要指的是最先进的可行技术（The Most Advanced Technology Available）。该概念最早来自于1958年2月4日载于《纽约时报》（*The New York Times*）的一篇名为“欧洲原子能”（Atomic Power for Europe）的文章，该文章描述西欧时，说其拥有密集的人口和高技术。之后，一些报纸的专栏开始频繁使用这一词汇，人们也开始熟悉这一概念。高技术，一度被主要认为是指微电子技术，后来范围逐渐宽泛。高科技这一概念是相当模糊的，基本不可能给出认定标准，甚至一些学者认为概念本身就有问题，认为科技并没有高低之分，这一概念没有必要。

笔者研究发现，高科技这一概念的确不能够给出界定标准，但是高科技行业是可以从一些特征来进行界定的。世界各国也的确是这么做的，不纠缠于高科技是什么，而是直接定义高科技行业应该包括哪些。当然，由于高技术认定不可行，也导致了高科技行业认定较为模糊，所以在同一个国家不同的机构给出不同的标准这一现象很是常见。许多国家或地区主要的做法是给出认定的原则，并不在国家层次给出具体的认定标准，而由不同机构根据自身需要来制定。下面介绍一下主要经济组织的大致做法。

OECD 在 1986 年首次给出了高科技行业（High-tech Industries）的界定，其使用 1980 年的数据，基于研发投入强度（Research and Development Intensities：R&D Spending as a Percentage of Production）界定了 6 个行业为高科技行业，具体见表 2-4。1992 年 OECD 使用新数据对划分有过调整，但 6 个行业的界定没有发生变化。

表 2-4 OECD 高科技行业划分

Industry High-technology	R&D Intensity
Aircraft（Aerospace）	22.7
Office & Computing Equipment	17.5
Communications Equipment	10.4
Drugs & Medicines	4.8
Scientific Instruments	4.8
Electrical Machinery	4.4
Other Manufacturing	—
Motor Vehicles	2.7
Chemicals	2.3
Average for all other Manufacturing	1.8

资料来源：OCED 官方网站整理。

美国对于行业的划分使用的是 NAICS 体系（The North American Industry Classification System），在 NAICS 并没有高科技行业这一类别的定义。美国劳动统计局（U.S. Bureau of Labor Statistics）在 2005 年，基于 NAICS 体系，试图给出高科技行业的界定标准。美国劳动统计局给出了 5 个因素界定高科技行业：①科学、工程和技术职位的强度；②从事研发的人数；③高科技产品的生产力；④高科技生产方法的使用；⑤高科技行业和生产力进步的关系。但由于数据的不可获取，BLS（美国劳动统计局）最终只使用了科学、工程和技术职位的强度来界定高科技行业。其最终在 NAICS 体系下，确认了 46 个行业为高科技行业，并将其按职位的强度分为了 3 个档次。

欧盟则是通过 3 种方式来界定高科技行业（High-tech Sector）：①部门划分法：通过技术强度（Technological Intensity：R&D Spending/Value

Added）将制造业划分为高科技行业（High-technology）、中高科技行业（Medium High-technology）、中低技术行业（Medium Low-technology）和低技术行业（Low-technology）四个档次；对于服务业，同样是按技术强度将其划分为知识密集服务业（Knowledge-intensive Services）和非知识密集服务业（Less Knowledge-intensive Services）。②产品划分法：首先是根据研发强度（R&D Intensity：R&D Spending/Total Sales）建立高科技产品名单，其次根据该行业的产品或贸易标的是否属于高科技产品名单上的产品来认定是否属于高科技行业。③专利划分法：根据国际专利分类办法（International Patent Classification），通过判断行业使用专利是否属于高科技或者是否属于生物科技来判断行业是否归为高科技行业。根据专利划分法，欧盟给出了属于高科技行业的6个行业：计算机和自动化设备（Computer and Automated Business Equipment）、微生物和遗传工程（Micro-organism and Genetic Engineering）、航天（Aviation）、通信技术（Communication Techn-ology）、半导体（Semiconductors）及激光产业（Lasers）。这三种认定方法并不需要同时使用，只要满足其中之一，就可以归为高科技行业。

研究各国的标准可以发现，国际上对于高科技行业的界定标准主要采用的是研发强度（R&D Intensity）这一指标。但是许多研究表明，只使用这一指标并不准确，需要综合包括高科技产品认定、研究人员占比、创新能力评估等指标进行界定。

二、世界各国和地区的界定标准

相比于世界各国对高科技行业界定标准的简单和不完善，世界各国对于高科技企业的界定就更为模糊，甚至可以说基本没有什么标准。各国的经济部门都强调高科技企业对于国家经济的重要性，但就何谓高科技企业基本没有界定。一般就简单地认为，从事高科技行业的企业就属于高科技企业。显然，这样的界定是很不准确的。假如一个从事高科技产品贸易的企业，其仅仅是从生产研发企业买入产品，然后再将产品卖到不同的地区去。虽然其从事高科技产品的贸易，但很难说它属于高科技企业。OECD为此专门指出过，从事高科技行业的企业并不等于高科技企业。有鉴于此，许多国家的主要做法是，在确定高科技行业的基础上，考察从事高科技行业中的企业，通过考察R&D投入强度、科技人员占总人员比例（科技人员密度）等指标来界定高科技企业。发达国家通常的做法是将两项密度指标显著高于全国制造业平均值的企业界定为科技型企业。

三、中国的界定标准

我国在2000年发布了《国家高新技术产业开发区高新技术企业认定条件和办法》（国科发火字［2000］324号），在该办法中首次给出了高科技企业[①]的定义和认定标准。与国际上主要做法一样，我国也是在给出了高科技行业的基础上，再来对高科技企业进行界定。在该办法中，明确界定了电子与信息技术、生物工程和新医药技术等11个行业为高科技范围，只有从事该11个行业的企业才能进行高科技企业认定。在此基础上，该办法还给出了包括科技人员占企业职工总数比例、研究开发的经费应占本企业当年总销售额比例、技术性收入与高新技术产品销售收入的总和占本企业当年总收入比例等6个具体指标。

随着经济和科技的发展，我国更新了高科技企业认定标准。在2008年4月由科技部、财政部和税务总局联合发布的《高新技术企业认定管理办法》（国科发火〔2008〕172号）中，对于高科技企业做出了明确定义：高新技术企业是指在《国家重点支持的高新技术领域》内，持续进行研究开发与技术成果转化，形成企业核心自主知识产权，并以此为基础开展经营活动，在中国境内（不包括港、澳、台地区）注册一年以上的居民企业。该办法不仅给出了一个描述性定义，还给出了具体的各项条件。

《高新技术企业认定管理办法》第十条要求高新技术企业认定须同时满足以下条件：

（一）在中国境内（不含港、澳、台地区）注册的企业，近3年内通过自主研发、受让、受赠、并购等方式，或通过5年以上的独占许可方式，对其主要产品（服务）的核心技术拥有自主知识产权。

（二）产品（服务）属于《国家重点支持的高新技术领域》规定的范围。

（三）具有大学专科以上学历的科技人员占企业当年职工总数的30%以上，其中研发人员占企业当年职工总数的10%以上。

---

① 从内容上看，我国高新技术企业的认定办法同国际上各国高技术企业认定办法几乎一致，因此，笔者认为我国称为“高新技术”企业同本书所指的“高技术”企业是同一概念。

（四）企业为获得科学技术（不包括人文、社会科学）新知识，创造性运用科学技术新知识，或实质性改进技术、产品（服务）而持续进行了研究开发活动，且近三个会计年度的研究开发费用总额占销售收入总额的比例符合如下要求：

1. 最近一年销售收入小于5000万元的企业，比例不低于6%；

2. 最近一年销售收入在5000万元至20000万元的企业，比例不低于4%；

3. 最近一年销售收入在20000万元以上的企业，比例不低于3%。

其中，企业在中国境内发生的研究开发费用总额占全部研究开发费用总额的比例不低于60%。企业注册成立时间不足三年的，按实际经营年限计算。

（五）高新技术产品（服务）收入占企业当年总收入的60%以上。

（六）企业研究开发组织管理水平、科技成果转化能力、自主知识产权数量、销售与总资产成长性等指标符合《高新技术企业认定管理工作指引》（另行制定）的要求。

除了给出定义和具体标准外，该办法还明确了高科技企业的认定、管理机构应由各地区科技行政管理部门与本级财政、税务部门组成。与2000年的办法一样，我国的基本做法还是在先划定高科技行业的基础上，对高科技企业进行认定。由于高科技行业本身不易界定，我国根据经济和科技发展战略需求，采用了我国重点支持科技产业的形式来界定高科技企业应属的行业。具体分为以下8个行业：电子信息技术、生物与新医药技术、航空航天技术、新材料技术、高技术服务业、新能源及节能技术、资源与环境技术、高新技术改造传统产业。

四、小结

综上，我们可以发现要给科技型企业一个明确的定义是十分困难的，这主要是有以下几方面的原因：一是高科技本身的定义就很模糊，甚至是概念本身就不被广泛接受；二是高科技行业的界定也十分困难，不仅需要根据不同地区发展状况来进行考量，还需要有明确的和可操作标准来划定；三是对于企业的评价，虽然数据完整、易于获取，但从哪些指标来评估企业是否属于高科技企业仍存在较多争论。

相比于别国，我国对于科技型企业的认定是比较规范和具有可操作性的，不仅有定性的描述，还有具体的指标，并且认定程序和机构是明确的，这对于我国的科技创新是十分重要的。

第三节 科技型中小企业的界定

科技型中小企业，也称为中小型科技企业。从理论上来说，在明确中小企业和科技型企业的概念后，科技型中小企业的概念就应该很明确了。借用集合论的观点，科技型中小企业就是中小企业和科技型企业的交集部分。简单说就是中小企业中从事高科技行业的企业，或者是高科技企业中的中小型企业。但是，实际情况并非如此。

一、国际上的界定标准

综观世界各国和地区，笔者发现没有任何主要的经济体和组织对科技型中小企业进行过界定。出现这种现象的原因大致有以下两方面：

首先，从必要性来说，在许多国家和地区对科技型中小企业进行界定是没有必要的。从国际通行做法来看，各国政府推出了各种支持和促进中小企业发展的计划及政策，为了让这些计划和政策真正用到中小企业上，所以国家给出了较为具体的划分中小企业的标准。但是，世界各国对于科技企业的支持，主要是从项目引导的角度进行，基本没有针对从事高科技行业所有企业的优惠政策。因而，结合起来，各国并没有明确给予科技型中小企业的优惠政策和支持计划，所以各国政府并没有必要从国家层面对于科技型中小企业进行界定。

其次，从可行性来说，由于对高科技、高科技行业和高科技企业本身划分就比较模糊，所以要对科技型中小企业给出界定标准是十分困难的。有鉴于许多国家和地区根本就没有明确的高科技企业的界定，所以对于科技型中小企业的界定就成为了不可能。

二、中国的界定标准

我国并没有专门的规定给出科技型中小企业的定义，中央和地方政府对于科技型中小企业的界定主要引用国家科技部在《科技型中小企业技术创新基金管理暂行办法》（国科发计字［2005］60号）中关于科技型中小企业的界定。而学术界在展开研究时，对于科技型中小企业的界定主要使用两种方式：一是同样引用国家《科技型中小企业技术创新基金管理暂行办法》的定义；二是使用民营科技型企业来代替。

从理论上来说，相比于其他国家和地区，我国有很明确的中小企业和科技型企业定义，所以从这个角度来说，我国应该很容易给出科技型中小企业的定义，即将两个定义求交集就可以得出科技型中小企业的定义了。但是，笔者发现中小企业和科技型企业定义的交集并不等于我国通行的国家科技部在《科技型中小企业技术创新基金管理暂行办法》（国科发计字［2005］60号）中关于科技型中小企业的界定。下面具体来分析。

1. 用民营科技型企业来替代

需要说明的是，在实际工作中，并没有任何官方机构、行政部门使用这一做法。该办法仅仅是国内学者从统计资料可获取性来考量的，为了研究方便才采用的权宜之计。使用民营科技型企业作为科技型中小企业的代替概念，主要是因为在我国的统计体系中有对民营科技型企业的统计，而科技型中小企业由于定义缺失，统计中没有明确的对应数据。并且由于科技型企业中的中小企业绝大多数属于民营企业，所以为了研究的方便，许多学者都使用民营科技型企业来代替科技型中小企业。

1993年6月12日国家科委、国家体改委发布的《关于大力发展民营科技型企业若干问题的决定》（国科发改字348号）中对于民营科技型企业是这样定义的："民营科技型企业是相对国有国营而言的，它不仅包括以科技人员为主体创办的，实行集体经济、合作经济、股份制经济和个体经济、私营经济的民办科技机构；而且包括由国有科研院所、大专院校、大中型企业创办的，实行国有民营的科技型企业。"

从一般概念来说，民营科技型企业与科技型中小企业的共同点是要求从事的是科技行业，但民营科技型企业是从所有制概念来阐述的，而没有涉及企业规模的信息。显然，这样做忽略了科技型中小企业的两个必要属性中的一个。因而，笔者认为用民营科技型企业来代替科技型中小企业并不恰当，所以下文中的讨论将不再涉及这一概念。

2. 科技型中小企业技术创新基金管理中的界定

首先来看2005年科技部和财政部联合发布的《科技型中小企业技术

创新基金管理暂行办法》（国科发计字［2005］60 号）中关于科技型中小企业的界定。该办法是我国学术界在研究科技型中小企业时，普遍采用的界定科技型中小企业的标准。具体标准如下：

（一）在中国境内注册，具有独立企业法人资格。

（二）主要从事高新技术产品的研制、开发、生产和服务业务。

（三）企业管理层有较高经营管理水平，有较强的市场开拓能力。

（四）职工人数不超过 500 人，具有大专以上学历的科技人员占职工总数的比例不低于 30%，直接从事研究开发的科技人员占职工总数的比例不低于 10%。

（五）有良好的经营业绩，资产负债率合理；每年用于高新技术产品研究开发的经费不低于销售额的 5%。

（六）有健全的财务管理机构，有严格的财务管理制度和合格的财务人员。

分析以上标准，定量要求只有其中两条：职工人数不超过 500 人，具有大专以上学历的科技人员占职工总数的比例不低于 30%，直接从事研究开发的科技人员占职工总数的比例不低于 10%；每年用于高新技术产品研究开发的经费不低于销售额的 5%。并且需要注意的是，该标准中没有涉及企业从事的领域的规定，也就是并不要求是国家高科技企业认定中的 8 个行业。

除了国家层面的《科技型中小企业技术创新基金管理暂行办法》对科技型中小企业界定有规定外，各地为落实创新基金的使用等情况，也发布了相应的管理界定办法。笔者统计下来，许多地区虽然发布了当地的管理办法，但其中多是使用国家创新基金管理办法中的界定标准，并没有增加条件。如北京市的《北京市科技型中小企业技术创新资金管理办法》（京财文［2006］3101 号）和上海市的《上海市科技型中小企业技术创新资金管理办法》中对科技型中小企业的认定条件与国家的一致。也有的地方政府在国家创新基金管理办法界定的基础上，给出别的一些标准。如浙江省发布的《浙江省科技型中小企业技术创新资金管理办法（试行）》（浙科计发［1999］338 号）中关于科技型中小企业的认定条件就比当时国家的认定标准多了“资产负债率不超过 70%”的条件。

总的来说，我国的政府、学术界对于科技型中小企业的界定的通用办法都是使用《科技型中小企业技术创新基金管理暂行办法》（国科发计字［2005］60 号）中关于科技型中小企业的认定条件。除了创新基金管理办法中给出的科技型中小企业认定标准外，一些地方政府有专门的科技型中小企业的认定管理办法。

3. 地方专项认定办法

地方政府为了促进当地科技型中小企业发展，自行出台了专门的科技型中小企业的认定管理办法。天津市 2010 年颁布的《天津市科技型中小企业认定管理办法》认定科技型中小企业是指拥有一定科技人员，掌握自主知识产权、专有技术或先进知识，通过科技投入开展创新活动，提供产品或服务的中小企业。科技小巨人企业[①]是指年销售收入在 1 亿元以上，拥有具有自主知识产权的科技成果、技术和产品，在行业内居于全国前列，具有较高成长性的科技型中小企业。杭州市 2009 年 6 月 30 日颁布的《杭州市科技型中小企业认定工作实施意见（试行）》中明确规定了科技型中小企业应具备的条件：

（1）从事一种或多种高新技术及其产品的研究、开发、生产和经营业务，产品属于《国家重点支持的高新技术领域》的技术创新企业或商业模式创新企业。单纯的商贸经营企业不在认定范围。

（2）技术创新企业的高新技术产品销售收入和技术性收入（包括技术咨询、技术转让、技术入股、技术服务、技术培训、技术工程设计承包、技术出口、引进技术消化吸收及中试产品销售等技术贸易收入）的总和占企业年收入的 50%以上。

（3）企业中具有大专以上学历的科技人员占职工总数的比例 20%以上，直接从事研究开发的科技人员占职工总数的比例 10%以上。企业当年研究与技术开发经费投入应占本企业年收入的 3%以上。

（4）企业有原始创新、集成创新、引进吸收消化再创新等可持续的技术创新活动，设立专门从事研发的部门和机构。

各地政府根据当地发展需要，制定了专门的科技型中小企业认定标准，对于当地科技型中小企业的发展是有好处的。但是，由于各地认定办法与国家制定的中小企业和科技型企业的界定办法联系不大，从国家层面来看，这样做对于国家统一管理和支持科技型中小企业的发展是不利的。下面，笔者从国家制定的中小企业和科技型企业的界定标准综合的角度来

① 天津市 2010 年发布《天津市科技小巨人成长计划》（津政发［2010］34 号）将达到相关要求的科技型中小企业称为科技小巨人企业。

探讨科技型中小企业的界定应该是什么样的。

4. 综合中小企业和科技型企业的界定标准

我国对于科技型企业的认定是从事电子信息技术、生物与新医药技术、航空航天技术、新材料技术、高技术服务业、新能源及节能技术、资源与环境技术、高新技术改造传统产业这 8 个行业，并且要满足一些约束性条件的企业。对于中小企业界定从企业从业人员、营业收入、资产总额等指标分 16 个行业来规定。由于科技型企业认定中的 8 个行业并不是按照我国行业分类标准来设置的，而是根据科技创新可能涉及的内容来分类的。因此，科技型企业的行业划分与中小企业划分的 16 个行业是不对应的。综合两个界定标准的做法是：同时考虑两个标准的条件，先认定该企业是否是科技型企业，然后再根据我国行业分类标准确定该企业属于哪个行业，再根据中小企业的分行业的限定条件来确定其是否是科技型中小企业。

综合中小企业和科技型企业的界定标准，可以给出科技型中小企业的认定标准为：中国境内（不含港、澳、台地区）注册的企业，从事电子信息技术、生物与新医药技术、航空航天技术、新材料技术、高技术服务业、新能源及节能技术、资源与环境技术、高新技术改造传统产业中至少一个，并且满足近 3 年内通过自主研发、受让、受赠、并购等方式，或通过 5 年以上的独占许可方式，对其主要产品（服务）的核心技术拥有自主知识产权；具有大学专科以上学历的科技人员占企业当年职工总数的 30%以上，其中研发人员占企业当年职工总数的 10%以上；近 3 个会计年度的研究开发费用总额占销售收入总额的比例符合如下要求：

（1）最近一年销售收入小于 5000 万元的企业，比例不低于 6%；

（2）最近一年销售收入在 5000 万元至 20000 万元的企业，比例不低于 4%；

（3）最近一年销售收入在 20000 万元以上的企业，比例不低于 3%。

其中，企业在中国境内发生的研究开发费用总额占全部研究开发费用总额的比例不低于 60%。企业注册成立时间不足 3 年的，按实际经营年限计算；且高新技术产品（服务）收入占企业当年总收入的 60%；且根据《中小企业划型标准规定》划分属于中型、小型、微型 3 种类型的企业。

上文是从中小企业和科技型企业的界定标准交集的角度提出的，国家还没有这方面的认定。但是可喜的是，一些地方已经开始综合中小企业和科技型企业的界定标准来认定当地的科技型中小企业。从收集到的情况看，黑龙江和贵州在省级层面给出了该省的认定标准，苏州市在地市级层面给出了该市的认定标准。具体情况如下：

黑龙江省科技厅于 2012 年 5 月 16 日发布了《黑龙江省科技型中小企业认定暂行办法》，其中要求科技型中小企业必须是符合《中华人民共和国中小企业促进法》规定的中小企业标准的，且在本省行政区域内依法登记注册的中小企业。然后满足以下条件：①其主营业务应属于高新技术企业认定或国家科技型中小企业技术创新基金申报指南支持的技术领域；②具有大学专科以上学历的科技人员占企业当年职工总数的 20%以上，其中研发人员占企业当年职工总数的 5%以上；③企业最近一年研发投入占销售收入的 2%以上；④高新技术产品（服务）收入占企业当年总收入的 30%以上；⑤一项以上知识产权。

可以看出，其中已经要求对科技型中小企业的认定需要满足我国中小企业的界定标准，同时还要属于国家认定的高科技企业或者从事国家认定的高技术领域。贵州省科技厅在 2012 年 12 月 26 日发布的《关于开展科技型中小企业专项调查统计工作的通知》（黔科通〔2012〕178 号）中也从中小企业和高科技行业两个角度对科技型中小企业给出了认定标准，具体见表 2-5。

表 2-5　贵州省科技型中小企业认定标准

<table>
<tr><th>注册地址</th><th>科技型企业基本规模</th><th>科技型中小企业行业领域</th><th>序号</th><th>认定内容</th><th>条件</th></tr>
<tr><td rowspan="6">贵州省内注册</td><td rowspan="6">职工人数 500 人以下，年营业收入 30000 万元以下，资产总额 30000 万元以下</td><td rowspan="6">电子与信息、生物与医药、新材料、光机电一体化、资源与环境、新能源与高效节能、高技术服务业、农业与农村、航空与航天、地球、空间、海洋工程、核应用技术</td><td>1</td><td>企业具有大专以上学历的科技人员占职工总数的比例</td><td>≥20%</td></tr>
<tr><td>2</td><td>企业直接从事研究开发的科技人员占职工总数的比例</td><td>≥5%</td></tr>
<tr><td>3</td><td>企业资产负债率</td><td>≤70%</td></tr>
<tr><td>4</td><td>生产型企业每年用于科学研究和技术开发的投入占企业当年主营业务收入的比例</td><td>≥2%</td></tr>
<tr><td>5</td><td>由企业知识产权、技术服务等产生的收入占企业主营业务收入的比例</td><td>≥8%</td></tr>
<tr><td>6</td><td>承担市级以上科技项目（注：在科技型企业基本规模内的企业只要承担过市（州）级以上科技项目的，均可认定为科技型中小企业）</td><td></td></tr>
</table>

注：企业未承担过市（州）级以上科技项目的，除符合基本规模和行业领域的认定标准，还必须同时符合 1~5 项认定内容。

资料来源：《关于开展科技型中小企业专项调查统计工作的通知》。

2013 年 3 月 15 日，苏州市科技局公布了《苏州市科技型中小企业资格确认实施细则（试行）》,《细则》明确规定：对苏州市范围内已认定的省高新技术企业、省级以上创新型企业、承担市级及市级以上科技计划项目的企业、获市级及市级以上高层次人才计划资助的科技人员创办的企业，上述四类企业如同时符合上年度营业收入在 4 亿元以下或从业人员在 1000 人以下条件的，属于苏州市科技型中小企业。此外，企业同时符合具有自主知识产权或专有技术、研发人员占比 5%以上、设立市级及市级以上研发机构等条件的也可以认定为科技型中小企业。

三、小结

科技型中小企业在国际上并没有明确的定义，世界上许多主要经济体都没有对科技型中小企业给出界定。与国际相比较，我国同样没有对科技型中小企业给出认定标准，仅仅是通过科技型中小企业创新基金对科技型中小企业给出了相关的界定条件。但是，创新基金给出的条件与我国中小企业和科技型企业的界定标准联系不大，与中小企业和科技型企业的界定标准交集相比较，可以发现创新基金给出的界定中没有涉及企业的资产、销售收入认定的标准和从事行业划分。从理论上来说，完全有可能出现创新基金认定的科技型中小企业既不属于《中小企业划型标准规定》中定义的中小企业，也不属于《高新技术企业认定管理办法》中认定的科技型企业的情况。这样的情况将会对我国管理和支持科技型中小企业发展产生负面影响，因而有必要从国家层面给出一个具体的科技型中小企业的认定标准。

本章总结

对于科技型中小企业的界定是否重要呢？这取决于具体的情况。首先这与国家国情、经济发展阶段密切相关。科技型中小企业在一国的某一发展阶段中，如其作用、地位都很有限，那么对于科技型中小企业的准确认定也没有多大必要。其次，这与政府的政策取向密切相关。如果该政府对于发展科技型产业没有任何兴趣，也不打算推出支持和促进科技型企业发展的计划，那么它就没有必要对科技型中小企业进行界定。但是如果科技型中小企业对于社会经济发展有举足轻重的作用，并且各国政府都希望发展科技产业并有支持和促进科技型企业发展的计划，那么对于科技型中小企业的界定将至关重要。从当今世界经济发展的趋势和各国政府纷纷出台政策支持科技创新的举动来看，对于科技型中小企业的界定是重要且必要的。

本章中笔者分别探讨了中小企业、科技型企业和科技型中小企业界定的国际标准和我国标准。本书研究中涉及的科技型中小企业定义是综合中小企业和科技型企业的界定标准而得，这样做的目的是，笔者认为综合两个标准定义的科技型中小企业的科技研发内容才是国家最需要的科技创新的方向，其发展状况对于提高我国科技创新能力的意义重大。

需要强调两点：一是本书所讲的科技型中小企业和中小企业概念是指除行业中大型企业外的其他企业，也即包含了近年来强调的微型企业及本书的中小企业概念所指的中小微企业。二是我国统计资料所统计的科技型中小企业并不满足本书所使用的科技型中小企业定义，但鉴于数据的可获取情况，目前研究中也只能采用这些数据。

第三章 科技型中小企业作用、特征、问题及其金融服务体系

美国为了保护其钢铁行业，在2002年3月以欧盟、日本等8国出口的钢铁产品损害了美国钢铁业为由，动用“201条款”，宣布对多种钢材加征为期3年的进口税，税率总水平达30%。但是，该举措并没有收到预期的效果。为报复美国提高进口钢材关税，2002年6月，欧盟对美国部分商品征收100%的关税，墨西哥、日本、韩国等也纷纷提高关税或采取紧急保障措施。最终美国在承受近数亿美元损失的同时，更导致了钢铁消费行业7.4万人失业，弊大于利。

——《国际贸易保护主义案例分析》①

在大卫·李嘉图提出比较优势理论之前，许多国家都奉行绝对优势的贸易理论。因此，许多国家对本国生产率处于劣势的行业实施了贸易保护，认为这样可以支持该行业的发展，并使整个国家从中获益。但后来李嘉图的比较优势贸易理论说明，这样的贸易保护对于该国的整体福利不仅没有促进，反而会减少该国的整体福利。因此，贸易保护是没有必要的。

审视美国钢铁行业贸易保护的例子和重温李嘉图的比较优势贸易理论，可以看出一些认为有益的做法最终却被证明是无效的，将精力投入其中是没有必要的。这促使笔者慎重考虑研究科技型中小企业金融服务是否真的必要。因为如果科技型中小企业对于国家发展无足轻重，或是金融服务对于科技型中小企业发展没有关键影响，那么本书的研究将不重要，因此也不必继续投入精力去展开。

因此，本章需要论述清楚科技型中小企业的作用和意义，说明金融服

① 《国际贸易保护主义案例分析——美国201钢铁案》，世界大学城，http://www.worlduc.com/blog2012.aspx? bid=720640，2011年6月21日。

务对于科技型中小企业发展是否具有重要影响。当然，要说明这两个问题，我们需要考察科技型中小企业的特征和我国金融服务体系的大致状况。

第一节　科技型中小企业的作用和意义

当谈论一国经济时，人们除了谈及该国 GDP、人均收入等宏观经济指标外，其他最常被提及的就是该国的大型企业。比如谈论美国时，我们总会想起 GE、IBM、微软和苹果等大企业，而提及日本、韩国时，不可避免地会说到索尼和三星。同样，世界认识中国时，也是从中石油、联想和海尔等中国的大企业开始的。相比作为国家经济重要支柱的大型企业，大量的科技型中小企业显得没有那么耀眼。但要是因此而忽略科技型中小企业的重要性，那显然是不对的，因为这些并不耀眼的企业对于国民经济发展和国家科技进步有着重要的作用和意义。

由于对科技型中小企业定义不明确和相应统计数据的缺失，下文论述科技型中小企业作用时，我们从科技型企业和中小企业相结合的角度来进行，其中使用数据也主要从科技型企业和中小企业两方面的数据整理得来。

一、科技型中小企业对经济发展贡献重大

我国改革开放 30 多年来取得了辉煌的成就，能够取得如此之成就，原因是多方面的，其中一个不能忽视的重要原因就在于随着市场化改革的推进，作为市场主体的企业数量迅速增加，企业带来了产品、就业、技术进步等，最终使我国经济高速增长成为必然。改革开放初期，我国工业企业单位数为 281706 家，截至 2013 年 11 月底，全国实有企业 1503.82 万家（含分支机构），个体工商户实有 4400.41 万家，其中绝大多数是中小企业，其贡献可见一斑。

1. 经济发展的重要动力

中小企业对于我国经济增长的贡献是十分显著的，是我国经济发展的重要动力。财政部科研所所长贾康就提到“中国 99%以上是中小微企业；从民生改善、社会和谐稳定来看，直接相关联的是就业，中小微企业提供

整个社会就业岗位的80%~90%，甚至更高；我们还要看到，经济增长，中小微企业的贡献要占到60%~70%，在某些区域甚至更高；政府税收的50%~60%来自中小微企业”。林毅夫等研究指出，在我国大多数地区，工业企业中的中小企业对于经济增长的贡献度要大于大企业。结合我国的实际情况，他指出：“大力发展中小企业是促进我国经济快速稳定增长、实现人民生活水平提高的最佳途径。”国务院发展研究中心企业研究所副所长马骏也指出：“2011年中小企业占中国企业数量的98%以上，对于我国GDP贡献了60%，为中国新增就业岗位贡献85%，税收贡献50%。”

由于我国处于产业结构的升级阶段，科技型中小企业在所有中小企业中的占比不是很高。从可获取的统计数据看，科技型中小企业对于产值的贡献并不十分突出（2011年国家统计的规模以上高科技企业[①]为21682家，相比全国5000多万家的企业数是很小的）。但是从产业经济和经济增长理论的角度来说，科技型中小企业对于经济增长的贡献不仅在于企业的生产值，还在于科技型中小企业可能的技术溢出和带来的技术进步使得相关产业的生产率提高，并且技术进步对于生产率提高带来的经济增长可能是科技型中小企业更为重要的贡献。

从另一个角度来看，科技型中小企业的创业活动也将是经济增长的主要动力。科技型中小企业的创业活动，通过市场机制将各类资源重组，将社会资金配置给优秀的科技创新活动，将人类的各种思想创意转化为可能的收益。美国“新经济”的发展向世界证明了创新与创业活动对于经济增长的巨大意义：依靠技术创新发掘经济的新增长点。技术创新的微观基础毫无疑问是科技型中小企业的大量创生和其技术研究与开发的活动。

随着世界经济逐渐从投资等要素驱动阶段进入创新驱动阶段的创新经济时代和我国产业结构的逐步升级，未来我国经济的发展动力将主要依靠科技型企业的科技创新，其中科技型中小企业的贡献将会更加显著。

2. 市场健康的标志和促进力量

日本《中小企业法》中明确指出，中小企业的存在对于保持市场活力和保证市场竞争性有重要的意义。科技型中小企业自身的高成长性和灵活性不仅在保持市场活力和保证市场竞争方面意义非凡，而且科技型企业的创新性和对于市场感知的敏感性也使得科技型中小企业的发展状况成为市

① 高科技企业是指2011年主营业务收入2000万元及以上的法人工业企业。

场经济健康的标志。

科技型中小企业具有以下一些特点：一是创立企业条件要求不是很高，是许多人创业的首选，每年建立和破产的企业数量都较多；二是一般来说，科技型中小企业建立时间不长，人员结构较为简单，具有经营机制灵活等特点；三是相比于传统企业中人力资源需要通过相对固定的硬件环境发挥作用不同，有创造性思维的人才构成的智力资产是维持企业持续经营的最主要动力，人的因素变得更活跃，能够更积极主动地发挥作用。基于这些特点，科技型中小企业必然会成为市场经济中最为活跃的主体，对于市场保持较为激烈的竞争具有重要的意义，从而有益于保证市场经济健康运行。

科技型中小企业在种子期和初创期的收益与风险不匹配，研发风险和创业风险比较大。当市场环境恶化或政策支持力度有所变化时，由于科技型中小企业高风险的性质，资金往往先从这类高风险领域撤出，因而科技型中小企业失败的风险较大。因此，科技型中小企业相对于大企业或从事较为传统产业的企业来说，生存的压力要求其对于市场环境和政策环境的改变更为敏感。从这个角度来说，其恰恰可以成为观察市场健康状况的指标。

3. 产业结构调整与升级的推动力

中国的发展已经进入必须关注经济质量的阶段，产业结构调整和升级已经是我国经济发展的战略方向。产业的升级或新产业的发展需要技术的“群体性突破”，依赖于科技成果不断进入经济社会领域，形成新产品与新服务的生产能力。随着老企业在竞争中逐步被淘汰，新企业的创生，新产品和服务的提供，新的产业逐步形成，经济结构和企业结构将得到优化，从而国家的产业结构调整和升级得以实现。在原有产业结构中发展壮大的大企业要放弃原有优势，大量投入新技术研究和技术升级十分不易。科技型中小企业恰恰具有这样的灵活性，或者说科技型中小企业的创生就是希望在未来新的产业结构中谋得一席之地。因而科技型中小企业的大量创生和其技术创新是群体性突破的重要来源，其科技成果的产业化是孕育新产业、促进产业升级的源泉。另外，众所周知，科技研发和技术创新具有正的外部性，其技术溢出对于产业升级是十分重要的。可以说，我国要实现产业结构升级，必须要依靠科技型中小企业作为重要的推动力。

4. 区域经济发展的合意选择

科技研发、技术创新是一个系统工程，需要综合考虑区域的资源禀赋、地理交通情况、科研院所集中情况等。我国幅员辽阔，区域间的资源禀赋、经济发展情况及饮食文化都差异巨大。因此各地可应用的技术和产品差异不小，这决定了各地的经济发展具有区域的特色。从区域经济发展的角度来看，一些地区不具有自然资源和地理位置优势，如果单纯地发展劳动密集型产业，大力引进工业项目，难以真正实现可持续发展。考虑到创业成本，引进大的工业项目，不如支持科技型中小企业结合当地科研技术力量发展有区域特色的科技产业。从科技型中小企业的角度来说，区域差异造就了具有层次的市场空间。更为灵活和敏感的科技型中小企业，可以在区域性和特色科技方面上下功夫，差异化地发展，寻求生存空间方面的优势。从这两方面来看，科技型中小企业无疑是适合地方经济差异化发展的最合适选择，也只有科技型中小企业具有这样灵活发展和选择的特点。

二、科技型中小企业对国家创新能力提高意义非凡

从国际上来看，企业是科技创新的最重要主体，是国家科技创新能力提升的最主要力量。我国也不例外，2011 年，企业、政府所属研究机构、高等学校经费支出所占比重分别为 75.7%、15%、7.9%[①]。在企业科技贡献中，中小企业占中国企业数量的比重虽不足 5%，却为国家贡献了约 66%的专利发明、80%以上的新开发产品。在高科技产业统计中，2011 年，中小企业专利申报数为 46713 件，占整个高科技产业的企业总专利申报数的 46%[②]。由此可见，科技型中小企业对于国家科技创新的贡献。在学术界研究中，绝大多数专家也认为创新国家的希望在于中小企业，我国著名财经专家贾康就认为“从走创新型国家道路来说，必须鼓励从草根层面、企业层面做创新活动，我们国家发明专利的 70%~80%来自中小微企业”。

1. 最具创新能力和创新效率的企业

从科技型中小企业的特点来讲，其是市场中最为活跃的创新主体，具有较高的创新效率。科技型中小企业虽然规模相对较小，有较高的开业率和倒闭率，但具有大企业没有的竞争优势：科技型中小企业人员结构较为

---

①《2011 年全国科技经费投入统计公报》。研究与试验发展（R&D）经费：规模以上工业企业、政府属研究机构、高等学校采用全面调查取得，其他行业的企事业单位采用全面调查、重点调查及使用第二次全国 R&D 资源清查资料推算等多种方法取得。

②《中国高科技统计年鉴》(2012)。

简单，经营机制灵活，交易费用和组织管理费用较少，因而在科技创新这种高投入的行为中，相比于大企业具有较高的创新投入效率；科技型中小企业对于市场环境和政策环境更为敏感，目标导向更加明确，资源集中。虽然资源集中会加大企业面临的风险，但同时目标、力量集中也容易在特定领域取得技术突破，也更具创新能力。另外，科技型中小企业抗风险能力较弱，企业生存压力巨大，资产存量小，迫使企业必须提高研发创新效率。因此，科技型中小企业具有较强的创新能力和创新效率。欧盟统计数据显示，中小企业人均创新成果是大企业的两倍。

2. 连接国家科研生产体系的重要纽带

科技成果转化和产学研如何结合一直是我国科技和经济发展中的重难点问题。科研院校研究成果与实际脱节，不能转化为生产力，科研成果闲置。企业因没有合适的技术、科研支持，发展中要么花费巨大资金从别的企业进行技术引进，要么停留在粗放生产的阶段，不能实现企业技术升级。产生该问题的一个主要原因就在于，我国的科研生产体系中缺乏将科技创新成果转化为可应用技术并产生生产力的纽带。科技型中小企业的特征决定了其是能够担负起连接我国科研生产体系纽带的重任的。科技型中小企业的创业者多来自于我国科研、教育机构，并且企业中的技术骨干、科研人员等也长期与科研机构和高校有紧密联系。一方面，科技型中小企业通过人员交流、共同研发等手段与科研体系相联系；另一方面，又由于生存的压力和对市场的敏感，使其能够并善于从不完全的和细分的市场中寻找成长机遇，积极吸纳创新成果并将其迅速转化为市场中的新技术和新产品。

3. 国家创新体系不可或缺的科技储备力量

随着科学技术的发展深化，交叉学科、技术分支大量出现，科学技术的精细趋势不可避免。并且伴随着人们价值取向多元化，选择偏好的差异化特征更为凸显，消费者希望获取的产品和服务更加丰富、多元。这样的情况造就了市场的层次差异，而这种差异在科技领域表现为涉及科技开发内容庞大、复杂、层次多样。因此，很难有一两家大企业的科技创新力量和技术储备能够涉及、涵盖如此多的领域和方向。这样的市场结构和环境决定了在差异化和细分技术领域需要科技型中小企业大量存在，而从国家创新体系完备性来说，这些细分科技领域也需要有相应的科技力量的储备。因为对于科技创新来说，最大的特点就在于不确定性，不确定性很重要的一方面就是不知道未来什么样的科技力量将成为主流和市场需要的热点，完备的科技力量的储备对于国家创新体系建设必不可少。

三、小结

从世界范围看，科技型中小企业对于各国经济发展具有重要贡献。相比于 17236 家大企业，美国 5717302 家中小企业① 在失业的整体环境下，贡献了美国就业岗位的 56%。美国 20 世纪 90 年代的新经济更是充分演绎了科技型中小企业创新活动对于经济增长的奇迹。科技型中小企业对于经济发展的意义非凡，我国也不例外。并且笔者认为随着我国产业结构的升级，我国科技型中小企业对于国民经济发展的作用将更加凸显。

21 世纪世界逐步进入创新经济时代，国际竞争的关键是科技创新能力的比拼。我国经历了长期的依靠自然资源和低成本劳动力的粗放型经济增长，想要在未来国际竞争中取得优势，谋取持续的经济发展，发展科技型产业，努力提高国家的科技创新能力是必由之路。科技型中小企业创新效率高、成果纽带作用强和科技力量储备的功能明显的特点决定了其在构建我国科技创新体系、提高我国自主创新能力方面将发挥重要作用。综合来看，科技型中小企业对于我国的经济发展、科技进步和创新能力提升具有巨大的作用和意义。

第二节　科技型中小企业的特征

科技型中小企业属于中小企业和科技型企业的交集，因此其兼具中小企业和科技企业两方面的特征。

一、科技型中小企业的基本特征

当我们提及科技型企业时，基本都会想到高科技、高风险、高投入等

---

① 根据美国小企业局网站整理得出，数据为 2010 年资料。

特征；而论及中小企业时，也都会提到规模小、资产少等特点。显然，科技型中小企业作为一种特殊的中小企业，具有中小企业普遍存在的一些特质，而其作为规模较小的科技型企业，同样也包含了科技型企业的基本特点。科技型中小企业究竟有哪些一般特征呢？下面具体进行介绍。

1. 规模较小

科技型中小企业是中小企业的一种，根据企业划分标准，中小型企业在人员、资产方面都是有限制的。不同行业，规模上要求不一样。但是总的来说，科技型中小企业在规模上都较小，这主要是指企业的人员较少和资本量较小。根据《中国中小企业人力资源管理白皮书》统计研究，中国1158万个中小企业，平均从业规模仅为13人①。如果说人数少体现的是科技型中小企业的中小企业特征，那么科技型中小企业的无形资产在总资产中比例较大就体现了其作为科技型企业的特征。

2. 企业成立和高校、科研院所联系紧密

从科技型中小企业成立的情况看，有来自于大企业成立的科技企业，但主要的还是来自于高校或科研机构的科研人员成立的，或者是成立的科技型中小企业与高校或科研院所的人员有十分密切的联系。这是由科技型中小企业的性质决定的，一方面许多科技型中小企业的创生基础就是拥有科研人员的科研成果，另一方面是科技型中小企业的服务对象很多属于高校或科研单位。

3. 存活率低、寿命短和高成长性

由于科技型中小企业要求的条件并不高，所以科技型中小企业的创新较为容易，随着科学技术发展的精细化，科技型中小企业也大量地创生。但是由于科技研究的高度不确定性，科技型中小企业也面临极大的破产倒闭的风险。伴随各个细分科技领域的激烈竞争，科技型企业也存在大量破产倒闭的情况。科技型中小企业的寿命不长，这里没有针对科技型中小企业的数据，但是可以参考中小企业的相关数据。美国的数据显示，在美国的中小企业中，约有68%在第一个5年内倒闭，19%可存活6~10年，只有13%寿命超过10年。根据《中国中小企业人力资源管理白皮书》统计研究，中国中小企业的平均寿命仅2.5年。虽然科技型中小企业一般寿命较短，

---

① 《中国中小企业平均寿命仅2.5年》，中国资本报道网，http：//www.esame.cn/NewsView.aspx？id=8637，2012年11月6日。

但其另一个特征却是具有高成长性和在成长过程中具有明显的阶段性。

4. 身份地位的劣势

中山大学管理学院李新春教授（2001）在《单位化企业的经济性质》一文中阐述了企业具有“身份”[①] 的概念，他指出：“企业在市场上的身份特征可以体现在不同的方面，第一方面是企业的政治和社会地位身份，计划经济赋予企业政治身份和社会地位，以此作为分配政策和其他资源的制度。其体现在企业的行政级别和属性（如中央、地方所属、集体企业、民营企业等）划分上。第二方面的身份特征是企业通过规模和市场垄断力量可能形成的身份地位，这在市场经济下受到政府的限制。第三方面的身份是企业通过竞争和管理而形成品牌声誉等身份优势。”之后，李新春部分同意费孝通先生指出的，中国社会是一个由身份决定的差序结构。他认为现实的情况是，我国的社会是身份与契约并存的治理结构。

笔者借鉴李新春的企业身份概念，认为现在我国科技型中小企业的身份特征是由科技型中小企业自身特点决定的，其相对于大企业在市场力量、品牌声誉、管理等方面有身份劣势。这一点从众多学者研究中常提到的银行等对中小企业和科技型中小企业贷款的“歧视或漠视”行为得到佐证——科技型中小企业身份地位的劣势。

二、科技型中小企业的关键特征

科技型中小企业核心的经营内容就是从事创新项目的研发，这一核心业务决定了科技型中小企业的核心特征，即高投入、高风险、高收益的“三高”特性。这是科技型中小企业不同于一般中小企业的重要特征，我们可以将其总结为两个方面：

1. 高投入与高收益

相比于一般的中小企业，科技型中小企业的主要活动是进行与科技相关的研发，企业需要大量的资金用于吸引科技人才、设备购置和科研项目的各种消耗，因此其一般都要求高投入来开展新产品研究和技术创新；科

① T.H.Marshall 对“身份”给出的定义是：身份是一种地位，在那上面附着一系列的权利和责任、特权和义务、法定的特许或禁止，这是为社会所认可并为国家权力所规定和推行的（转引自李新春，2001）。

技型中小企业科技开发一旦成功，就能大幅度地提高劳动生产率，扩展国际、国内市场，获得比传统企业更高的经济效益，这就是经营上的高收益性。

2. 高度不确定性

科技型中小企业的核心业务是从事科技研发活动，这就决定了科技型中小企业的经营发展有高度的不确定性，这主要源于两个方面：一是科技研发和创新本身的不确定性。科技研发和创新大多处于当代科学技术的前沿，是一种对于未知世界的探索和创新，其最大的特点就是高度的不确定性。二是科技研发和创新成果的市场价值的不确定性。首先，科技研发带来的新技术或新产品是否符合市场的需求，能否被市场和消费者接受，接受程度如何，在相关产品和技术推出之前是不得而知的，因此其市场价值不得而知，存在不确定性；其次，科技研发到产品或技术推向市场需要一个过程和相应的时间，在这期间完全有可能由于新技术的出现使得企业正在研究的项目变得没有了优势，从而市场价值发生很大变化，因此在科技研发最终实现市场价值之前，科技型中小企业的科技研发项目的市场价值都很难被确定，具有高度的不确定性。

三、小结

科技型中小企业属于科技型企业和中小企业的交集，因此兼具科技型企业和中小企业两方面的特征，主要包括规模较小，企业主要由高校、科研单位的科技人员成立，存活率低，寿命短，身份地位相对较低。科技型中小企业最为关键的是高投入、高收益和高度不确定性的特征，这是科技型中小企业区别于一般中小企业的关键。

第三节　科技型中小企业发展遭遇的问题

科技型中小企业具有中小企业和科技型企业双重属性，决定了其会普遍遭遇与此相关的诸多问题。我们按照重要性，将科技型中小企业遭遇的问题分为一般问题和关键问题。

一、科技型中小企业遭遇的一般问题

根据企业发展的周期理论，科技型中小企业在不同的发展阶段所遭遇的问题是不一样的，并且不同行业的企业所面临的问题差异很大。为了论述的普遍性，下面总结了科技型中小企业一般会遇到的5个突出问题。

1. 承担风险的能力有限

科技创新是具有高度不确定性的活动，整个过程都需要企业人力、物力和财力的持续投入。由于科技型中小企业的规模较小，其对于这种研发风险承担的能力十分有限。这主要是由于两方面的原因：一是由于科技型中小企业资本量和人员都有限，因此在一个时期往往只能进行单一的技术开发，难有力量再进行平行的技术开发或为研发失败准备替代技术。这样的话，企业仅仅能够承担一项研发内容的风险，而不能像拥有较大规模的企业那样承担多项研发并行的风险。其实，多项研发并行是一种分散风险的办法，并不一定比单项研发的风险更大。二是当科技创新一旦失败，由于资源有限，企业很难找到资源补偿该项目失败的风险，因而企业将面临巨大的不利局面，甚至有直接破产的可能。

2. 产学研合作作用不佳

从性质看，科技型中小企业是实践产学研合作的最好选择。但是我国产学研合作利益分配、高校研究成果与企业需求差距较大等问题，导致企业参与度并不高。三螺旋理论要求政府、企业和学校三者间要相互交叉结合并角色互换，进行多样、多边和双边灵活沟通才能发挥良好效果。因此，我国的产学研合作模式中，企业较难积极参与，产学研合作对于科技型中小企业的帮助不大。

3. 创新人才缺乏

人才，特别是高素质人才和创新型人才是科技型中小企业发展中最重要的要素，科技创新的主体是人。从科技型中小企业的一般情况看，由于资源有限，很难吸引到高素质创新人才。另外，虽然许多科技型中小企业创始人是科技研发人员，但由于科技型中小企业资源的有限性，企业不可能请来专门的高级管理人员，因此企业创始人需要从事大量的企业管理工作，其在研发上的投入将受到限制。章卫民等对上海市电子信息行业的62家科技型中小企业的调研情况进行了分析，他们指出：“人才问题是始终困扰科技型中小企业的难题。”从宏观数据的国际比较来看，我国2011年每千人的研发人员为53人，要低于日本、英国和德国等较先进的国家（日本、英国和德国2010年的数据分别为133人、102人和132人[①]）。

4. 管理较不规范，缺乏完善信息

科技型中小企业规模小、人员少、创立时间不长，因而具有生产管理灵活等优势。但从另一个方面看，经营时间不长就缺乏经验，规模小、人员少，缺乏专门管理人员，因而科技型中小企业一般管理不规范、管理制度不健全。而由于管理制度不健全，企业各方面的经营管理信息的记录较为缺乏，这对于企业的长期发展是不利的。

5. 自主创新能力不足

自主创新能力不足一直是我国科技型中小企业的主要问题之一。从专利数量来看，专利申请中只有28.9%是发明专利，大部分都是实用新型和外观设计。天津市科技型中小企业调查显示：“技术主要来源是自主开发和引进，分别占64.5%和29.4%，而在技术开发的性质上，29%的企业是在引进的基础上进行二次创新或模仿。”并且64.5%选择了自主开发的企业中，技术主要来自于与高校合作，自身研发创新能力有限。该调查还指出：“所调查的企业中，54%的科技型中小企业没有发明专利，企业大部分拥有的是外观设计专利和实用新型专利。”

二、制约科技型中小企业发展的核心问题

我国科技型中小企业在发展过程中会遭遇许多问题和阻碍，但其中最核心的，也是最为制约科技型中小企业发展的却是其缺失合意的金融服务的问题，并且这一问题在我国普遍存在。

1. 能否获取合意的金融服务是影响企业发展最关键的因素

从前面一般问题分析来看，科技型中小企业遭遇的诸多问题都与其自身的资源能力有限有关，如果科技型中小企业能够便捷地获取金融服务，特别是资金支持，许多问题都能迎刃而解。因此，从这个角度来说，缺失合意的金融服务是制约科技型中小企业发展的最大难题并不夸张。从另一

① 科技部：《中国科技统计年鉴》(2012)，中国统计出版社2012年版。

个角度来看，科技型中小企业最主要的活动就是进行科技创新，相比于其他企业经营活动，进行科技创新需要大量的资金投入，无论是用于吸引科技人才、设备购置还是科研项目的各种消耗。科技研发的成败决定了科技型中小企业的生存、发展状况，而资金是否充足是决定科技创新是否成功的关键。因而，是否有资金支持是科技型中小企业发展的重中之重。但是科技型中小企业恰恰由于其规模较小、自身资源有限决定了其自身不能够为科研创新提供充足的资金支持，那么寻求金融市场的支持是其必然选择。在这样的情况下，能否从金融市场中获取有效支持决定了科技型中小企业的生存发展状况。一旦科技型中小企业不能获取合意的金融服务，对其企业的生存发展将有致命的影响。所以，能否获取合意的金融服务是影响科技型中小企业发展的最关键因素，这方面已经有学者进行了论述。蒋玉洁和徐荣贞（2007）明确指出投入不足是影响和制约高新技术产业发展的最关键因素。Canepa 和 Stoneman（2008）的实证研究也表明，金融方面的抑制对于企业创新活动有显著的影响，尤其相比于大企业，获取金融支持可能和成本一样对于小企业有很大的影响。

2. 缺失合意的金融服务普遍存在

从科技型中小企业的特征来看，相比于大企业和一般中小企业，其获取金融服务有很大的难度。我国的科技型中小企业也的确普遍存在缺失合意的金融服务的问题，大量的研究都证明了这一点。李子彬在中国中小企业协会第二届常务理事会第一次会议上的报告中指出："2500 家小微型工业企业的问卷调查，仅 8%的企业认为资金不紧张，能够从银行贷到所需借款。52%的企业未能从银行获得任何借款，近 40%的企业仅能从银行获得部分借款，未能满足企业资金需求。"在本书使用的调查问卷统计中显示，33 家企业中有 20 家表示融资成本上升是影响企业发展的主要因素，比例达 60%，杭州市科技型中小企业融资难的调查课题组对杭州市 70 家科技型中小企业进行了问卷调查和实地调研，共回收有效问卷 66 份，被调查的 66 家企业，有 94.1%的企业认为企业发展面临资金短缺问题。兰邦华根据 2007 年的数据指出："广东省佛山市 83.5%的中小企业表示存在融资难问题。"天津市委金融（综合经济）工委课题组 2005 年的调研显示，被调查的百家民营科技企业中，87%的企业认为在资金上存在困难。

三、小结

由于科技型中小企业属于科技企业和中小企业的交集，其必然会遭遇中小企业和科技企业普遍遇到的问题：承担风险能力有限、产学研结合作用不佳、创新人才不足、管理不规范、自主创新能力不足、缺失合意的金融服务。其中最为核心的是缺失合意的金融服务，该问题是制约科技型中小企业良好健康发展的关键。我国的科技型中小企业普遍存在这一问题。

科技型中小企业缺失合意的金融服务是一个宽泛的概念，其说明的是科技型中小企业不能够以可以接受的成本获取需要的金融服务的情况。但具体来说，这一情况表现在哪些方面，其问题又是什么，这需要在全面地研究我国科技型中小企业金融服务的现状后才能回答，因此下文将会专门论述我国科技型中小企业金融服务的现状和存在的问题。

第四节　我国科技型中小企业金融服务体系及总体状况

要了解我国科技型中小企业金融服务的现状和发现其存在的问题，首先需要弄明白科技型中小企业金融服务体系是怎样的；论及科技型中小企业金融服务体系就不得不从金融体系开始谈起，因为从隶属关系来说，科技型中小企业金融服务体系不过是整个金融体系中能够服务科技型中小企业的一部分，并不是作为一个独立的体系存在的。因此，本节将首先简要介绍金融体系、金融服务体系的基本概念；其次在此基础上，介绍我国科技型中小企业金融服务体系是怎样的，其包括哪些机构和服务内容；最后从总体来介绍我国科技型中小企业金融服务体系的整体运行状况。

一、金融体系

如同“金融”这一概念至今没有一个统一的定义一样，对金融体系也很难给出一个准确的定义。当然，这不意味着我们不能够去认识和把握它，下面就从它的功能、包含的机构等方面来介绍何为金融体系。

1. 基本概念

对于金融体系（Financial System）的概念，不同的学者给出了不同的定义。一个宽泛的定义是：金融体系是可以让资金在资金提供者和资金需求者之间流动的体系。稍具体一些的定义是：金融体系是一个包括金融机构、金融市场、金融工具、金融服务、金融实践和交易的相互联系的复杂集合。

从参与主体的角度来说，金融体系包括金融机构、金融客户和金融监管者。金融机构包括商业银行、证券公司、保险公司、信托投资公司和金融资产管理公司等；金融客户包括有金融服务需求的个人和企业；金融监管者包括政府的管理部门、行业的监管部门和中央银行。

从涉及的内容来看，金融体系包含金融调控和监管体系、金融市场体系和金融环境制度体系。这里需要说明的是，一般提及金融体系，都将其分为五个体系：金融调控体系、金融企业体系（组织体系）、金融监管体系、金融环境体系、金融市场体系。但笔者不同意该划分，因为五个体系划分中的金融调控体系和金融监管体系内容有重复部分，实施金融调控和监管的机构是一致的，没有必要将两个职能分开。另外，五个体系中的金融企业体系（组织体系）和金融市场体系，一个强调的是金融机构的组成，另一个强调的是提供金融服务的市场，其实两者是分不开的，金融机构是通过金融市场提供服务的，金融市场的主要主体是金融机构。因此，笔者认为应该将服务机构和服务内容统一起来，所以提出了三体系的概念。

总的来看，金融体系是一个复杂而广泛的概念。笔者认为，只要是经济活动中涉及金融活动的所有内容、机构等都属于金融体系。具体从概念上来说，金融体系是一个经济体中资金流动的基本框架，是资金流动的工具（金融资产、金融产品和金融服务）、市场参与者及中介机构、交易环境（市场、制度）和金融监管等各金融要素构成的综合体。

2. 金融体系的功能和类型

无论对金融体系如何定义，其功能是明确的，简单说就是实现金融资源的有效配置。被大家广泛接受的关于金融体系功能的描述是由著名金融学教授罗伯特·默顿提出的，他认为金融体系的主要功能是为了在一个不确定的环境中帮助不同地区或国家在不同的时间配置和使用经济资源。具体来说，金融体系具有以下六大基本功能：①清算和支付功能，即金融体系提供了便利商品、劳务和资产交易的清算支付手段；②融通资金和股权细化功能，即金融体系通过提供各种机制，汇聚资金并导向大规模的无法分割的投资项目；③资源转移功能，即金融体系提供了促使经济资源跨时间、地域和产业转移的方法和机制，为在时空上实现经济资源转移提供渠道；④风险管理功能，即金融体系提供了应付不测和控制风险的手段及途径；⑤信息提供功能，即金融体系通过提供价格信号，帮助协调不同经济部门的非集中化决策；⑥解决激励问题，即金融体系解决了在金融交易双方拥有不对称信息及委托代理行为中的激励问题。

对于金融体系不能准确定义的一个原因在于世界各国的制度安排不同，金融机构在整个体系中发挥的作用不同，所以不能用一个统一的模式进行概括。学术界对于这一问题的研究表明，世界各国具有不同的金融体系。被大家普遍接受的一个看法是，现在主要存在两种明显不同类型的金融体系：一种是以德国为代表的“银行主导型”金融体系；另一种是与之相对的“市场主导型”金融体系，典型的代表是美国。这两种类型的金融体系的主要区别在于银行和证券等金融市场在实现金融体系配置资源职能中的作用不同。

在“银行主导型”金融体系的德国，德意志银行、德累斯顿银行和商业银行三个大型银行不仅从事存贷款业务，还进行保险、有价证券承销和投资等多种业务，堪称全能银行，涵盖了金融体系的主要业务，而股票市场、债券市场和衍生品市场规模较小，对于非金融企业来说并不重要。在“市场主导型”金融体系的美国，与德国恰恰相反，银行的集中程度很小，业务有限，而金融市场高度发达，作用很大。除了这两类典型的金融体系，更多的是介于两者之间的金融体系，如日本、法国，银行作用很大，但同时金融市场越来越重要；英国、加拿大的金融市场发达，同时银行集中度高于美国，发挥的作用也很重要。

二、金融服务体系

从字面上看，金融服务体系显然应该是金融体系的一个“子概念”，应该属于整个金融体系中的一部分。下面就具体对其进行介绍。

1. 基本概念

相较于金融体系的概念，金融服务体系是比较好把握的。因为在谈及金融服务体系时，所指的主要是不涉及金融调控、监管和金融制度安排外的金融体系部分。从参与主体的角度看，金融服务体系主要指的是金融机构；从内容来看，主要指的是金融调控和监管体系、金融市场体系和金融环境制度体系三体系中的金融市场体系。简单给金融服务体系下一个定义：金融服务体系指的是能为个人或企业等市场主体提供金融产品和服务的金融机构、金融市场及金融中介共同构成的系统。

2. 内容和类型划分

从金融服务体系的概念就可以看出，金融服务体系涉及的内容是十分丰富的，参见本书第一章“关键概念的辨析”部分的内容。金融服务是指金融机构通过开展业务活动为客户提供包括融资投资、储蓄、信贷、结算、证券买卖、商业保险和金融信息咨询等多方面的服务。

对于金融服务体系划分，从不同的角度可以有很多不同的划分方式。从市场类型来划分，可以将金融服务体系划分为信贷市场、创投市场、债券市场、股票市场、票据市场和其他金融等；从金融机构类型划分，可以将金融服务体系划分为银行业金融机构和非银行业金融机构，其中银行业金融机构又划分为商业银行、中央银行等（由于在下文科技型中小企业金融服务体系中将要对我国的金融服务机构进行整体的介绍，这里就不再展开分析）；从金融服务性质来说，还可以把金融服务体系划分为政策性金融服务体系和商业性金融服务体系。

上文简要介绍了金融体系、金融服务体系的概念以及作用、功能和类型。从类型上来说，我国金融体系中银行的作用巨大，但是银行的业务范围相对有限，大致可以判定我国金融体系介于“德美”两种典型类型之间。从我国的总体实际情况来看，金融体系相对来说还较不完善，功能发挥得还不充分，尚有很大的发展空间。由于本书研究的重点不在于此，因此只是简单地介绍基本概念。下文将焦点放在我国的科技型中小企业金融服务体系上。

三、科技型中小企业金融服务体系

科技型中小企业金融服务体系，从概念本身可以知道其是金融服务体系的一个“子概念”，即是金融服务体系中可以用于服务科技型中小企业的部分。

1. 基本概念

从金融服务体系的概念出发，我们可以给科技型中小企业金融服务体系一个简单的定义：科技型中小企业金融服务体系是能为科技型中小企业提供金融产品和服务的金融机构、金融市场及金融中介共同构成的系统。从我国的情况看，科技型中小企业金融服务体系在内容上与金融服务体系几乎是一致的，因为具体到为科技型中小企业提供金融服务的情况，除了中国人民银行外，整个金融服务体系都对科技型中小企业敞开了服务的大门。能为科技型中小企业提供的服务包括融资投资、储蓄、信贷、结算、证券买卖、商业保险和金融信息咨询等。当然，现实情况是我国的科技型中小企业获取合意的金融服务仍存在许多问题，但从理论上来说，我国已经有了提供这些金融服务的机构和市场。

2. 科技型中小企业金融服务体系构成

科技型中小企业金融服务体系的构成，常用的介绍方式是按银行业金融机构和非银行业金融机构的体系来介绍。银行业金融机构又可以分为政策性银行、国有商业银行等，非银行业金融机构包括保险公司、信托公司等，如图 3-1 所示。

如果在图 3-1 中加入中国人民银行和四大资产管理公司就构成了我国的整个金融服务体系，这样的划分涵盖了我国能够为科技型中小企业提供金融服务的主要机构。但是这样的划分不能够体现科技型中小企业金融服务的特点。为了对科技型中小企业金融服务整体介绍方便和便于发现科技型中小企业金融服务中可能遭遇的问题，下文将按照金融服务内容来介绍金融服务体系，并进行论述。

笔者首先按照金融服务内容来划分科技型中小企业金融服务体系，其可以分为信贷服务、创业投资、扶持基金、股权交易、债券市场、金融租赁、典当服务、保险服务、信用担保、信托服务和民间金融，提供这些服务的主要机构如图 3-2 所示。

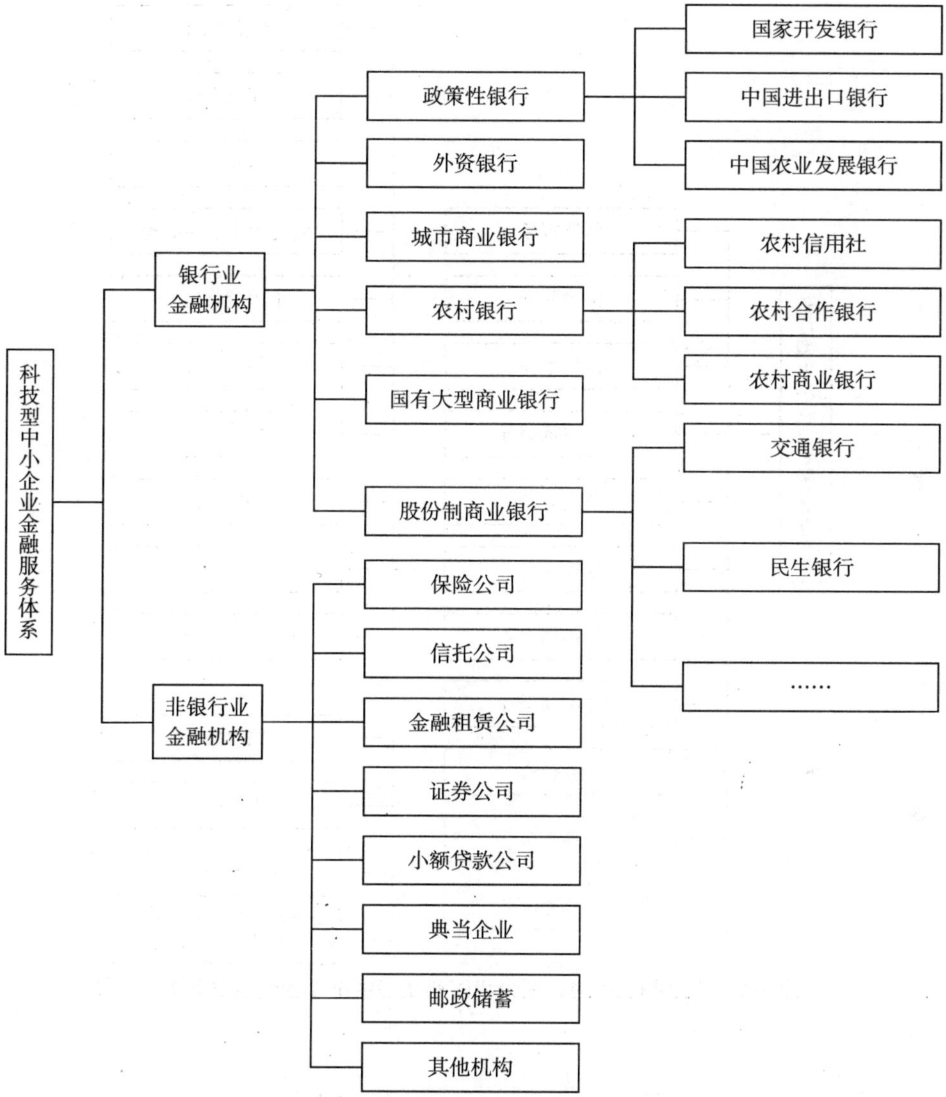

- 科技型中小企业金融服务体系
  - 银行业金融机构
    - 政策性银行
      - 国家开发银行
      - 中国进出口银行
      - 中国农业发展银行
    - 外资银行
    - 城市商业银行
    - 农村银行
      - 农村信用社
      - 农村合作银行
      - 农村商业银行
    - 国有大型商业银行
    - 股份制商业银行
      - 交通银行
      - 民生银行
      - ……
  - 非银行业金融机构
    - 保险公司
    - 信托公司
    - 金融租赁公司
    - 证券公司
    - 小额贷款公司
    - 典当企业
    - 邮政储蓄
    - 其他机构

图 3-1　按机构划分我国科技型中小企业金融服务体系

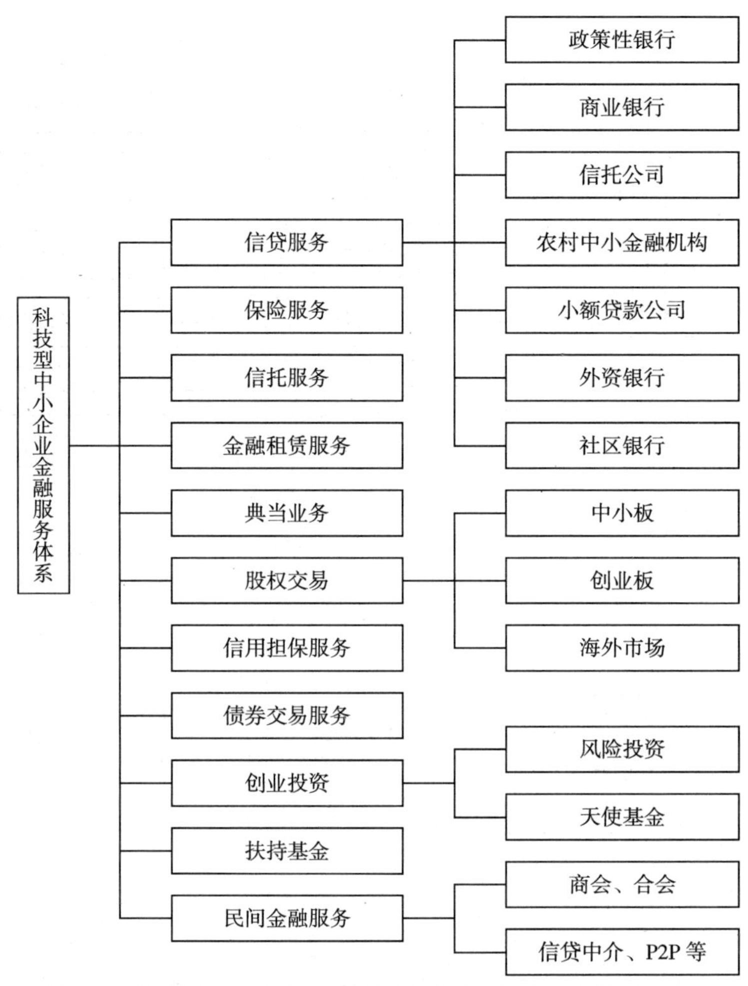

图 3-2　按金融服务内容划分我国科技型中小企业金融服务体系

四、从整个金融服务体系状况看科技型中小企业金融服务概况

由于我国尚没有针对科技型中小企业金融服务的专项统计，下文借用金融体系来从一个侧面反映科技型中小企业金融服务体系的大体情况。金融服务体系包含很多内容，如融资支持、保险、金融咨询等，但我国现阶

段科技型中小企业金融服务中重点问题是获取资金支持，因此，下面就从此角度来看我国金融体系的状况。

1. 社会融资规模的概念

金融和经济有着密切的关系，金融对于经济发展的支持，主要看金融体系对于经济部门的资金支持情况。我国以前研究这一关系主要使用的是银行体系的贷款活动和经济部门的关系来分析，随着我国金融总量快速扩张，金融结构多元发展，金融产品和融资工具不断创新，银行业的人民币贷款已不能完整反映金融与经济之间的关系。于是，中国人民银行从2011 年开始正式统计和公布社会融资规模数据，以此来反映金融体系对于经济部门的资金支持情况。

社会融资规模是指一定时期内实体经济从金融体系获得的资金总额。从统计指标上看，社会融资规模包括人民币贷款、外币贷款、委托贷款、信托贷款、未贴现的银行承兑汇票、企业债券、非金融企业境内股票融资、保险公司赔偿、投资性房地产和其他金融工具融资 10 项指标。当然，科技型中小企业获取资金的主要渠道也包含在内（该统计缺少的有私募股权基金、对冲基金等）。因此，可以从社会融资规模的结构情况一探科技型中小企业的金融服务情况。

2. 我国科技型中小企业金融服务体系的特点

科技型中小企业金融服务体系是整个金融服务体系的一部分，因此整个金融体系的特点也能从一个整体的视角反映科技型中小企业金融服务体系的相应特点。

2012 年各月社会融资规模平均数为 13135.9 亿元，贷款业务月度平均数为 9740.4 亿元。具体到每个月的数据比较，贷款业务各月占社会融资总额的比例都非常大，如图 3-3 所示。2012 年各月的社会融资构成情况如图 3-4 所示。银行的人民币贷款占整个社会融资的比例除 9~12 月外，都超过了 50%，是我国金融服务体系中资金的主要来源。

从 2012 年整个年度数据看，银行的人民币贷款占整个社会融资的比例为 52%；如果加上外币贷款、委托贷款和信托贷款的资金，整个贷款业务提供的资金占整个社会融资资金的比例达到了 74%，如图 3-5 所示。

从社会融资的结构数据来看，贷款是社会经济各部门获取资金支持的主要方式，银行是我国金融服务体系的主体，这是我国金融服务体系最主要的特征。这里仅仅是从整个金融服务体系的状况的角度来看科技型中小

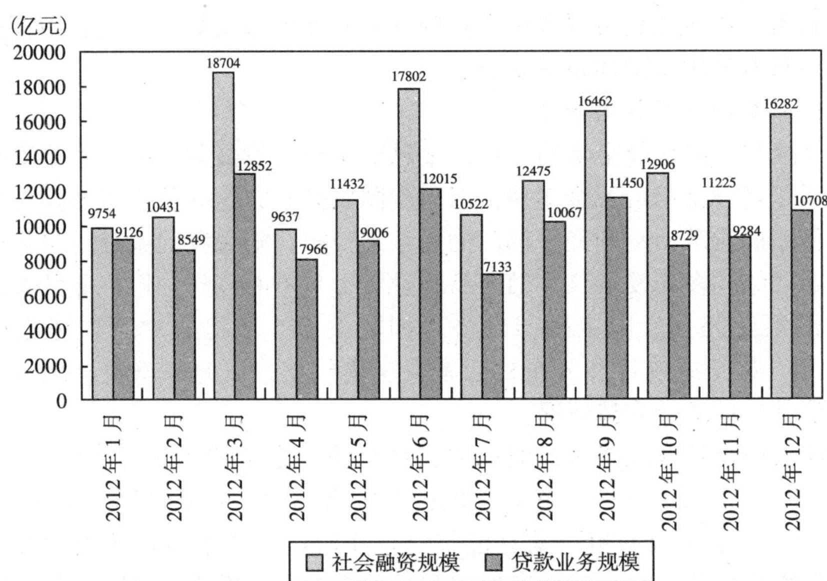

图 3–3　2012 年社会融资规模和贷款业务规模月度数据

资料来源：中国人民银行网站。

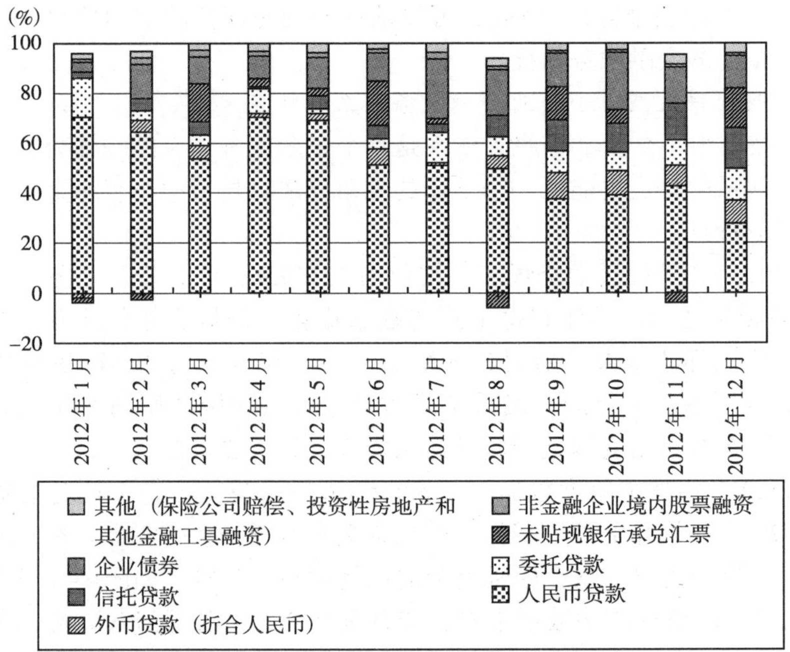

图 3–4　2012 年各月的社会融资构成情况

资料来源：中国人民银行网站。

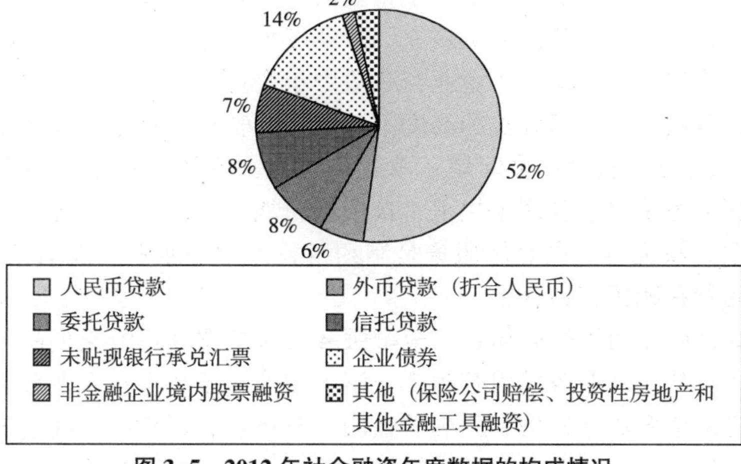

图 3-5　2012 年社会融资年度数据的构成情况

资料来源：中国人民银行网站。

企业可能的金融服务状况，但具体科技型中小企业金融服务状况是怎样的，将在本书第四章中展开分析。

五、小结

本节先简要介绍了金融体系、金融服务体系的概念，它们的作用、功能和类型，之后从金融服务的内容角度，介绍了我国科技型中小企业金融服务体系和其相应的金融服务机构，并从金融服务的整体情况的角度，来考察和把握我国对于科技型中小企业的金融支持可能的状况。

本章总结

本章首先基于我国处于经济转型期的现实情况和国家提升自主创新能力的战略需求角度，论述了科技型中小企业的作用和意义。显然，科技型中小企业对于我国的经济健康发展、产业结构调整和升级、提升国家科技创新能力都有重要的作用。

其次，本书介绍了科技型中小企业的一般特征：规模较小，企业主要由高校、科研单位的科技人员成立，存活率低，寿命短，身份地位相对较低等，并指出了科技型中小企业与一般中小企业本质的差别，即科技型中小企业具有高投入、高收益和高度不确定性的特征。这些特征决定了科技型中小企业会遭遇的许多问题：承担风险能力有限、产学研结合作用不佳、创新人才不足、管理不规范、自主创新能力不足、缺失合意的金融服务。其中，缺失合意的金融服务是制约科技型中小企业发展的核心问题，并且该问题在我国普遍存在。

本章最后介绍了金融体系、金融服务体系的概念以及它们的作用、功能和类型。从金融服务的内容角度介绍了我国科技型中小企业金融服务体系、相应的金融服务机构和我国的金融服务体系整体状况。我们发现，贷款是社会经济各部门获取资金支持的主要方式，银行是我国金融服务体系的主体，这是我国金融服务体系最主要的特征。从金融服务的状况，我们可以大致了解科技型中小企业的金融服务情况，但现实中科技型中小企业金融服务具体情况怎么样、存在哪些问题，这都需要进一步研究。下面两章中就将进行具体介绍和分析。

第四章　科技型中小企业金融服务的现状和问题
——基于金融服务业视角

赵括自少时学兵法，言兵事，以天下莫能当。尝与其父奢言兵事，奢不能难……赵括既代廉颇，悉更约束，易置军吏。秦将白起闻之，纵奇兵，佯败走，而绝其粮道，分断其军为二，士卒离心。四十余日，军饿，赵括出锐卒自搏战，秦军杀赵括。括军败，数十万之众遂降秦，秦悉坑之。

——《史记·廉颇蔺相如列传》

给出一个建议、采取一个办法，需要对所作用的事物的现实情况有一个准确的把握，否则我们的建议和办法将可能是纸上谈兵，不能对症下药，最终不仅不能发挥作用，还可能带来负面的影响。

本章就对科技型中小企业的金融服务状况进行介绍，指出和分析其问题所在。由于没有专门针对科技型中小企业的统计资料，本章对于科技型中小企业金融服务的现状介绍主要基于中小企业、科技型企业的相关数据和可以收集到的企业案例的不完全统计情况来展开。这里需要说明的是，本章使用的数据如无特别标注，均来源于中国人民银行、证监会和 CEIC 中国数据库，并由笔者整理给出。

科技型中小企业金融服务涉及的领域十分广泛，包括创业投资、企业债券、股权交易、保险、租赁等内容。这个庞大的科技型中小企业金融服务体系中的任何一个领域的问题都可以单独构成一个专题研究，在一本书中将其完整分析几乎是不可能完成的任务。因此，本书只能在保证全面性和深入分析中做出权衡，不得不有所放弃和有所突出。从整个金融服务体系的状况看，信贷服务是我国金融服务的主要内容，因此，笔者将其作为分析的重点，专门用一节的内容来论述，而其他内容只能集中在一起简要介绍。

第一节　科技型中小企业的信贷服务情况

本节将专门介绍科技型中小企业信贷服务的相关情况。下面从统计数据、发展概况和尚存在的问题三个方面来说明科技型中小企业信贷服务的情况。

一、统计数据中的科技型中小企业信贷情况

从数据上解读科技型中小企业信贷服务的情况，由于可以获取数据的限制，下文将从中小企业贷款数量、服务科技型中小企业金融机构、小额贷款情况的国家统计数据的角度，来说明科技型中小企业获取信贷服务的总体状况。

1. 企业贷款量变动

显然，科技型中小企业的贷款属于中小企业贷款的一种，因此，科技型中小企业的贷款数据必然包含在中小企业贷款的统计数据中。但是我们无法区分中小企业贷款中哪些是科技型中小企业的贷款，所以只能从中小企业贷款数据的情况来侧面了解科技型中小企业获取贷款的状况。如图4-1所示，从贷款量上看，从2011年第一季度到2013年第一季度，我国企业贷款量持续增加，其中中型企业贷款虽然有所波动，但总体来看两年来有所增长，而小微企业贷款数量则是持续上升，也反映了小微企业得到支持的情况是不断好转的。

从中小企业贷款占整个企业贷款的比重看（见图4-2），从2011年第一季度到2013年第一季度，中小企业的贷款总数占企业贷款总数的60%左右，没有明显提高，并且两年来数据波动较大。从这一数据可以反映出，我国近年来中小企业贷款数量是随着整个企业贷款增加而增加的，且相比于企业的整体贷款量，中小企业贷款量没有更大的增加。各方呼吁加强对于中小企业的金融支持，在贷款方面并没有显著体现。

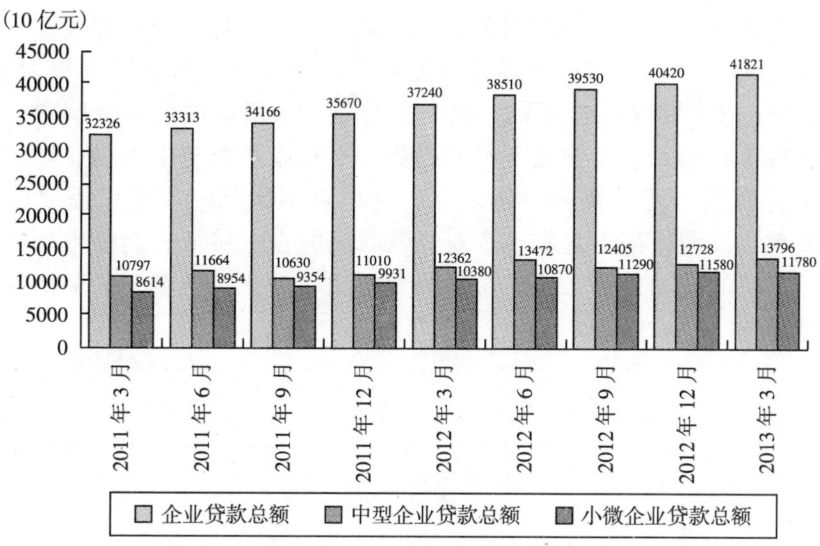

图 4-1 企业贷款的季度数据

资料来源：中国人民银行、证监会和CEIC中国数据库。

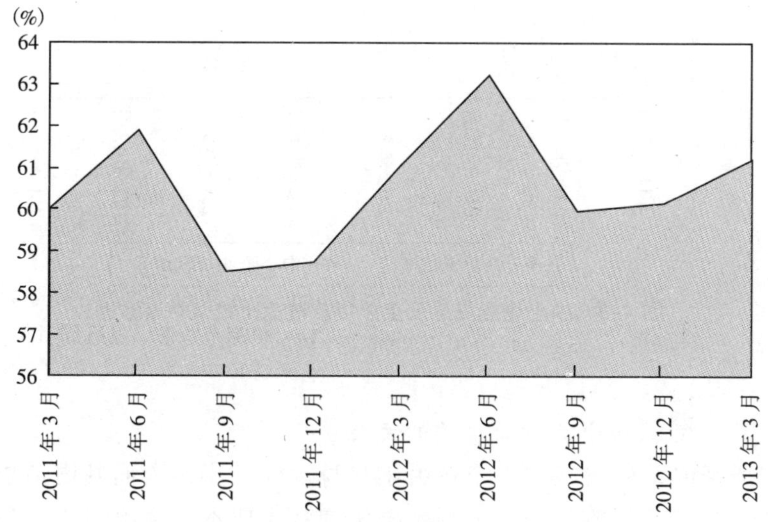

图 4-2 中小企业贷款占企业贷款的比重（季度数据）

资料来源：中国人民银行、证监会和CEIC中国数据库。

图 4-3 显示了企业贷款和中小企业贷款增速，我们将两者放在一起进行比较分析。从企业贷款增速的角度来看，整体企业贷款增速较为平稳，平均增速一直保持在 3%左右。但中小企业贷款增速波动十分剧烈，这两年都出现了在第三季度明显下滑的趋势，不知道是否与中小企业经营状况季度变化有关，还需要进一步研究，这里暂不能判断。这里需要说明的是，如果该波动特征不是中小企业经营状况的自主特征，而是中小企业贷款资金支持的波动，那么显然这样的大幅波动对于中小企业的平稳持续发展是不利的。

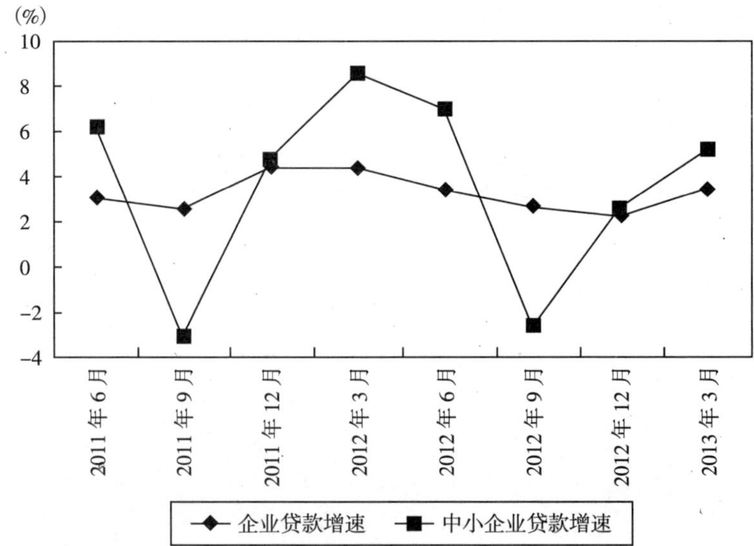

图 4-3　中小企业贷款及企业贷款增速比较（季度数据）

资料来源：中国人民银行、证监会和 CEIC 中国数据库。

2. 小额贷款和小额贷款机构的变化

一般来说，科技型中小企业由于自身规模较小，因而其申请贷款额一般较小。从贷款机构来说，大型金融机构基于成本、风险考虑，贷款服务对象多为较大型企业，因而服务科技型中小企业的贷款机构多为小额贷款机构。基于上述判断，下面介绍和分析近年来我国小额贷款和小额贷款机构的情况，从而反映科技型中小企业获取贷款服务的大致情况（小额贷款指的是 1000 元以上至 1000 万元以下的贷款）。

从 2010 年第二季度到 2013 年第一季度小额贷款的变化情况看（见图 4-4），小额贷款总额从 1249 亿元增长到 6357 亿元，总额增长非常大，并且是逐步上升，增长趋势明显。这可以大致反映科技型中小企业面临的贷款环境逐步改善，可以获取的资金支持逐渐增加。

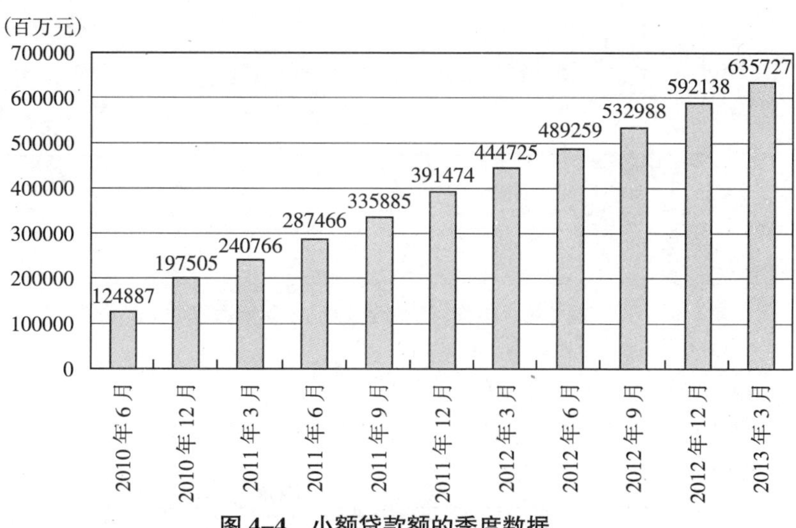

图 4-4 小额贷款额的季度数据

资料来源：中国人民银行、证监会和 CEIC 中国数据库。

从 2010 年第三季度到 2013 年第一季度小额贷款增长率变化情况看（见图 4-5），小额贷款增速有明显的下降。2010 年第四季度到 2011 年第一季度，小额贷款增速大幅下落，从 60%下降到 20%；之后一直到 2012 年第二季度小额贷款增速从 20%逐步下降到 10%；从 2012 年第二季度起，增长率主要稳定在 10%左右。从经济发展的情况看，增速较为稳定是有利于科技型中小企业平稳发展的，也说明科技型中小企业面临的贷款金融环境稳定。前期的大幅波动主要是由于之前总量太小，因而在国家强调要通过小额贷款支持中小企业发展时，增长速度突然加快。随着总量的持续增大，增长速度回落属于正常现象。

从 2010 年第四季度到 2012 年第四季度小额贷款机构数量的变化看（见图 4-6），小额贷款机构数量这两年来持续增加，从 2010 年第四季度的 2614 家增长到了 2012 年第四季度的 6080 家，两年内增加了一倍多。由此也可以大致判断科技型中小企业的贷款服务情况得到了一定的改善。

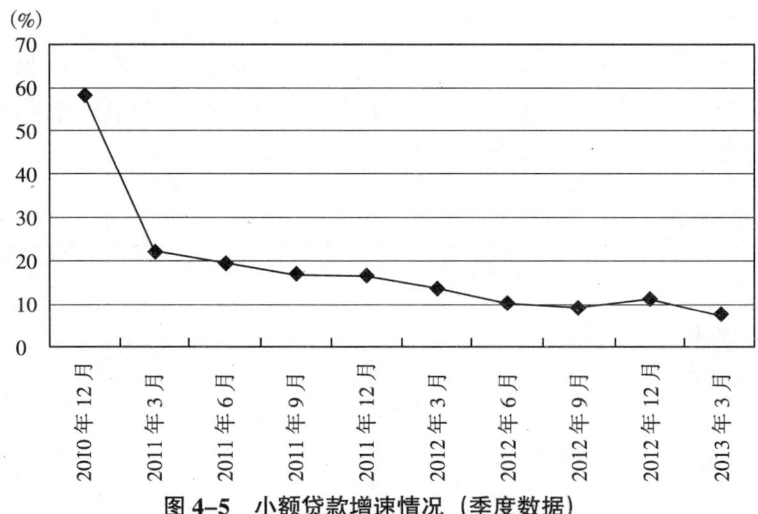

图 4–5　小额贷款增速情况（季度数据）

资料来源：中国人民银行、证监会和 CEIC 中国数据库。

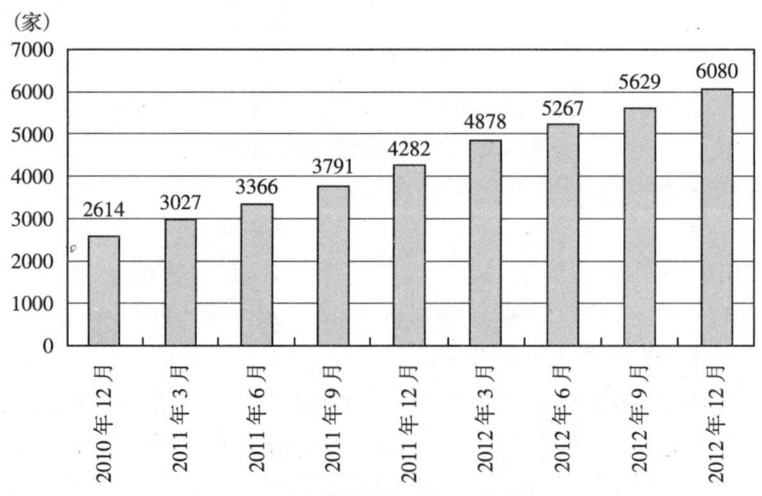

图 4–6　小额贷款机构数（季度数据）

资料来源：中国人民银行、证监会和 CEIC 中国数据库。

3. 农村信用社对非金融性公司债权

从贷款机构来说，许多学者指出农村信用社、城市信用社和城市商业银行是服务科技型中小企业的重要力量。因此，我们从这个角度的数据来看科技型中小企业的贷款服务情况。限于数据的可获取性，我们没有城市商业银行的数据，而城市信用社在 1995 年国家不再批准成立；1999 年对

城市信用社开始整顿后，城市信用社数量大减，且贷款量十分小，因此下面将不介绍城市信用社和城市商业银行的贷款情况。

从 2009 年第一季度到 2012 年第四季度农村信用社对非金融性公司债权数据看（见图 4-7），农村信用社对非金融性公司债权在 2010 年有明显的下降，但之后两年基本保持了持续增加的态势。基本可以认为，科技型中小企业的贷款服务情况自 2010 年以来持续得到改善。

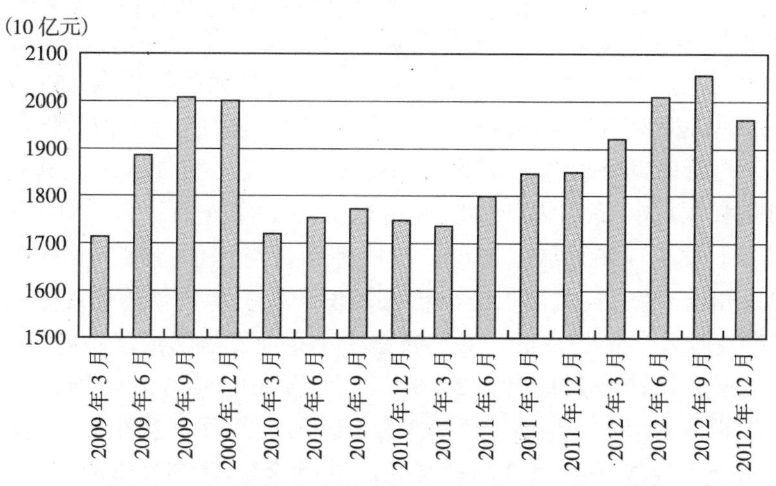

图 4-7　农村信用社对非金融性公司债权（季度数据）

资料来源：中国人民银行、证监会和 CEIC 中国数据库。

二、发展概况

近年来，随着国家越来越重视对中小企业金融服务的支持，加上国家对于构建科技创新体系的迫切需求，科技型中小企业的贷款服务得到了很大改善，呈现了较好的发展趋势。下面笔者就从科技型中小企业获取资金的常见方式——知识产权质押贷款、金融机构发展和科技贷款模式与产品创新的角度来分析科技型中小企业贷款服务的情况。

1. 知识产权质押贷款进一步开展

知识产权质押贷款是指以合法拥有的专利权、商标权、著作权中的财产权作为质押向银行申请贷款的融资活动。对于科技型中小企业来说，其缺少可以向银行进行抵押的有形资产，但一般都拥有专利等无形资产，显然知识产权质押贷款正是科技型中小企业需要的获取贷款的方式。从这个意义上来讲，知识产权质押贷款对于科技型中小企业意义重大。

我国 1995 年颁布实施的《担保法》规定，知识产权专利、商标、版权可以作为一种担保方式。有据可考的中国首例知识产权质押融资案例在 1999 年就发生了——中国工商银行山西省忻州分行为忻州市云中制药厂办理了一笔商标专用权质押贷款 200 万元的业务。在 2006 年 9 月，工商银行张江支行给上海中药制药科技有限公司发放了 200 万元的专利质押贷款，这是上海市首笔知识产权质押贷款。在 2006 年 10 月，交通银行为北京柯瑞生物医药技术有限公司发放了京城首笔专利质押贷款 150 万元，其中质押的是北京柯瑞生物医药技术有限公司的蛋白多糖生物活性物质发明专利权。尽管时间上晚于上海市的首笔知识产权质押贷款，但其被许多媒体认为是我国的首笔知识产权质押贷款。2010 年 8 月，国家知识产权局、财政部等下发了《关于加强知识产权质押融资与评估管理，支持中小企业发展的通知》，之后各地都相应出台了知识产权质押贷款的管理办法，知识产权质押贷款发展形势良好，对科技型中小企业发展形成了很好的支持。

据国家知识产权局统计，2006 年 1 月至 2011 年 6 月全国已累计实现专利权质押 3361 件，质押金额达 318.5 亿元人民币（含外汇）。知识产权质押合同登记连续 5 年保持高速增长，质押金额年均增长近 70%[①]。从省市这一级来看，上海市从 2006 年至 2012 年底，已有 357 家企业从银行获得知识产权质押贷款 429 笔，贷款额共计 7.98 亿元，并且无一例坏账。2012 年，上海市有浦东新区、徐汇、闵行、杨浦和闸北 5 个区开展了知识产权质押融资工作，全年有 80 家企业获得知识产权质押贷款 2.32 亿元[②]。贵州省在 2012 年为 11 家中小企业实现专利权质押贷款 4.796 亿元[③]。在地市这一级，参见湖北武汉的情况，在 2012 年武汉市新增贷款 1418.32 亿元中，尽管知识产权质押贷款实现了 5.45 亿元，但占比仍然非常小，仅为 0.38%[④]。

从我国知识产权质押贷款发展形势看，知识产权质押贷款发展需要多

---

① 中国知识产权局。

② 上海市经济和信息化委员会。

③ 中国知识产权报：《贵州：专利质押融资为中小企业撑起一片天》，中国机械工业联合会机经网，http://www.mei.net.cn/xghy/201304/491550.html，2013 年 4 月 22 日。

④ 湖北日报：《知识产权质押贷款试点 4 年 部分银行没贷一笔》，新华网，http://www.hb.xinhuanet.com/2013-04/23/c_115497102.htm，2013 年 4 月 23 日。

方协调配合才能有效完成。银行在进行知识产权质押贷款业务时，首先需要专业机构对知识产权进行评估，然后由律师事务所出具法律意见书，并在有相关担保的情况下，按知识产权评估价值的一定比例发放贷款。从各地知识产权质押贷款的案例来看，政府部门在科技型中小企业获取知识产权质押贷款中能够起到很大的作用。如深圳市发布的《深圳市重点民营企业贷款风险补偿暂行办法》中明确提出政府将提供贷款风险补偿金，分担银行在开展知识产权质押贷款业务中的风险。成都市成立了政策性担保公司——成都高投融资担保有限公司，将知识产权质押贷款的担保作为公司的重要业务，以此促进成都高新区内的科技型中小企业获取贷款、降低融资成本、分担银行的风险。厦门优尔公司获取知识产权质押贷款案例中，可以发现无论是在专利贷款的信息收集、专利的评估还是在贷款谈判的环节中，厦门市知识产权局都发挥了积极的作用，甚至最后的贷款发放可以说有政府信誉担保的成分在其中。

总的来说，知识产权质押贷款近年来得到了进一步的发展，笔者相信随着各地政府、银行等各方对于知识产权质押贷款的了解加深，业务模式逐步清晰，知识产权质押贷款将会成为科技型中小企业获取金融服务的重要和主要方式。

2. 金融机构的发展

近年来，对于我国科技型中小企业发展大有帮助的是小额贷款公司的快速发展。中国人民银行发布的《2013 年一季度小额贷款公司数据统计报告》显示，截至 2013 年 3 月末，全国共有小额贷款公司 6555 家，贷款余额 6357 亿元，全年新增贷款 434 亿元。从 2008 年我国小额贷款公司进入快速发展期以来，到 2013 年第一季度，小额贷款公司增长了近 17 倍（2008 年我国有小额贷款公司 393 家），贷款余额比 2009 年底的 773 亿元增加了 6 倍多。小额贷款公司的性质和规模决定了其服务的主体必然是中小企业，又由于其放贷灵活，在区域内有一定的信息优势等特点，可以说小额贷款公司的快速发展对于改善科技型中小企业信贷服务状况是有很大好处的。

当然，银行作为我国金融服务体系的主体，银行业的发展动态更显重要，这主要表现在以下几方面：一是商业银行中小企业专营机构进一步发展，二是“社区银行”的发展，三是科技银行的出现和发展。对于商业银行中小企业专营机构的研究较多，这里不再专门介绍。下文将介绍社区银行和科技银行的情况，重点放在科技银行的出现和发展上。

在我国，与社区银行相对应的大致是县域的商业银行或者是农村的中小金融机构。从银行层次角度来说，社区银行（县域商业银行）是银行体系的重要组成部分，其能够专门服务中小客户，并基于区域信息优势可以有效缓解科技型中小企业的资金难题。例如，安徽庐江农村商业银行基于服务“三农”、服务中小微企业的市场定位，成为县域经济服务的金融主力军。从 2012 年 9 月底的数据看，庐江农村商业银行共支持县域内中小微企业 283 户，贷款余额达 11.35 亿元，中小微企业贷款占贷款总量的 37.66%①。除了这种类型的“社区银行”外，我们还注意到了成都武侯区的“社区银行”新模式。成都武侯区并没有成立专门的社区银行，只是通过政府发挥积极的作用，联合大型银行提供资金支持，起到了“社区银行”的作用。2004 年成都武侯区“社区金融小额贷款项目”启动，武侯区政府成立社区金融领导小组，与国家开发银行四川省分行一起搭建融资平台，主要为科技创新型中小企业提供 100 万元以内的贷款。在贷款过程中，武侯区新城区管委会和社区金融领导小组充当了银行审批员的角色进行贷款审批，武侯区社区金融办充当银行信贷员的角色进行贷款后监管咨询等服务。大型银行有资金优势但缺少信息，因而对于社区内的小额贷款项目比较谨慎。武侯区地方政府具有信息优势，其通过发挥部分银行审查的职能，弥补了大型银行的信息缺失问题，并通过联合互保等方式不增加大型银行的风险，从而促成了大型银行的社区化金融服务。显然，这是在我国缺少社区银行的情况下一种有益的尝试和替代。

与社区银行的尝试发展不同，笔者认为科技银行的出现和发展对于提高科技型中小企业金融服务的意义更加明显。2010 年 12 月，浦发银行与美国硅谷银行签署了“发起人协议”。2011 年 11 月，我国银监会批准允许浦发银行和美国硅谷银行合资筹建科技型银行。这不仅是 1996 年来首家获得监管部门批准成立的合资银行，也是我国第一家拥有独立法人地位的科技银行。2012 年 8 月 15 日，浦发银行与美国硅谷银行合资建立的浦发硅谷银行在上海正式开业，其业务主要是致力于服务科技创新型企业。浦发硅谷银行的成立对于科技型中小企业的金融服务提升具有重要的意义，不仅

① 合肥日报：《庐江农村商业银行为县域经济服务的金融主力军》，合肥在线，http：//news.hf365.com/system/2012/11/23/012757547.shtml，2012 年 11 月 23 日。

是在资金供给上我国有了一家专门服务科技创新发展的银行，更重要的是，浦发硅谷银行必将会带来许多金融创新的举措，包括银行与风险投资（VC）或各种投资基金的深度合作等支持科技型中小企业发展的金融服务模式。

严格地说，浦发硅谷银行的建立才正式标志着我国科技银行的出现，但是在此之前，我国已经出现了一些同样专门服务于科技创新企业的科技支行。2009 年 1 月 11 日挂牌的成都银行科技支行和成都建设银行科技支行，成为我国首批的两家科技支行。同年 7 月，杭州银行科技支行成为我国东部地区的首家科技支行，9 月汉口银行光谷支行成为我国中部地区的首家科技支行。2010 年，深圳、无锡、苏州和镇江都成立了科技支行，2011 年，徐州和盐城也成立了科技支行。2011 年 5 月，北京银行中关村分行成立，其中小企业信贷业务的额度上限提高至 5000 万元，这标志着我国分行级别的科技型中小企业专营机构出现，从此我国银行业对于科技型中小企业的信贷服务不再只停留在支行层面。2012 年 2 月，我国四大商业银行中的建设银行首开先河，成立了建设银行北京中关村分行。

科技支行、科技分行和科技银行的相继出现，对于科技型中小企业的信贷服务具有重要和积极的意义。专营金融机构不仅能够设计更加满足科技型中小企业需求的金融产品，还能在信贷审查、发放中有更大的权限，并能够更加灵活高效地为科技型中小企业服务。这些发展情况都说明了银行业对于科技型中小企业越来越重视，科技型中小企业信贷服务状况将进一步改善。

3. 科技贷款模式、产品创新

不仅在服务机构方面出现了能更加有效服务科技型中小企业的金融机构，而且在服务模式、产品上也出现了一些针对科技型中小企业信贷服务的创新。

在服务模式上，我国现在已经在尝试和发展银保联动、投贷联动、统借统还和企业联保贷款等模式。对于科技型中小企业的贷款，基本都要求担保公司介入分散风险。但这里要介绍的银保联动贷款模式并不仅是银行发放贷款时要求担保公司提供担保，担保公司收取担保相应费用，而是在银保联动中，银行对科技型中小企业提供贷款的同时，担保机构取得该企业的认股权，银行与担保机构约定期权的分配比例。专业机构介入改善了银行的风险收益结构，通过科技型中小企业的成长收益来弥补贷款的风险，从而总体上降低银行的贷款风险，增加了科技型中小企业取得贷款的可能性。杭州的科技支行等已经开展了这样的贷款服务。

投贷联动，是指银行通过和风险投资（VC）、私募股权基金（PE）联手，以“股权+债权”的模式，将信贷投入期前移。该模式打破了银行信贷供给与中小企业融资需求的错配，给处于初创期或成长期的科技型中小企业提供融资。2010 年招行启动了“千鹰展翼”项目，计划将每年选择 1000 家以上有走向资本市场潜力的创新型成长企业进行重点培育，将直接投资活动与贷款业务结合为科技型中小企业提供金融服务。2012 年浦发银行与上海国际集团创业投资有限公司、上海市再担保有限公司合作，推出了针对科技型中小企业股权投资、商业银行贷款和担保三位一体的“投贷宝”产品，开启了投贷保联动试点。中信银行、杭州科技支行等都在投贷联动模式上有所尝试。

财税（2000）7 号文规定的统借统还模式为：企业集团从金融机构取得借款，然后按支付给金融机构的借款利率水平借给集团其他企业，从集团其他企业收取利息后统一归还给金融机构。国税发（2002）13 号文规定的统借统还模式为：企业集团从金融机构取得借款，然后由集团所属财务公司与集团下属企业签订统借统还贷款合同并分拨借款，按支付给金融机构的借款利率向集团下属企业收取用于归还金融机构借款的利息，再转付企业集团，由企业集团统一归还金融机构。简单地说，统借统还贷款是由一个金融服务平台作为一级借款人统一对外借款，然后通过委托贷款等形式将资金分散贷给各个科技型中小企业。我国在一些地方已经开始了统借统还的贷款模式，如成都高新区与国家开发银行、中国进出口银行及成都银行等搭建的“统借统还”贷款平台，上海张江高新区与园区企业及银行搭建的“张江企业易贷通”融资平台。从成都高新区“统借统还”的数据看，“统借统还”贷款的融资成本比直接向商业银行贷款的成本要低近一半①。

除了上述介绍的模式外，针对科技型中小企业金融服务的贷款模式还有企业集合贷款、联保贷款、合同能源贷款及订单贷款等新模式。总的来说，对于科技型中小企业贷款模式的创新和实践将进一步完善和发展科技型中小企业贷款服务体系，为缓解和破解科技型中小企业的金融服务难题

① “统借统还”贷款的融资成本为 4.59%，而直接向商业银行贷款的成本为 9.08%。赵昌文、阙紫康、杨安华：《创新型企业的金融解决方案：2011 中国科技金融案例研究报告》，清华大学出版社 2012 年版。

做出应有贡献。

创新的贷款模式与创新的贷款产品是一个硬币的两面，创新的模式需要创新的金融服务产品，创新的金融服务产品是创新模式的主要内容。无论是大型商业银行还是区域性地方银行都在这方面进行了尝试。农业银行推出了科技园小企业贷款产品，其内容是：科技园区小企业客户在落实全额有效抵（质）押担保或专业担保公司保证担保的前提下，不单独进行评级和统一授信，直接以抵（质）押物价值和保证担保额度办理贷款业务的金融产品。建设银行为中关村园区及区内企业推出了“翱翔金融计划”的金融产品服务方案，其中的“梦想之路”系列专为拥有高新技术知识产权、急需科技成果转化的小微企业打造，包含“房贷通”和“诚贷通”两种信贷产品；“翱翔蓝天”系列面向相关科技型中小企业提供6种灵活多样的贷款方式，包括“知贷通”、“保贷通”、“联贷通”、“订单通”、“投贷通”和“政贷通”。其他银行也推出了针对科技型中小企业贷款的产品，如浦发银行的“科技小巨人”信用贷款、华夏银行的“园区贷”、北京银行的“高科技类”特色贷款、光大银行的“科技创新型”阳光套餐贷款，等等。可以说，这些产品的创新为科技型中小企业提供了更加专业的、可选择的贷款服务，对于缓解科技型中小企业金融难题起到了重要作用。

三、存在的问题

无论从宏观数据上看，还是从科技型中小企业贷款服务的机构发展、贷款模式和产品创新发展的情况来看，科技型中小企业的贷款服务覆盖企业情况和服务水平在近年来都得到了提升。但不能忽视的现实是，科技型中小企业的贷款服务的问题仍然很多，还存在着很大的改善空间。

1. 贷款总量仍显不足

从企业贷款的总量来说，近年来对于中小企业的贷款量持续增长，特别是对于小微企业的贷款额连续增加，但是从比例上看，对于中小企业的贷款占总的企业贷款数并没有显著上升。中小企业贷款量的增长是随着经济发展、企业贷款总额的增长而增长的，并不是针对中小企业贷款的专项增长。相比于数量巨大的中小企业来说，贷款总量仍显不足。特别是科技型中小企业由于风险较高，在我国尚缺乏科技型发展项目评估的情况下，科技型中小企业在中小企业中获取贷款支持的难度更大。虽然没有数据支持，但从各地案例分析的情况看，科技型中小企业获取贷款数量不足的问题更加凸显。武汉市 2012 年知识产权质押贷款实现了 5.45 亿元，仅占新增贷款额的 0.38%，而武汉市在推进知识产权质押贷款的 4 年中，许多银行都没有发出一笔针对科技型中小企业的知识产权质押贷款。这是在武汉地区尚有专业的光谷银行的情况下，其他地方由此可见一斑。

2. 知识产权质押贷款困难重重

由于科技型中小企业缺少可抵押的有形资产，知识产权质押贷款成为科技型中小企业贷款的主要方式。但是就现在的情况看，我国的知识产权质押贷款面临着许多困难。

困难之一：银行对待知识产业质押贷款较为保守。知识产权质押贷款相比于其他非知识产权质押贷款的重要区别在于知识产权价值的不稳定性，新技术可能使原有专利变得一钱不值。又由于我国知识产权交易市场的缺乏，知识产权的价值不易评估，知识产权的处置较为困难。这就造成了银行对于知识产权质押贷款业务的态度较为保守，主要表现在两方面：一是审批要求较高；二是授信额的质押率偏低。因此，科技型中小企业应用知识产权获取贷款的机会较小，并且融资额度也不是很高。

困难之二：知识产权质押贷款交易成本较高。知识产权质押贷款的供需双方都需要付出较大的搜寻成本、信息成本和议价成本等才能最终达成交易。从科技型中小企业的角度来说，其在申请知识产权质押贷款前需要寻找合适的评估机构对知识产权进行评估，在申请时还需要找到合意的担保机构为其知识产权质押贷款担保，这还不能保证能够从银行顺利获取贷款。即使达成贷款，其一般也达不到企业所需的资金额度，因此单位资金的融资成本就相对较高。

困难之三：知识产权质押贷款政策支持尚不健全，协助机制有待改善。知识产权质押贷款是一个系统工程，但从全国各地的案例分析看，知识产权质押贷款基本是一事一办，政策支持较为分散，没有完善的政策支持和协助机制。在政府较为支持的情况下，科技型中小企业获取知识产权质押贷款的可能性较高，而一些企业与政府联系不足，其在获取知识产权质押贷款方面就处处受阻。

困难之四：风险分担机制缺乏。一些银行在当地政府的推动下，知识产权质押贷款的风险要求全部由银行来承担，因而银行提供知识产权质押贷款的积极性下降，如湖南省湘潭市。然而许多地方政府为了让银行对科技型中小企业进行授信贷款，通过政府的风险补偿基金或者政策性担保机构来承担知识产权质押贷款担保中的较大比例，如成都高投担保公司对知识产权质押贷款的担保比例高达90%。这样让风险过度集中，对于知识产权质押贷款业务发展的可持续性产生了影响。

除了这些困难外，缺失知识产权质押评估专业机构等都是知识产权质押贷款的问题，下文会进行介绍。

3. 专业的中小金融机构的数量和专业性有待提高

尽管我国小额贷款公司迅速发展，科技支行、分行和科技银行都有所发展，但总的来看，专业化的中小金融机构数量和专业性都还不足。就我国整体银行业的发展状况来说，还主要是依靠大型商业银行。从理论上来说，大型商业银行在服务科技型中小企业方面是有明显缺陷的，其不如区域性的、专业性的中小金融机构。但我国现在的情况是县域银行、社区银行缺失，小额贷款公司在服务科技型中小企业上专业化程度不够，而科技性专业机构数量又十分有限。总的来看，能够为科技型中小企业提供贷款服务的银行等金融机构在数量上较少，在专业性上更是不足。

4. 缺少专业的评估和担保机构

目前，我国还缺乏有较高市场认可度的评估机构和专业担保机构。对科技型中小企业的项目或知识产权进行评估是一件很难的事情，不仅要求评估机构了解掌握技术专业知识，还必须对市场、产业有充分的认识，这样才能对项目或知识产权的技术发展前景和市场化前景有准确把握。要做到这些，不仅需要有专业的人才队伍，通过长期从业把握市场和建立声誉，并且还需要有可以进行技术转让、交易的市场。显然，我国这些方面较为缺失，因此不难理解我国缺少专业的评估和担保机构。由于缺少专业的评估和担保机构，银行在对科技型中小企业进行授信时，无法进行评估，因此阻碍了科技型中小企业获取贷款支持。

5. 政府发挥作用的限制和担忧

在知识产权评估、知识产权质押贷款、科技型中小企业信用贷款和担保及社区银行服务等方面，地方政府都发挥了积极的作用，甚至是关键的作用。这固然可喜，但是也成为科技型中小企业信贷服务的问题之一。一旦政府支持力度减小，科技型中小企业获取信贷支持的力度会大幅下降。成都武侯区的社区服务项目，现在呈现的是政府与银行、企业良好合作的态势，但长此以往是否会出现政府参与过度，影响市场的正常竞争的情况呢？或者政府过于积极地推动，让银行承担了坏账风险，最终影响了银行服务优质科技型中小企业的能力（如内江市鑫泰机床公司未正常还款的案例）。总的来说，政府在促进科技型中小企业信贷方面的确有很多积极作用，但是也需要慎重对待其可能带来的问题和负面影响。

四、小结

总的说来，科技型中小企业贷款服务在贷款总量上有所增加，服务的机构增多并且更加专业化，服务模式和产品更加丰富，也更加符合科技型中小企业的贷款需求。但是针对科技型中小企业的信贷服务仍然存在支持力度不足、缺失专业化服务、评估和担保机构不足等问题。尽管如此，信贷业务依然是科技型中小企业获取资金支持的主要方式，这与科技型中小企业自身需求有关，也与其他金融服务存在的问题有关。下面就将介绍科技型中小企业其他金融服务的情况和存在的问题。

第二节　科技型中小企业其他金融服务的情况

科技型中小企业金融服务涉及的领域十分广泛，不仅涉及主要部门的信贷服务，还包括各方面的金融服务。上文较详细地论述了信贷服务情况，本节将从其他方面的服务内容进行简要的介绍和分析。

一、数据中的科技型中小企业其他金融服务情况

根据数据的可获取性，下面从整个金融服务体系的角度选取几个方面的统计数据来展现科技型中小企业金融服务的大致状况。

1. 风险投资和私募投资

从 2009 年第一季度到 2013 年第一季度，风险投资和私募股权投资的数目在有一个很大的增加后又回归到 2009 年下半年和 2010 年初的水平（见图 4–8）。在风险投资和私募股权投资的比较中可以看出，风险投资的数目要明显多于私募股权投资。

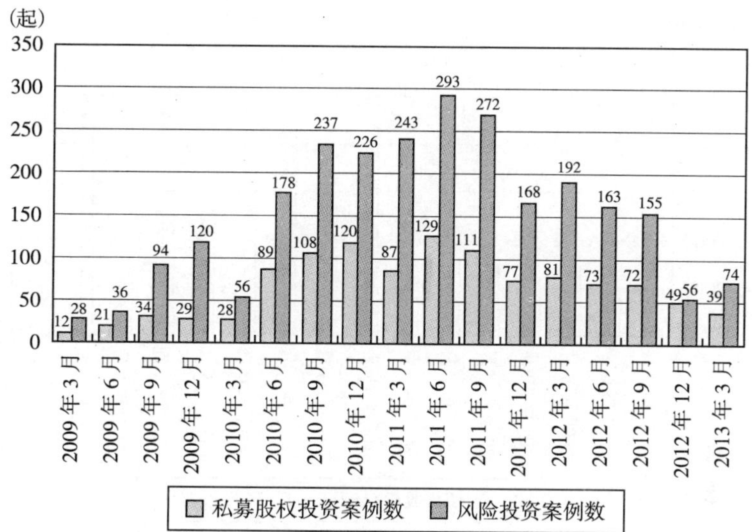

图 4-8　我国风险投资和私募股权投资的案例数（季度数据）

资料来源：中国人民银行、证监会和 CEIC 中国数据库。

从 2009 年第一季度到 2013 年第一季度风险投资和私募股权投资额来看，也是在有一个很大增加后又回归到 2009 年下半年和 2010 年初的水平（见图 4-9），但风险投资总额显然要小于私募股权投资总额。结合投资数量和额度数据可以发现，风险投资单笔投资额较小。这一点说明了风险投资更倾向于企业发展的初期，用资金支持企业的发展。从这个角度来讲，显然风险投资对于科技型中小企业的支持意义要大于私募股权投资。这与理论上的分析一致，即风险投资的发展对于改善和破解科技型中小企业金融服务难题有重要意义，许多学者都认为风险投资是解决我国科技型中小企业金融服务难题的关键。

2. 企业债券

从 2002~2012 年的数据看，我国企业债券发行额在 11 年间有了很大的增长（见图 4-10）。企业的债券融资是企业融资的重要途径，债券市场的发展对于改善科技型中小企业的金融服务难题是有很大帮助的。

3. 信托资金方向

在我国的金融服务框架中，信托公司的经营范围十分广泛，未来可能在解决科技型中小企业的金融服务难题上能发挥很大的作用。从 2010 年第一季度到 2012 年第四季度，资金信托总额、其应用与贷款和投向工商

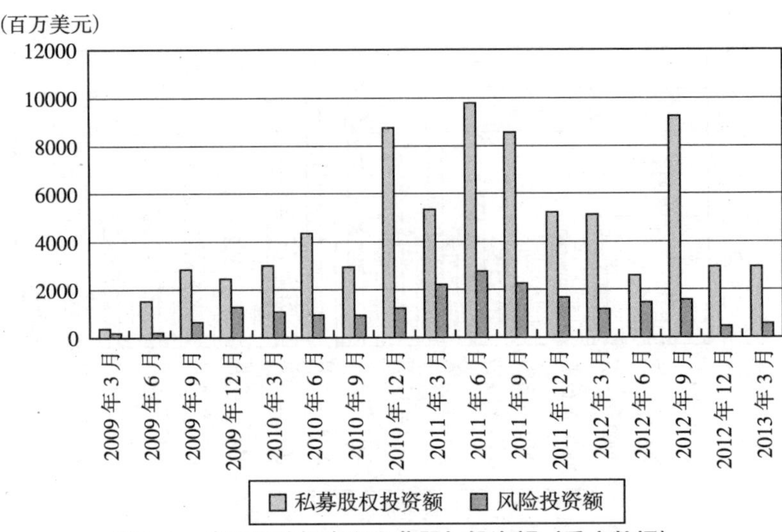

图 4-9　我国风险投资和私募股权投资额（季度数据）

资料来源：中国人民银行、证监会和 CEIC 中国数据库。

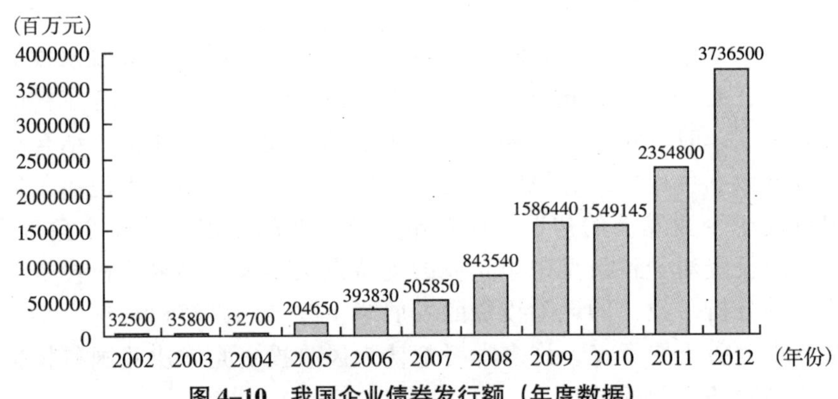

图 4-10　我国企业债券发行额（年度数据）

资料来源：中国人民银行、证监会和 CEIC 中国数据库。

企业的数额都持续增长（见图 4-11）。从贷款和投资的角度来看，科技型中小企业都可以争取信托资金的支持。

4. 中小板的筹资情况

股权交易市场一直都是科技型中小企业筹集资金从而发展壮大的重要途径，中小板的发展对于科技型中小企业最终成长为大企业具有重要的作用。

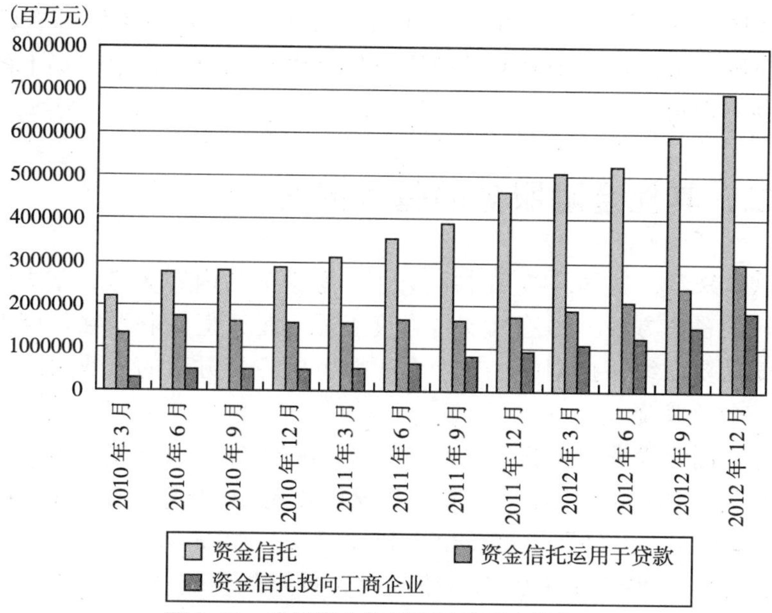

图 4-11　我国资金信托运用的季度数据

资料来源：中国人民银行、证监会和 CEIC 中国数据库。

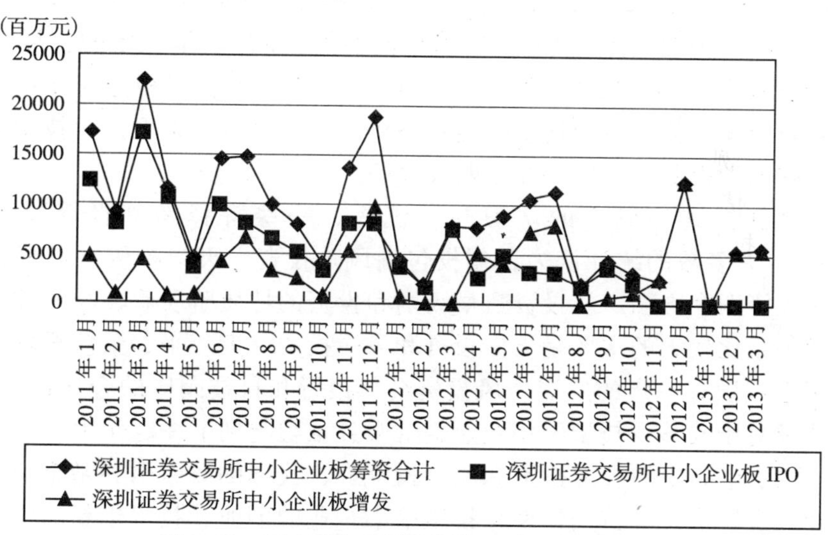

图 4-12　深交所中小板筹资情况（月度数据）

资料来源：中国人民银行、证监会和 CEIC 中国数据库。

如图 4-12 所示，从 2011 年 1 月至 2013 年 3 月中小板筹资情况有明显的下降，可以从一个侧面反映出科技型中小企业在资本市场上的情况这两年并不理想。

二、其他金融服务的基本情况

总体来看，我国科技型中小企业金融服务的内容多样，基本涵盖了金融领域的各个方面，尽管其支持力度尚显不足，但其状况在不断改善。本小节就简要介绍科技型中小企业金融服务的主要方面的大致情况。

1. 创业投资

对于创业投资（创投）的统计，不同数据库的数据差别较大：清科数据库显示，2012 年中国创投市场共发生投资 1071 起，投资总额 73.20 亿美元，较 2011 年分别下降 28.8%和 43.7%；EZCapital（www.ezcap.cn）统计数据显示，2012 年中国创投市场财务投资规模比 2011 年有一定幅度的减少，共披露投资案例 592 起，已披露投资金额案例 208 起，已披露投资总金额达 797.15 亿元人民币，与 2011 年相比，2012 年中国创投市场投资案例数量减少了 731 起，已披露投资金额比 2011 年减少 45.67%。尽管数据值不同，但是对创投服务的发展方向的判断几乎是一致的：尽管 2012 年创投较中国创投历史最高峰的 2011 年有所降低，但相比前几年，创投市场投资案例数和金额均呈现增长态势。从这一情况来看，科技型中小企业面临的创投服务环境是在不断改善的。

对创投这一概念的认识并不统一，一些解释是创投等同于风投（VC），大多数的统计认为，创投包括风险投资、天使投资、私募投资和战略投资四个方面。从投资数量级别和投资的性质阶段看，与科技型中小企业关系比较大的主要是天使投资和风险投资。近年来，天使投资和风险投资在我国有一定的发展，风投资金与银行和科技园区的合作逐步展开，这些都对于改善科技型中小企业金融服务难题起到了一定作用。

除了市场中的天使投资和风险投资外，我国的政府引导基金通过引导创业投资行为，支持初创期科技型中小企业的创业和技术创新的作用也不能忽视。政府引导基金一般都是采用 FOF（Fund of Funds）运营模式，通过支持阶段参股、支持跟进投资、风险补助和投资保障等方式来降低风险投资机构的投资风险，增强创业投资机构抵御风险的能力，从而扩大风险投资机构对科技型中小企业的投资总量。政府引导基金在北京、上海、深圳、天津等资本云集城市发展势头强劲，在许多二线城市发挥了扶持当地科技型中小企业的作用。

除了上述介绍外，我国的担保企业也在积极探索，担保机构开始发展创业风险投资业务，再加上我国券商直投业务的开闸，科技型中小企业能够得到投资金融服务的机会大增。

2. 债券市场

从我国社会融资总体情况看，企业债券融资仅次于贷款融资，占社会融资额的第二位，因此，其对于科技型中小企业是很重要的金融服务内容。但是科技型中小企业发行债券具有一定难度，由于规模小、风险高等特征，即便发行了债券，也要面临市场吸引力较小、单位债券成本较高、很少有中介机构愿意为小规模债券发行服务等问题。

中小企业集合是解决单个企业发行债券困难的一个方法。从 2007 年中关村高新技术中小企业集合债券推出以来，至 2012 年 9 月，中小企业集合债券共发行了 9 期共 11 只集合债券，涉及深圳、大连、武汉、河南、成都和常州等省市。由于是多个中小企业联合在一起达到一定的发行规模，因此对单个企业的要求相对下降，能让更多符合条件的中小企业参与到这一融资方式中来。又由于有政府相关部门的筛选和担保机构的信用增级，因此降低了企业债券的融资成本。因而中小企业集合债券的推出对于科技型中小企业在债券市场获取资金支持是有利的。

除了集合债券外，科技型中小企业还可以尝试参与集合票据的融资方式。集合票据是指 2 个以上 10 个以下具有法人资格的企业，在银行间债券市场以统一产品设计、统一信用增级共同发行的债务融资工具。从 2009 年第一批中小企业集合票据推出以来，至 2012 年 12 月的第一期中小企业集合票据（SMECN1），我国共推出了 69 只第一期中小企业集合票据，发行总金额为 164.53 亿元，涉及企业 273 家[①]。

3. 科技保险

科技型中小企业有其自身的特殊风险，从保障风险的角度看，科技型中小企业对于科技创新活动带来的人员、设备的可能损失都有相应的保险要求。2006 年，我国发布了《国务院关于保险业改革发展的若干意见》

① 上海清算所及网络数据，由笔者整理给出。

(国发［2006］23号)，其中明确指出，要发展高科技保险，为自主创新提供风险保障。之后中国保监会和国家科技部《关于加强和改善对高新技术企业保险服务有关问题的通知》(保监发［2006］129号)的发布标志着我国科技保险在政府支持下正式启动。可以说这两个文件为科技保险搭建了指导性的政策框架。科技部和保监会于2007年7月在北京、天津、重庆、武汉、深圳、苏州高新区等“五市一区”正式推动了科技保险产品的试点，各试点地区和参与试点的保险公司积极采取措施推动科技保险的运营。各地区不仅出台了相应的科技保险的管理办法①，明确科技保险保费补贴的条件、补贴的方式和补贴的比例，为科技保险试点提供了政策上的保障，还采取具体措施有效保障科技保险推进，如成都市政府设立了科技保险补贴专项资金，用于成都市高新技术企业参加科技保险的保费补贴；北京市不仅对科技保险进行财政补贴，还成立了科技金融促进会，为保险公司和科技企业搭建了良好的沟通平台。

科技保险能够为科技型中小企业解除后顾之忧，分散高技术创新风险，激励企业大胆进行科技创新，科技保险无疑是对科技型中小企业有益的重要金融服务内容。科技型中小企业金融服务是一个相互关联的体系，因此科技保险对于科技型中小企业的意义不仅在于提供保障，还在于其对科技型中小企业的风险进行了分担，在一定程度上改变了科技型中小企业的风险结构，因此改善了企业的贷款条件，增加了对于创业投资等的吸引力。

4. 其他金融服务

尽管股权交易市场是科技型中小企业金融服务的重要部分，但鉴于对该领域的研究已经十分丰富，再加上科技型中小企业中大量的企业还使用不到该方式获取资金支持，因此这里仅仅简要介绍。企业发展壮大的一个重要途径是上市融资，特别是对于具有高成长性特征的科技型中小企业，股权交易市场是重要的获取金融支持的方式。但是科技型中小企业的规模小等特征很难达到股票市场的上市条件，因此我国建立了中小板和创业板，为科技型中小企业获取股权交易市场支持打开了通道。2004年5月，深圳证券交易所在主板市场内设立中小企业板块。2009年10月30日，中国创业板市场成立。尽管近年来我国创业板和中小板容量有所减少，但是

---

① 如深圳市制定了《深圳市科技保险补贴资金管理暂行办法》、苏州高新区出台了《关于支持科技保险试点补贴企业保费的通知》、重庆市颁发了《重庆市科技保险补贴资金管理暂行办法》。

股权交易市场的建立不仅能为科技型中小企业提供股权交易的资金，还使得创业投资、私募投资等有了方便退出的渠道，因而能够对科技型中小企业提供投资资金的服务。这也说明，科技型中小企业金融服务是一个系统的体系，各部分的组合能够发挥出“1+1>2”的效果。

融资租赁（Financial Leasing）也称金融租赁，是指实质上转移与资产所有权有关的全部或绝大部分风险和报酬的租赁。1981 年 7 月，中国租赁有限公司的成立标志我国金融租赁服务的开始。近年来，金融租赁持续发展，特别是 2012 年，我国租赁行业融资租赁合同余额突破万亿元，达到 15500 亿元，同比增长了 66.7%。随着融资租赁的持续发展、市场竞争的逐步激烈，金融租赁公司开始逐步关注科技租赁市场和风险租赁。所谓科技租赁，就是服务于 IT、通信、航空航天、生物制药等高科技行业的测试仪器仪表设备的租赁。风险租赁是金融租赁与风险投资的有机组合，是指在一项金融租赁交易中，出租人以租赁债权加股权投资的方式将设备出租给特定的承租人，出租人通过分别获得租金和股东权益收益作为投资回报的一项租赁交易。从科技型中小企业的特征来说，金融租赁是很适合科技型中小企业的一种金融服务，因为科技型中小企业资源有限，但成长迅速，预期的未来收益可观。融资租赁的服务是为企业提供现在所需的资产，而需要企业未来的现金流，两者恰好能够形成资源的跨时间配置，所以融资租赁服务的发展无疑是科技型中小企业金融服务改善的主要内容之一。

科技型中小企业金融服务还涉及其他很多方面，包括担保、咨询、评估等，由于篇幅有限，不得不有所放弃，所以这里就不再专门介绍。

三、现状简要评述

尽管我国现在对于科技型中小企业的金融服务主要是信贷服务，但是其他各方面的内容也是不容忽视的，它们的发展对于改善科技型中小企业金融服务十分重要，甚至有的部分会起到决定性的作用。本部分就对科技型中小企业除信贷服务的其他金融服务进行简短的评述并指出其主要问题。

1. 框架建成且发展势态良好

显然，本章所提及的金融服务内容和方面对于科技型中小企业有重要意义，同时也是构建与我国经济发展水平相适应的金融服务体系的主要内容。自 1978 年中共十一届三中全会开始，中国的金融改革至今已历经了

30多年的历程。尽管我国的金融衍生品还十分有限，金融服务领域还有待开发，但从整体情况来看，我国金融体系发展已进入第三阶段，即我国金融体系变革进入市场金融体系框架的调整和充实阶段。对这一阶段的基本判断是我国金融服务体系的框架基本完备，其中就包括了针对科技型中小企业的金融服务体系。从总体情况看，科技型中小企业的金融服务体系涉及我国金融服务体系中的全部内容，这个服务框架完备，并且从前面的介绍中能够看出，近年来的发展态势是良好的。

2. 支持力度有限

对于上文中介绍的金融服务内容，各个部分都存在着自身的问题。如科技型中小企业的集合票据和债券，债券承销人士表示："这个规模很小，根本赚不到钱，而且中小企业的资质相对比较差，很难发出去。"又如科技保险，存在地方补贴政策不稳定、保费补贴没有完全到位、保险产品不够丰富、理论上缺乏足够的风险数据对保险进行有效设计等问题。对于这些服务领域的具体问题，有专门的研究文献进行了分析，这里就不再赘述。

这里主要将金融服务作为一个系统对于科技型中小企业的整体支持情况，我们来看几组数据：①70%和2%；②30%和98%；③32%和1%。这3组数据分别是国外中小企业直接融资比重与我国中小企业直接融资比重、国外中小企业间接融资比重与我国中小企业间接融资比重及美国租赁渗透率与中国租赁渗透率的比较①。尽管这些数据不是科技型中小企业金融服务的全面统计，但也从一个方面反映了金融服务（主要是指除信贷外的其他服务）对我国科技型中小企业发展支持力度是不足的，即我国科技型中小企业其他金融服务的状况还不能满足我国大量科技型中小企业发展对于金融服务的需求。

四、小结

本节从可获取的数据中简单展示了科技型中小企业部分金融服务的状况，并简要介绍了科技型中小企业其他金融服务的基本情况，分析了其作

---

① 2008年11月20日中国中小企业协会会长李子彬在央视经济频道《坚定信心促发展》的访谈中指出："国外中小企业直接融资比重占70%，间接融资占30%，中国企业正好反个个儿，直接融资只占2%，98%靠银行贷款。"引自http：//finance.cctv.com/program/jjbxs/20081120/111184.shtml。

用。科技型中小企业信贷服务外的其他金融服务环境整体在不断改善，服务内容更加全面，对于改善科技型中小企业金融服务难题有一定的作用和贡献。但是从总的支持情况看，科技型中小企业其他金融服务自身发展还相当滞后，科技型中小企业的金融服务需求仍然不能得到满足。

本章总结

本章从金融体系、金融服务体系等概念开始谈起，介绍了我国现有的科技型中小企业金融服务体系，然后有所侧重和有所取舍地介绍了我国科技型中小企业金融服务的总体状况，并展开了简要分析。综观全章可以总结出以下关键信息：

（1）在我国现阶段，信贷服务是科技型中小企业获取资金的主要渠道，是科技型中小企业金融服务的最主要内容。尽管科技型中小企业的信贷服务在贷款总量、服务机构和专业化程度上都有所增长，但科技型中小企业的信贷服务仍然存在许多问题，对于科技型中小企业发展支持不足。

（2）科技型中小企业其他金融服务环境在不断改善，但相对于科技型中小企业旺盛的金融服务需求来说，其自身发展较为滞后。

（3）我国科技型中小企业金融服务体系整体框架已经基本构建完成，其相应的金融服务机构都在不断发展，能够为科技型中小企业提供各种金融服务，但是在整体支持力度上还有待加强。综合各个方面的内容来看，科技型中小企业仍然存在缺失合意的金融服务的难题。

第五章　科技型中小企业金融服务的现状和问题
——基于企业视角

入山问樵，入水问渔。

——《叔苴子内篇》卷一

对于一件事情进行认识的一个好办法就是向长期从事该事的知情人进行询问，即“入山问樵，入水问渔”。尽管有可能存在“不识庐山真面目，只缘身在此山中”的问题，但要想对于科技型中小企业金融服务现状较为了解，从需要金融服务的科技型中小企业自身出发无疑是必要的。所以本章就将从需要金融服务企业的视角，基于对科技型中小企业的问卷调查来介绍和分析科技型中小企业金融服务的状况和存在的问题。

财政部科研所“科技金融综合服务体系设计及政策理论研究”课题组在 2013 年 1 月至 2013 年 4 月进行了“科技型中小企业金融服务问卷调查”活动，该问卷从企业的基本情况、融资情况和金融服务环境 3 个方面对企业进行了调查。尽管这次调查的企业仅来自于成都和武汉，并且可用于分析的有效问卷仅 33 份，但我们希望能从这 33 家科技型中小企业的分析中，从科技型中小企业金融服务的需求方的视角来发现全国科技型中小企业金融服务的一般规律和相关问题（为了方便，下文都使用该数据，都统称为“问卷调查数据”）。

这里需要说明的是，被调查的企业中，有 5 家企业营业额超过 5000 万元，由于问卷设计的问题，不知道是否超过了它们所在行业的中小企业的标准，因此，笔者对于这 5 家企业进行了单独的资料收集和分析，发现它们有的规模并不小，并且有的有大集团支持的背景，严格来讲它们应该超出了笔者要研究的科技型中小企业的范畴。但是考虑到这 5 家企业的科技创新特征明显，并且在获取金融服务方面也有相应的困扰，因此就将其也列入调查问卷的分析中，一同考虑和探讨。另外，还有一家从事动漫产业的企业，按照我国高技术产业划分来看，其不属于科技型企业，但是综合分析该企业问卷，发现其文化创意的开发需要的知识产权环境和融资方面的情况和科技型中小企业颇为相似，因此也将其列入调查问卷的分析中。

第一节　企业基本情况

从理论上来说，企业自身不同的情况对于其需要的金融服务内容是不一样的，能获取的金融服务应该也有所差别，所以掌握科技型中小企业的基本情况对于把握科技型中小企业金融服务的现状是有必要的。下面就对问卷调查的科技型中小企业的基本情况进行介绍和简单分析。

一、企业的特征

本节介绍被调查企业的所有制性质、主营业务、是否被政府认定为高科技企业的情况。

1. 所有制情况

所有制性质是从企业的股东资金来源的角度说的，该次被调查的企业从所有制性质上涉及 3 类：国有企业、外资企业和民营企业，它们分别有 4 家、1 家和 28 家，占调查企业的比重分别为 12%、3%和 85%（见图 5-1）。从这些数据可以看出，科技型中小企业中大多数都为民营企业，这也是为什么有许多学者在研究科技型中小企业时，使用民营科技企业来作为代替的原因。

2. 行业特征

从企业从事的行业来看，33 家企业中从事电子信息技术、生物与新医药技术、航空航天技术、新材料技术、高技术服务业、新能源及节能技术、资源与环境技术、高新技术改造传统产业这 8 个国家认定的高科技产业的分别有 21 家、4 家、1 家、2 家、0 家、2 家、1 家、1 家，还有 1 家企业是从事文化创意产业，占被调查总数的比例分别为 64%、12%、3%、6%、0、6%、3%、3%、3%，如图 5-2 所示。从行业分布看，科技型中小企业主要集中于电子信息技术产业，这与成都高新区发展策划局联合成都高新区融资及担保工作领导小组办公室进行的“成都市科技型企业融资情况调查问卷”统计结果是一致的。

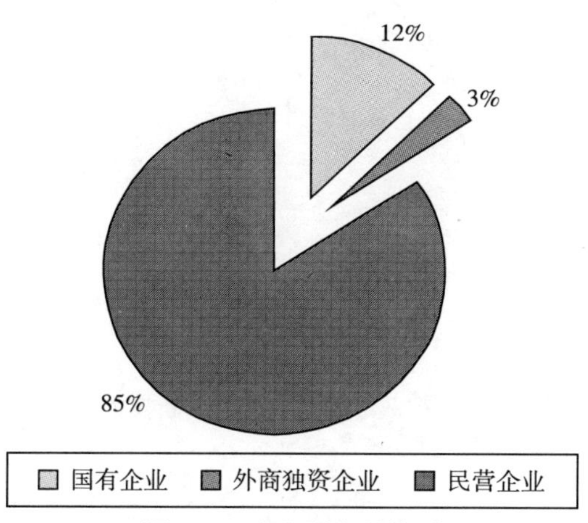

图 5-1　企业所有制性质

资料来源：科技型中小企业金融服务问卷调查。

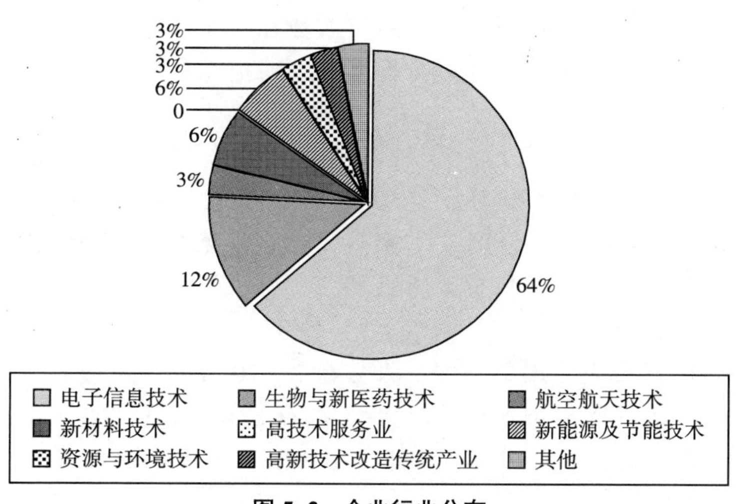

图 5-2　企业行业分布

资料来源：科技型中小企业金融服务问卷调查。

3. 政府认证情况

尽管从所从事的行业来看，基本所有的企业都属于高科技产业，但从获得政府认证的情况来看并不理想。33 家企业中仅有 12 家获得了政府的高技术企业认证，仅占所有企业的 36%，如图 5-3 所示。

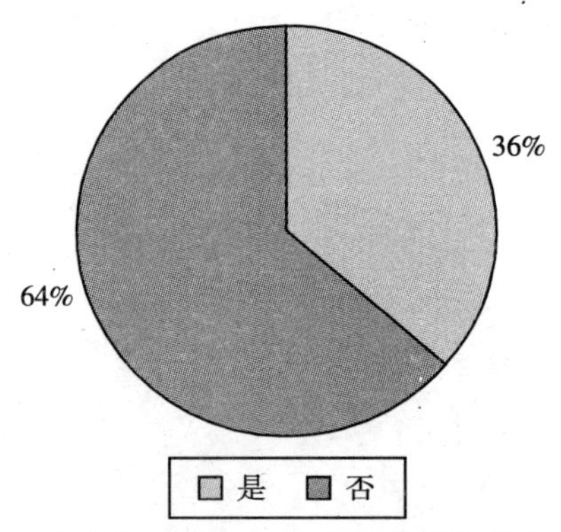

图 5-3 企业被政府部门认定为高新技术企业情况

资料来源：科技型中小企业金融服务问卷调查。

二、企业的规模

问卷中使用了企业注册资本、雇员人数和营业额这 3 个指标来描述企业的规模，这与我国中小企业划分标准采用的指标是一致的。

1. 注册资本

从企业的注册资本来看，有 17 家企业的资产资本大于 500 万元，有 13 家的资本为 100 万~500 万元；50 万~100 万元、10 万~50 万元和小于 10 万元注册资本的企业分别有 1 家。占总企业数的比重分别为：52%、39%、3%、3%、3%，如图 5-4 所示。

2.雇员人数

从企业的雇员人数来看，雇员人数在 21~50 人的企业最多，有 12 家；其次是 20 人以下和 51~100 人的企业，都有 8 家；101~500 人的企业有 3 家；500 人以上的企业有 2 家，具体占比如图 5-5 所示。

3. 营业额

由于企业自身的考虑，有 2 家企业没有提供营业额的数据，因此，该分析中只有 31 家企业。从企业的年营业额来看，31 家企业中年营业额为 200 万元以下的企业最多，有 12 家，占总企业数的比例为 39%；营业额为 200 万~500 万元的企业数排第二，有 6 家；之后是营业额为 1000 万~

5000 万元的和营业额为 5000 万元以上的企业，都有 5 家；500 万~100 万元营业额的企业有 3 家，具体占比如图 5-6 所示。

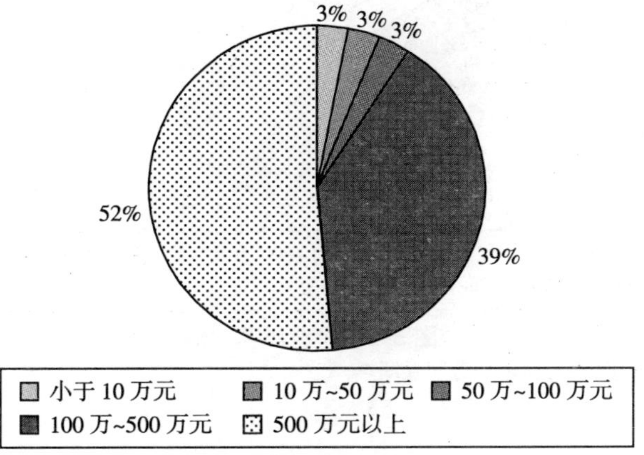

图 5-4 企业注册资本

资料来源：科技型中小企业金融服务问卷调查。

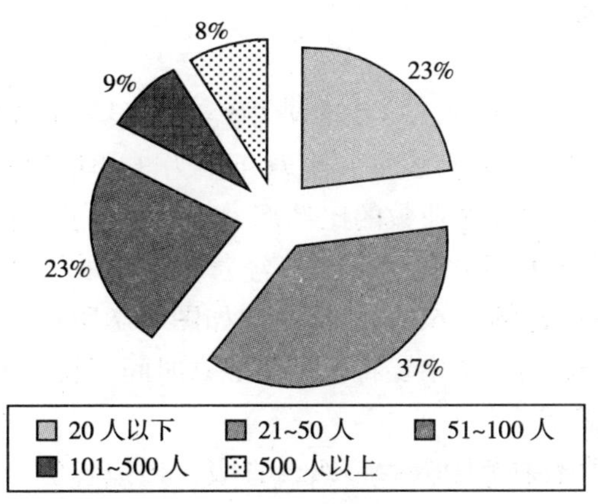

图 5-5 企业雇员人数

资料来源：科技型中小企业金融服务问卷调查。

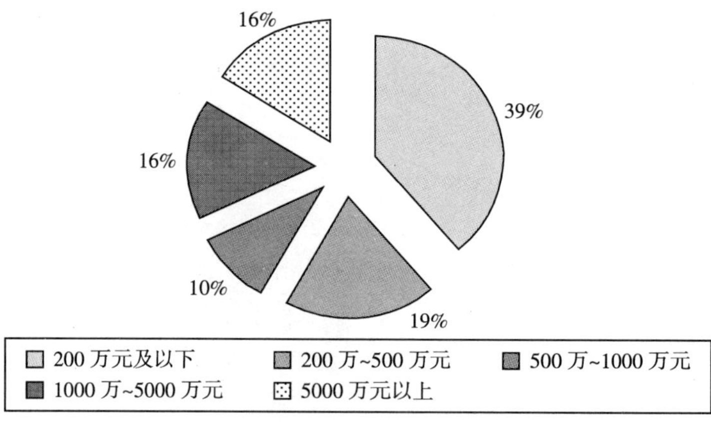

图 5-6 企业年营业额

资料来源：科技型中小企业金融服务问卷调查。

三、企业的经营状况和主要困难

对于企业的经营情况，问卷中从经营年限、产品服务范围和企业的利润情况进行了调查。

1. 经营年限

从企业的经营年限来看，33 家企业中经营年限为 1~3 年的企业最多，有 17 家，占总企业数的比例为 52%；经营年限为 3~5 年和 5~10 年的企业数排第二，分别有 5 家，占总企业数的比例都为 15%；经营年限为 10 年以上的企业有 4 家，占总企业数的比例为 12%；经营年限为 1 年以下的企业最少，有 2 家，占总企业数的比例为 6%，具体占比如图 5-7 所示。从调查数据可以看出，科技型中小企业的一个主要特征就是成立时间不长、生命周期较短。

2. 经营服务范围

问卷中将经营辐射范围分为市级、省级、周边省份、全国和跨国服务 5 个档次，从企业的经营辐射范围来看，33 家企业中没有一家的经营辐射范围仅仅在本市和本省的，至少都能辐射到周边省份。多数企业的经营服务范围都能够辐射到全国，还有一部分做到了跨国的服务。这里还需要说明的是，从问卷的具体情况来看，并不是营业额越高、资本越大的企业辐射范围就越大。较小规模的企业，也能够做到服务全国或参与国际市场的竞争。33 家企业中，有 21 家的服务范围辐射全国，占总企业数的比例为 64%；进入

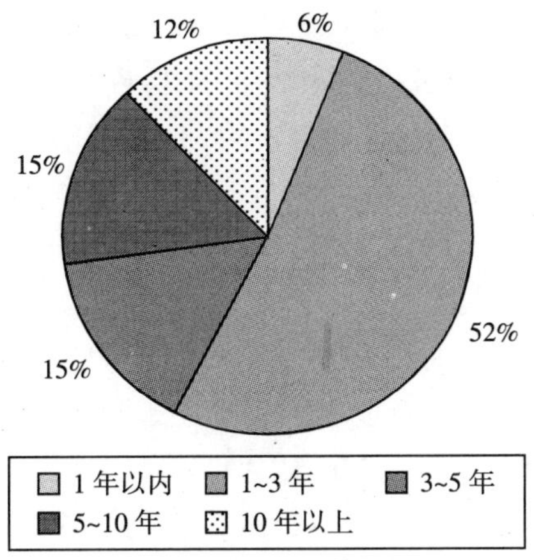

图 5-7 企业经营年限

资料来源：科技型中小企业金融服务问卷调查。

国际市场的有 7 家，占总企业数的比例都为 21%；经营辐射到周边省份的有 5 家，占总企业数的比例都为 15%，具体占比如图 5-8 所示。从调查数据可以看出，科技型中小企业尽管规模总体都较小，但是经营服务的范围却不小，这也是科技型中小企业相比于其他行业企业的一个显著特征。

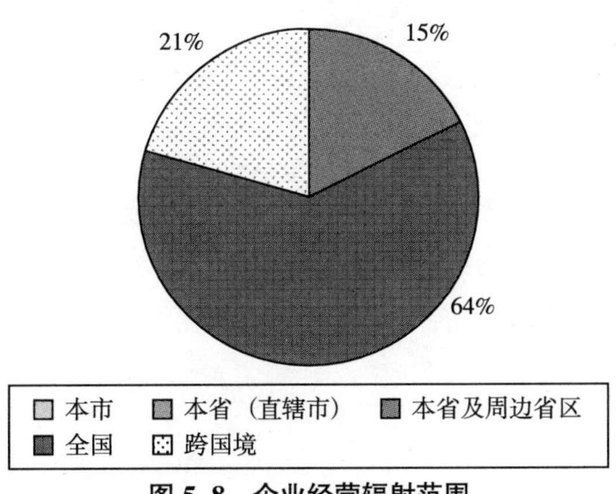

图 5-8 企业经营辐射范围

注：图中图标未显示部分数值为 0，其余图同此，不再逐一标注。

资料来源：科技型中小企业金融服务问卷调查。

3. 利润额和利润增长率

由于有的企业认为利润相关的盈利情况涉及商业机密，没有对利润情况的调查给予回应，因此在利润和利润增长率情况的调查中，课题组只取得了26家企业的数据。从这26家企业的年平均利润情况来看，亏损的企业占了一半，即有13家企业亏损；年平均利润在1%~5%、5%~10%、10%~20%和20%以上的企业分别为1家、2家、3家和7家，占比分别为4%、8%、11%和27%。可以看出，科技型中小企业的经营利润情况并不理想，一半企业处于亏损状态，当然这与科技型中小企业的性质是相关的，即企业发展前期基本上都是净投入。另外也要注意到，科技型中小企业一旦到达开始盈利的阶段，企业的利润率还是相当可观的。科技型中小企业的盈利企业中的利润率主要在20%以上，相比2012年我国工业企业的平均主营业务收入利润率的5.46%[①]，这已经是很高的数据了，如图5-9所示。

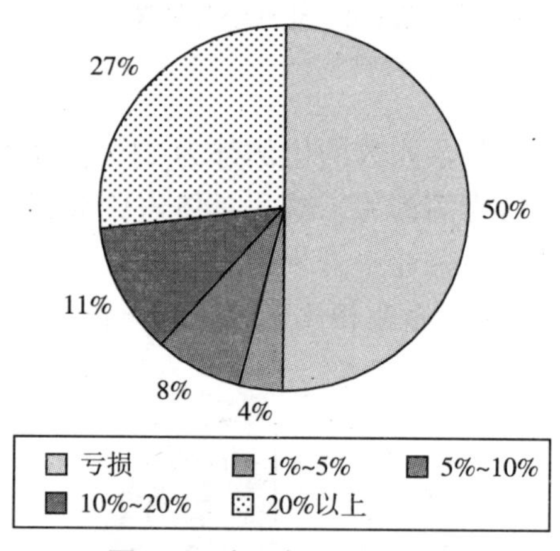

图5-9 企业年平均净利润

资料来源：科技型中小企业金融服务问卷调查。

从这21家企业的年均利润增长情况来看，年平均利润增长率20%以上的企业占43%，即有9家；年平均利润为无增长的、1%~5%、5%~10%和10%~20%的企业分别为0家、5家、2家和5家，分别占比为0%、24%、9%和24%。可以看出，尽管科技型中小企业的利润情况不理想，但增长速度还是比较快的。一大半企业的利润增长率在10%以上。高成长率也是科技型中小企业的一个重要特征，如图5-10所示。

4. 主要经营困难

从科技型中小企业面临的主要困难来看，33家企业中有11家认为融

① 《2012年中国工业经济运行报告》。

资成本高是企业发展面临的最大困难，占33%，之后是人力成本的上升和原材料成本的上升，这都与资金问题相关。选择其他的主要指的是研发困难和招聘优秀人才困难（见表5-1）。从这方面的数据看，科技型中小企业面临的问题的确主要是融资方面的问题，即金融服务的问题。

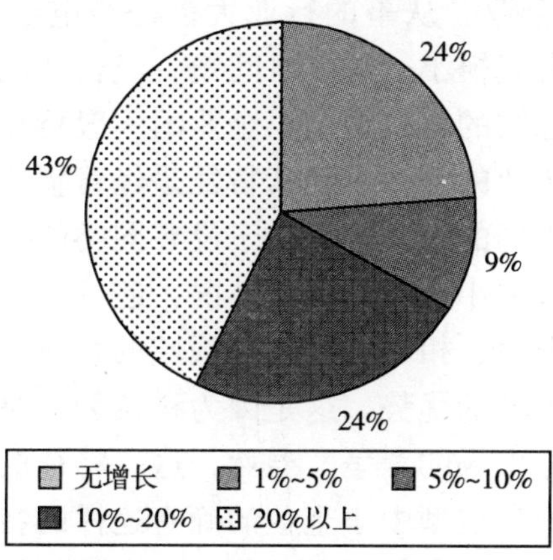

图5-10　企业年利润增长率

资料来源：科技型中小企业金融服务问卷调查。

表5-1　企业经营中面临的主要困难（排序）

困难度排名	原材料成本上升	人力成本上升	融资成本高	销售困难	电力短缺	劳工短缺	其他
第一	5	10	11	3	—	—	4
第二	1	4	3	3	—	4	—
第三	3	2	5	—	—	—	—
第四	—	1	1	—	—	4	—
第五	1	—	—	1	2	1	—
第六	—	—	—	2	2	—	—
困难度排名	原材料成本上升	人力成本上升	融资成本高	销售困难	电力短缺	劳工短缺	其他
第一	15.2%	30.3%	33.3%	9.1%	0	0	12.1%
第二	3.0%	12.1%	9.1%	9.1%	0	12.1%	0
第三	9.1%	6.1%	15.2%	0	0	0	0
第四	0	3.0%	3.0%	0	0	12.1%	0
第五	3.0%	0	0	3.0%	6.1%	3.0%	0
第六	0	0	0	6.1%	6.1%	0	0

资料来源：科技型中小企业金融服务问卷调查。

四、小结

基于问卷数据的科技型中小企业基本状况来看，可以发现科技型中小企业一般都是民营企业，从事的行业大多是与电子与信息的相关服务行业，并且一般都具有规模小、成立时间短、经营状况较差、增长较快等特点，这与第三章中总结的科技型中小企业的一般特点是一致的。本问卷还发现了科技型中小企业的另一个经营特征是经营辐射的范围较广，一些企业直接参与到国际市场的竞争中。由于没有同类的数据可以比较，尚无法判断该特征是科技型中小企业的一般情况，还只是这次问卷涉及企业的情况。但是从理论上来说，相比传统生产领域的企业，科技型中小企业的确具有直接参与国际市场的优势，这是因为科技创新是比较独特的活动，容易进行差别化和细分市场的竞争。当然，这一特征的普遍性需要进一步的验证，如果证明我国科技型中小企业的确有这样的特质，那么这未尝不是我国实现跨越发展、积极参与国际竞争的一个较好的切入口。

第二节　企业的金融服务情况

本节将介绍问卷中企业近年来的财务状况和获取金融服务的状况，主要集中于了解企业获取资金支持的情况，即融资状况，这对于整体把握科技型中小企业的金融服务状况是很重要的信息。

一、企业财务状况

企业需要和能获取的金融服务的情况主要是由其财务状况决定的，因此，本小节中将介绍被调查企业近年来的财务状况。

1. 企业资产形式

从科技型中小企业拥有资产的主要形式来看，33 家企业中有 12 家企业的最主要资产是专利技术、特许经营权等无形资产，占总企业数的 36.4%；有 8 家企业的最主要资产是机器、厂房、办公设备等固定资产，占总企业数的 24.2%，如表 5-2 所示。从这方面的数据看，科技型中小企业主要资产还是专利等无形资产，这是科技型企业的典型特征。

表 5-2　企业主要资产形式（排序）

排名	机器、厂房、办公设备等固定资产	原材料或库存商品	应收账款	预付账款或待摊费用	专利技术、特许经营权等无形资产	其他
第一	8	3	5	—	12	—
第二	7	6	5	3	2	—
第三	3	4	7	1	4	1
第四	—	1	1	6	2	—
第五	—	—	—	2	3	—
排名	机器、厂房、办公设备等固定资产	原材料或库存商品	应收账款	预付账款或待摊费用	专利技术、特许经营权等无形资产	其他
第一	24.2%	9.1%	15.2%	0	36.4%	0
第二	21.2%	18.2%	15.2%	9.1%	6.1%	0
第三	9.1%	12.1%	21.2%	3.0%	12.1%	3.0%
第四	0	3.0%	3.0%	18.2%	6.1%	0
第五	0	0	0	6.1%	9.1%	0

资料来源：科技型中小企业金融服务问卷调查。

2. 企业资产负债率

出于商业机密的考虑，部分企业没有向课题组提供资产负债率的情况，因此问卷数据中只取得了 23 家企业的数据。从科技型中小企业资产负债率来看，没有企业的资产负债率在 100%以上；23 家企业中有 8 家企业的资产负债率为 20%以下，占给出数据企业数的 35%；有 11 家企业的资产负债率为 20%~50%，占给出数据企业数的 48%；有 4 家企业的资产负债率在 50%~100%，占给出数据企业数的 17%，如图 5-11 所示。汤继强博士在《我国科技型中小企业融资政策研究》一书中总结了关于企业资产负债率的研究后指出："西方科技型企业负债率大约为 38%，一般企业大约为 51%。"汤继强（2008）认为我国一般中小企业资产负债率大约为 70%，科技型中小企业合适的负债率应该是 60%。如果根据汤继强的研究，调查的科技型中小企业的资产负债率是相当低的，绝大部分没有达到 50%。

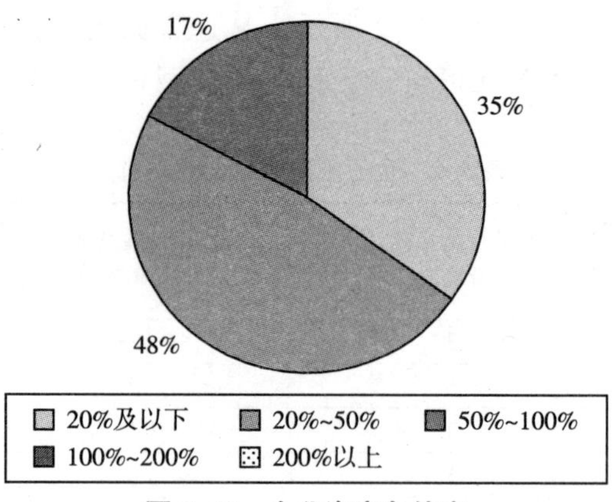

图 5-11　企业资产负债率

资料来源：科技型中小企业金融服务问卷调查。

3. 企业的月均现金流

企业出于商业机密的考虑，问卷数据中只取得了 23 家企业的月均现金流数据。从科技型中小企业月均现金流情况来看，5 万元及以下、5 万~10 万元、10 万~20 万元、20 万~50 万元、50 万~100 万元、100 万~500 万元、500 万元以上企业分别为 4 家、1 家、4 家、2 家、2 家、6 家、4 家，占比情况如图 5-12 所示。从现金流和年营业额对应的情况来看，4 家 500 万元以上的企业对应的恰好是年均营业额 5000 万元以上的企业。规模较大的企业，现金流也相应充足。但是需要注意的是，除上述的 4 家 500 万元以上月均现金流的企业和其营业额有对应关系外，其他的企业月均现金流并没有与企业的营业额情况有明显的对应关系。例如，调查问卷中的两家营业额分别是 1000 万~5000 万元和 200 万元以下，但月均现金流却分别是 5 万元以下和 50 万~100 万元。这种情况说明，科技型中小企业拥有现金的情况，不仅与其规模有关，还应该与企业发展的策略等相关。例如，经营销售状况良好的企业，将资金大量一次性投入科技研发就会造成营业额高却现金流少的状况。

二、企业金融服务现实情况

本节将介绍问卷调查的企业近年来获取金融服务的状况，这也是本书关注的主要内容，即从企业角度来了解现在针对科技型中小企业的金融服务状况。

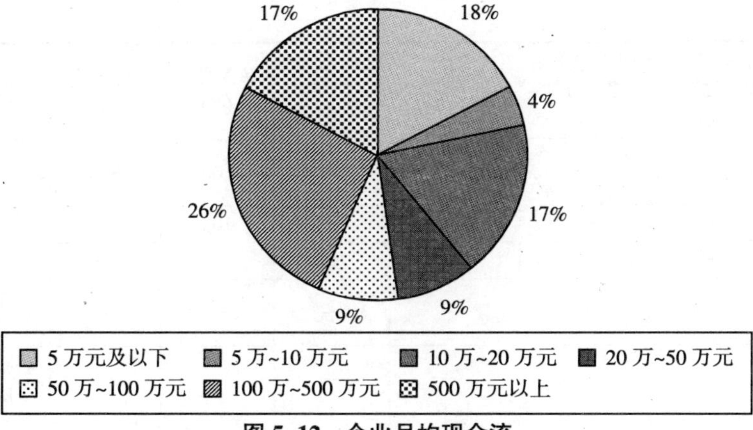

图 5–12　企业月均现金流

资料来源：科技型中小企业金融服务问卷调查。

1. 企业获取资金的途径

企业出于自身的考虑，问卷数据只取得了 16 家企业从 2009 年来获取资金支持的情况，其他没有提供数据的企业，有的是近年来没有进行融资活动，有的是没有关于融资情况的数据。具体来看，从 2009 年至 2013 年 3 月，16 家企业获取资金的渠道有国有四大银行贷款、其他商业银行贷款、私人借贷、私人投资、企业间拆借、小额贷款公司、政策性银行、自由资金和科技计划，而没有风险投资基金和公开发行上市。

这 16 家企业中只有 1 家从国有四大银行获取过贷款，获取贷款占其所需比例的 2/3，余下的 1/3 来自于其他商业银行；这 16 家企业中有 8 家从其他商业银行获取过贷款，其中有 6 家从商业银行获取了其所需贷款额的比例是 100%，另外的除了上述的 1/3 的 1 家企业外，另一家企业获取了所需 50%的贷款，如表 5–3 所示。

表 5–3　企业获取资金的情况

序号	向国有四大银行贷款（%）	向其他商业银行贷款（%）	小额贷款公司（%）	私人借贷（%）	私人投资（%）	企业间拆借（%）	其他（%）
1	—	—	—	100	—	—	—
2	—	—	20	30	—	50	—
3	—	100	—	—	—	—	—

续表

序号	向国有四大银行贷款（%）	向其他商业银行贷款（%）	小额贷款公司（%）	私人借贷（%）	私人投资（%）	企业间拆借（%）	其他（%）
4	—	—	—	—	100	—	—
5	—	—	—	—	100	—	—
6	—	—	—	100	—	—	—
7	—	—	—	—	—	—	自有资金，100
8	—	—	—	—	—	—	科技计划及YBC，100
9	—	100	—	—	—	—	—
10	—	100	—	—	—	—	—
11	—	100	—	—	—	—	—
12	—	100	—	—	—	—	—
13	67	33	—	—	—	—	—
14	—	50	—	—	—	—	政策性银行，50
15	—	—	—	—	—	—	100
16	—	100	—	—	—	—	—

资料来源：科技型中小企业金融服务问卷调查。

笔者按照获取资金占所需资金的比例合并，可以看出，企业资金来源主要在于非国有四大银行的其他商业银行，占43%；将自筹和私人借款统一来看，其是科技型中小企业获取资金的重要渠道；科技计划、政策性银行和小额贷款公司也发挥了一定作用，但比例不是很大，而风险基金、IPO没有发挥什么作用，如图5-13所示。

从图表数据来看，大型银行在科技型中小企业的资金支持方面的确不足，这和大多数学者的判断一致。但大型四大银行加上其他商业银行的资金提供比例为47%，反映了我国科技型中小企业的主要资金渠道还是在银行贷款；风险投资和IPO对调查企业没有支持，这与我国风险投资、科技创业板和中小板发展滞后有关。总的说来，企业感受到的情况和我国宏观金融服务情况总体保持一致。

2. 企业获取贷款的方式

问卷数据获取了14家企业获取贷款的情况，14家企业获取贷款的方

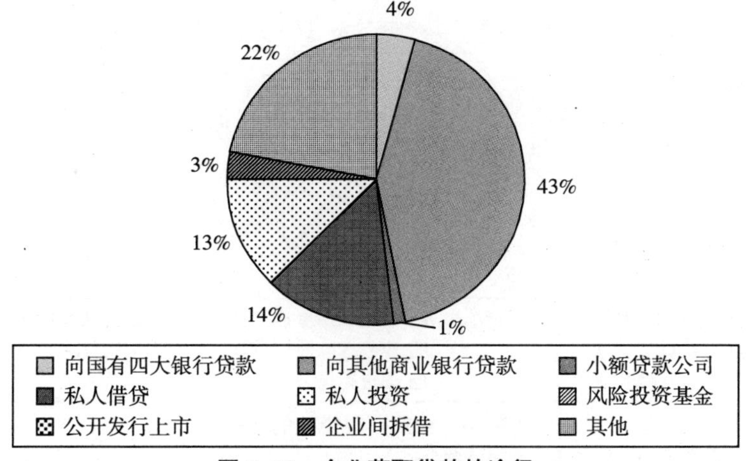

图 5-13 企业获取贷款的途径

资料来源：科技型中小企业金融服务问卷调查。

式中涉及了股东私有财产抵（质）押贷款、土地和房屋抵押贷款、应收账款质押贷款、信用贷款、通过其他企业担保和通过担保公司贷款这 6 种方式，而没有涉及设备抵押贷款和存货抵押贷款。其中使用比例最高的是信用贷款，占 46%；其次是股东私有财产抵（质）押贷款，占 17%；之后是其他企业担保和土地和房屋抵押贷款的方式，分别占比 13%和 12%，如图 5-14 所示。由于问卷设计的问题，这里没有反映是否有科技贷款或知识产权质押贷款的情况，但是从第四章的分析情况来看，科技贷款或知识产权质押贷款还处于起步发展阶段。信用贷款主要考察的是企业的经营、盈利能力，这对于科技型中小企业主要需要项目融资的情况是不利的。

3. 贷款过程中的主要困难

问卷数据获取了 21 家企业获取贷款过程中遭遇的主要困难，其中抵押不足是这些企业获取贷款过程中遇到的主要困难，有 11 家企业认为这是其遭遇的第一难题，占所选困难的 39%；其次贷款利率和费用高，无法承受，占比为 21%，具体如表 5-4 和图 5-15 所示。这里需要说明的是，有的企业选择时认为一些困难是同等重要的，因此就出现了选择数加起来大于 21 的情况。

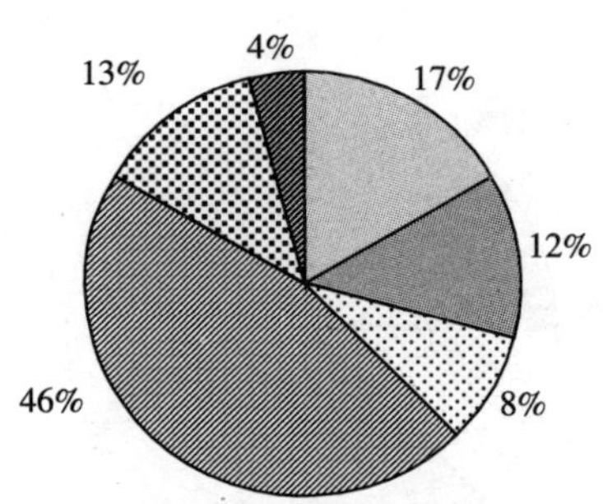

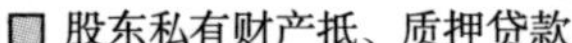

图 5-14 企业获取贷款的方式

资料来源：科技型中小企业金融服务问卷调查。

表 5-4 企业贷款过程中的主要困难

困难度排序	银行贷款额度不足	抵押不足	找不到担保人	银行和担保机构服务意识差	贷款利率和费用高，无法承受	手续烦琐	其他（请注明）
第一	4	11	3	—	6	3	能源行业贷款难
第二	3	4	3	—	1	1	—
第三	2	—	—	—	4	4	—
第四	1	1	—	—	1	3	—
第五	—	—	1	4	—	—	—
第六	—	—	1	—	1	—	—

资料来源：科技型中小企业金融服务问卷调查。

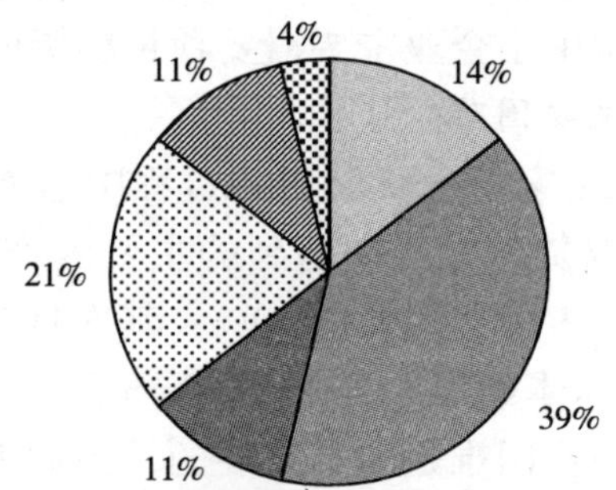

图 5-15 企业贷款过程中的主要困难

资料来源：科技型中小企业金融服务问卷调查。

4. 没有获取银行贷款的原因

问卷数据获取了20家企业获取贷款失败的原因，其中缺少抵押物是这些企业获取贷款失败的主要原因，占所选原因中的68%；其次是缺少第三方担保，占比为16%；有12%的原因被认为是没有政府的介入，如图5-16所示。科技型中小企业缺少可抵押物，这一点几乎是大家公认的难以获取银行贷款的最主要因素。

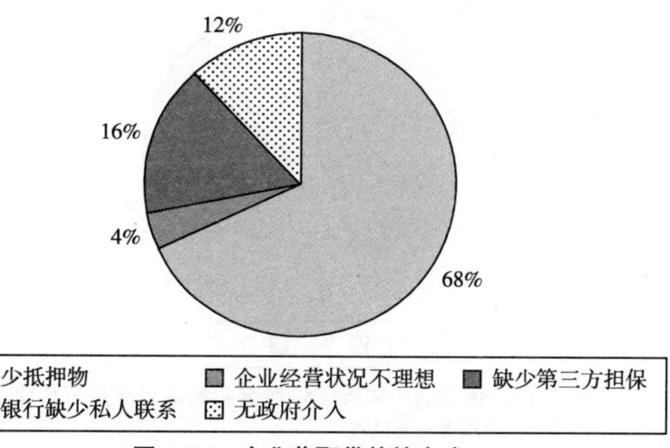

图5-16　企业获取贷款的方式

资料来源：科技型中小企业金融服务问卷调查。

5. 企业获取资金的费率

问卷获取了20家企业获取资金费率的数据，其中有13家企业显示获取资金的费率在10%以下，占所选企业的65%；然后是资金费率在10%~20%的企业是7家，没有高于20%的费率获取资金的企业，如表5-5所示。这与科技型中小企业主要获取资金的来源是银行有关，也与科技型中小企业经营状况有关，即利润、盈利或预期的盈利情况等不允许企业以这么高的成本来获取资金。

表5-5　企业获取资金的费率

10%及以下	10%~20%	20%~30%	30%~40%	40%以上
13	7	0	0	0

资料来源：科技型中小企业金融服务问卷调查。

6. 企业对银行信贷额度和利率水平的评价

问卷获取得了 18 家企业对于银行信贷额度和利率水平是否合理的评价数据，其中有 10 家企业认为是合理的，8 家企业认为不合理，如图 5-17 所示。该数据表明，科技型中小企业对于银行信贷额度和利率水平总体评价还是满意的。结合前面的数据，企业认为银行贷款的主要问题还是在没有抵押、手续烦琐等方面。

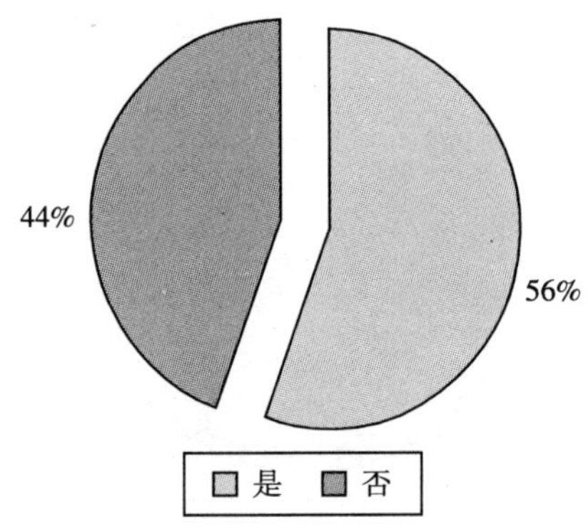

图 5-17　企业认为银行信贷额度和利率水平是否合理

资料来源：科技型中小企业金融服务问卷调查。

7. 企业获取资金的用途

问卷获取了 23 家企业获取资金用途的数据，其中有 7 家企业获取资金的主要用途是用于开发新项目或新产品研发，占所选用途第一排名中的 30%，是科技型中小企业资金使用用途中最常见的；第二常见的是日常资金周转和其他资金使用用途，分别有 4 家企业选择该项排为第一用途，都占所选用途第一排名中的 17%，如表 5-6 所示。该数据表明，科技型中小企业消耗资金的主要方向还是科技研发和创新，这是由科技型中小企业性质所决定的，这一点印证了第三章中的相关理论分析。

8. 没有进行融资的原因

问卷获取了 25 家企业没有进行融资活动的相关原因的数据，这里需要说明的是，没有融资活动指的是在近年来的某些年份没有进行融资，而不是企业从来没有进行过融资，因此这组数据与前文提到的进行了融资的企业数据并不矛盾。数据显示，企业没有进行融资的主要原因是贷款费用高、审批时间长、手续复杂等。在 25 家企业中，有 17 家企业认为这是主

表 5-6　企业获取资金的用途（排序）

困难度排序	资金临时或日常性周转	购买原材料/货物	购置生产工具	改善经营环境	公司经营支出	扩大经营规模	开发新项目或新产品研发	其他（请注明）
第一	4	2	1	0	2	3	7	4
第二	1	5	1	0	3	5	2	2
第三	5	1	3	2	1	3	1	2
第四	1	0	0	2	4	2	0	1
第五	1	0	2	0	0	0	0	0
第六	0	1	0	2	0	0	0	0
第七	1	0	1	0	0	0	0	0
困难度排序	资金临时或日常性周转	购买原材料/货物	购置生产工具	改善经营环境	公司经营支出	扩大经营规模	开发新项目或新产品研发	其他（请注明）
第一	17.4%	8.7%	4.3%	0	8.7%	13.0%	30.4%	17.4%
第二	4.3%	21.7%	4.3%	0	13.0%	21.7%	8.7%	8.7%
第三	21.7%	4.3%	13.0%	8.7%	4.3%	13.0%	4.3%	8.7%
第四	4.3%	0	0	8.7%	17.4%	8.7%	0	4.3%
第五	4.3%	0	8.7%	0	0	0	0	0
第六	0	4.3%	0	8.7%	0	0	0	0
第七	4.3%	0	4.3%	0	0	0	0	0

资料来源：科技型中小企业金融服务问卷调查。

要问题，占所有原因的比例是35%；认为资金充足、认为企业自身资产和盈利状况难以获得贷款、不了解各种融资途径和方法和不了解相关政策规定是主要原因的企业分别有9家、8家、6家和8家，比例分别为19%、16%、12%和16%；剩下的2%指的是企业认为其一直处于研发中，还不可能得到资金支持，如图5-18所示。

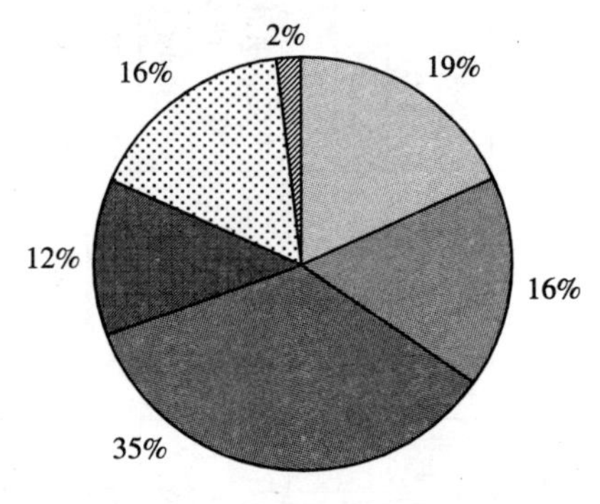

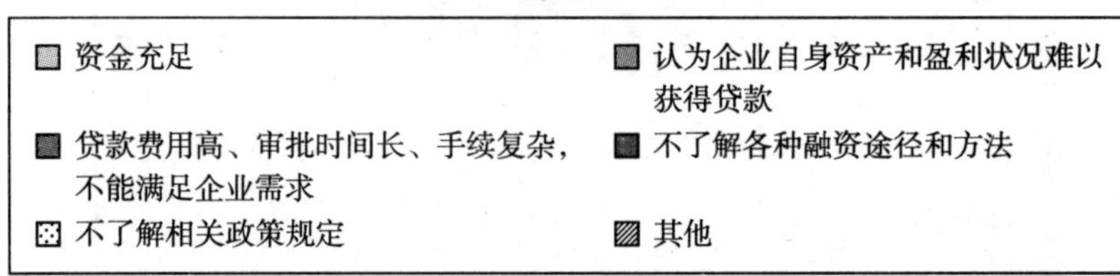

图5-18 企业没有进行融资活动的原因

资料来源：科技型中小企业金融服务问卷调查。

三、企业金融服务需求情况

本小节将要介绍的是问卷中所反映的科技型中小企业需要的金融服务情况，这也是从需求方来看待我国支持科技型中小企业金融服务所需要改善的方向。

1. 企业资金需求量

问卷获取了25家企业年均资金需求量的数据，相对自身较小的规模来说，科技型中小企业对于资金的需求量并不小。企业每年对于资金的需求额在20万元及以下、20万~50万元、50万~100万元、100万~500万元、500万~1000万元和1000万元以上的企业分别为0家、1家、2家、9家、5家和8家，占比为0、4%、8%、36%、20%和32%，如图5-19所

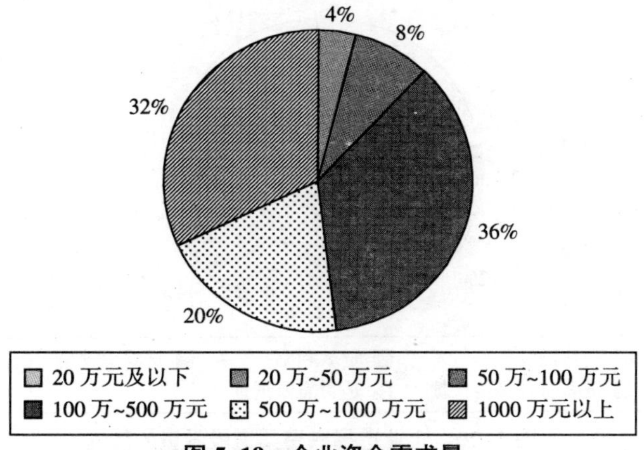

图 5-19 企业资金需求量

资料来源：科技型中小企业金融服务问卷调查。

示。企业的资金需求量与企业的发展战略、发展所处的阶段等都有关系，但是总的来说，科技型中小企业对于资金的需求相对是较多的。

2. 企业选择融资渠道最看重的因素

问卷获取了 25 家企业选择融资渠道最看重因素的数据，该问题可以并列多选。企业选择融资渠道最看重的因素依次为：贷款利率、是否需要抵押、贷款额度、贷款手续是否简便和贷款时效是否快捷，分别占比为 44%、22%、15%、12%和 7%，如图 5-20 所示。可以看出，科技型中小企业在获取贷款时，最看重的是资金的成本。这说明尽管科技型中小企业预期是高增长的，但对于资金成本的可承受度也是相当有限的。

3. 企业希望和能承受的融资成本

问卷获取了 19 家企业希望和能承受的融资成本的数据，企业希望的贷款费率的均值为 6.6%，能承受费率的均值为 10.2%，如表 5-7 所示；企业希望的贷款费率和能承受费率的方差并不很大，反映各科技型中小企业希望的贷款费率和能承受费率还比较集中；但是希望的贷款费率和能承受费率的最高值和最低值之间差距巨大，说明了科技型中小企业间差异巨大。在这种情况下，只关注大多数企业或只看总体情况，而不分析科技型中小企业金融服务需求的结构，是不能够很好地将金融资源合理配置的。

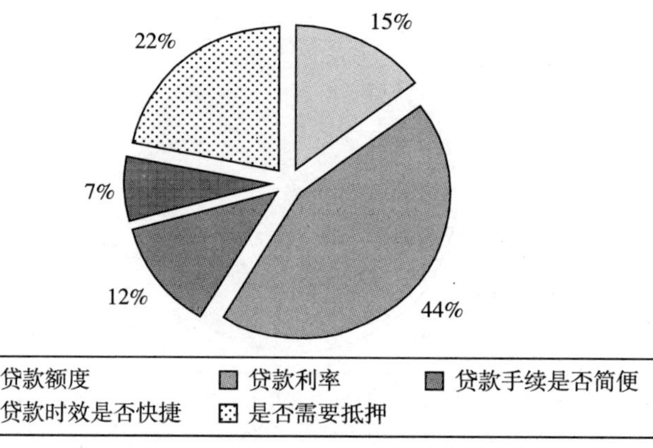

图 5-20　企业选择融资渠道最看重的因素

资料来源：科技型中小企业金融服务问卷调查。

表 5-7　企业希望和能承受的融资成本

企业序号	希望贷款费率（%）	能承受的最高费率（%）	统计结果（%）	
1	7.00	9.00	希望费率均值	6.64
2	4.00	5.00	能承受费率均值	10.23
3	10.00	20.00	希望费率方差	0.04
4	5.00	7.80	能承受费率方差	0.18
5	7.00	12.00	希望费率最高值	10.00
6	10.00	15.00	能承受费率最高值	20.00
7	8.00	12.00	希望费率最低值	3.00
8	5.00	5.00	能承受费率最低值	5.00
9	6.00	8.00		
10	7.00	10.00		
11	7.20	9.50		
12	3.00	12.00		
13	5.00	10.00		
14	6.00	7.00		
15	7.00	8.00		
16	7.00	8.00		
17	6.00	8.00		
18	10.00	20.00		
19	6.00	8.00		

资料来源：科技型中小企业金融服务问卷调查。

4. 企业资金需求周期

问卷获取了23家企业资金需求的数据，企业主要希望的资金周期集中在半年至3年。

具体来看，希望资金支持周期为3个月及以下、3个月至半年、半年至1年、1~3年、3年以上的企业分别有0家、3家、8家、11家和1家，占比分别为0%、13%、35%、48%和4%，如图5-21所示。科技型中小企业希望资金支持周期与资金使用用途和企业自身的生命周期都有密切关系。从数据上来看，企业主要的需求是中期的资金需求，这与前文中主要用于研发的资金使用用途是相对应的。

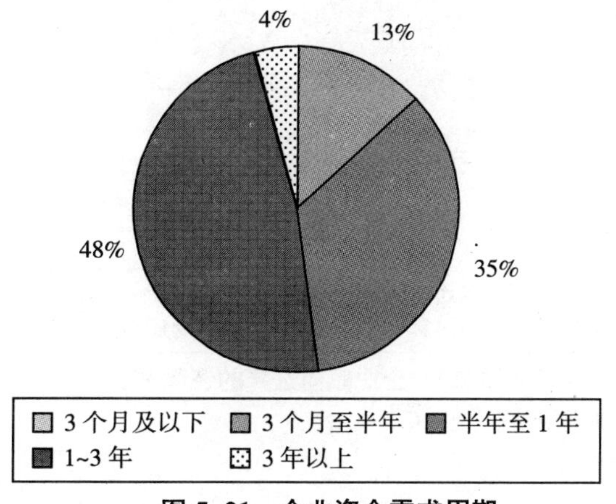

图5-21　企业资金需求周期

资料来源：科技型中小企业金融服务问卷调查。

5. 企业倾向选择的还款方式

问卷获取了24家企业倾向选择的还款方式的数据，企业选择最多的是分期付息到期一次还本的方式，共有10家企业选择了这种方式，占比为42%。选择到期一次还本付息、分期还本付息和预付息到期还本的企业分别是6家、6家和2家，占比分别为25%、25%和8%，如图5-22所示。根据数据显示，可以看出科技型中小企业都希望将资金本金尽量留存在企业内部，这也从一个侧面说明获取资金支持对于科技型中小企业的意义。

6. 企业需要资金时的选择倾向

问卷获取了25家企业需要资金时的选择倾向顺序的数据，希望选择我国四大商业银行的企业最多，有11家企业，占比为44%；企业的选择主要集中在四大国有银行、股份制银行和城市商业银行（含城市信用社），民间金融机构、当地的小额贷款公司和农村信用社也是可选择的对象，但是选择企业的较少，而且排位也较低，如表5-8所示。根据数据显示，科技型中小企业都希望从我国的四大商业银行获取资金，而从民间金融体系和地方金融机构获取意愿较低。但前文显示，科技型中小企业获取资金的主要机构在于除四大银行外的商业银行。显然，科技型中小企业能够获取的资金的现实情况与它们自身的希望差距较大。

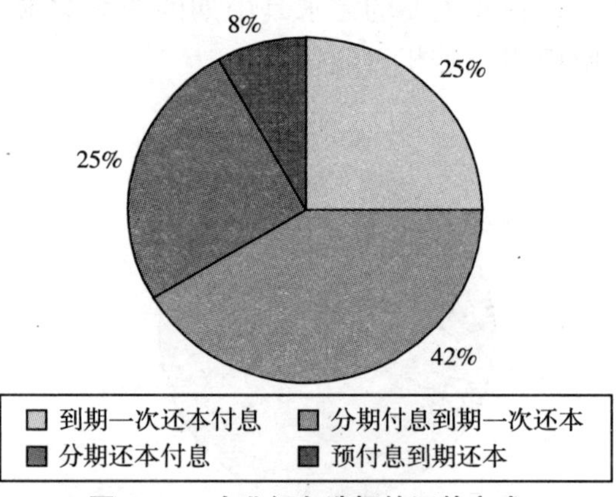

图5-22 企业倾向选择的还款方式

资料来源：科技型中小企业金融服务问卷调查。

四、小结

本节涉及的内容较多，主要反映了现实中科技型中小企业的财务状况、获取金融服务的状况和其对金融服务需求的状况。从上文的介绍和分析中，可以发现科技型中小企业现实中获取金融服务的情况和其对于金融服务的需求有较大的差距，这反映了缺失合意的金融服务的确是科技型中小企业面临的重要问题，也是普遍问题。这与本书前面章节的理论判断和学术界普遍认识是一致的，可以说学术界对科技型中小企业金融服务现状和问题的认识是基本准确的。多方面原因造成了这样的问题，从科技型中小企业的角度来看，它们自身认为成本高、无抵押物等是主要原因。除这些原因外，还有包括金融服务体系、政府支出体系等大环境的原因。因此，下一节中就将介绍和分析科技型中小企业对于金融服务环境的评价和看法。

表 5-8　企业需要资金时的选择倾向顺序

选择排序	四大国有银行	股份制银行	城市商业银行（含城市信用社）	农村信用社	亲戚朋友	民间金融机构	当地的小额贷款公司	同业拆借	向上游企业申请延期付款	催缴下游企业的应收账款
第一	11	4	4	0	0	0	0	0	2	4
第二	0	11	5	0	0	0	2	0	1	0
第三	2	3	6	2	1	0	1	1	0	1
第四	0	0	0	3	0	0	0	1	1	1
第五	0	0	0	0	0	1	1	0	3	1
第六	0	0	0	0	0	0	0	1	1	1
第七	1	0	0	0	0	0	0	0	0	1
第八	0	0	0	0	1	0	0	0	0	0
第九	0	0	0	0	0	0	0	0	1	0
第十	0	0	0	0	0	0	0	0	0	1
选择排序	四大国有银行	股份制银行	城市商业银行（含城市信用社）	农村信用社	亲戚朋友	民间金融机构	当地的小额贷款公司	同业拆借	向上游企业申请延期付款	催缴下游企业的应收账款
第一	44.00%	16.00%	16.00%	0	0	0	0	0	8.00%	16.00%
第二	0	44.00%	20.00%	0	0	0	8.00%	0	4.00%	0
第三	8.00%	12.00%	24.00%	8.00%	4.00%	0	4.00%	4.00%	0	4.00%
第四	0	0	0	12.00%	0	0	0	4.00%	4.00%	4.00%
第五	0	0	0	0	0	4.00%	4.00%	0	12.00%	4.00%
第六	0	0	0	0	0	0	0	4.00%	4.00%	4.00%
第七	4.00%	0	0	0	0	0	0	0	0	4.00%
第八	0	0	0	0	0	0	0	0	0	0
第九	0	0	0	0	0	0	0	0	4.00%	0
第十	0	0	0	0	0	0	0	0	0	4.00%

资料来源：科技型中小企业金融服务问卷调查。

第三节　企业对于金融服务环境的评价

本节将介绍问卷中企业对于金融服务状况及环境的评价，并介绍对金融服务环境的评价、信用环境的评价、担保状况的评价和政策环境的评价4个部分，这些信息将有利于我们认识和把握如何提高科技型中小企业金融服务的方向。

一、金融服务环境

从广义的金融服务的概念来讲，其涉及保险、担保和信用评价等内容，但是本小节关注的仅限于直接获取资金的方面，其他因素将在别的小节中介绍。

1. 改善金融服务的决定因素

问卷获取了30家企业认为改善金融服务的决定因素的数据，企业关注的焦点集中在政府、银行和信用担保上，如表5-9所示。21家企业认为政府在改善金融服务中的作用是第一位的，占比为70%；30家企业中，有28家都提及了政府的作用，而有26家提到了需要银行发挥作用，有17家都提到信用担保机构的作用，有5家提及民间融资渠道，另外1家选择其他指的是风险投资。根据数据显示，科技型中小企业绝大部分都将希望寄托在了政府的身上，认为需要政府发挥相应作用。这从企业需求的角度印证了本书第三章的理论分析，说明了政府发挥作用的必要性。另一个被企业认为很重要的体系是银行，这与我国现在科技型中小企业主要从银行获取资金直接相关。关注信用担保则从另一个侧面说明了科技型中小企业的特征，没有充足的抵押物，所以相比于其他企业，更需要信用担保体系的完善。这与学术界十分强调风险投资的重要性不同，科技型中小企业对于风险投资认同不大，笔者认为部分原因是我国风投行业的规模较小、发展相对滞后，科技型中小企业对其了解有限。

2. 融资困难主要责任方

问卷获取了29家企业认为融资困难的主要责任方的数据，企业认为

主要是金融机构和政府部门的原因造成了科技型中小企业融资难问题。认为金融机构、科技型中小企业自身、政府部门和社会化服务机构是主要原因的比例分别为41%、19%、31%和9%，如图5-23所示。与科技型中小企业绝大部分都将改善金融服务状况的希望寄托在了政府的身上不同，企业认为融资难的主要责任方在于金融机构。结合"希望在政府、主要责任方在金融机构"的判断，可以从侧面证明本书第三章中从理论角度指出金融服务自身无法很好地服务科技型中小企业，因而需要政府介入的判断是基本符合实际的。

表5-9　企业认为改善金融服务的决定因素（排序）

选择排序	政府	银行	信用担保机构	民间借贷公司	其他
第一	21	6	1	1	1
第二	4	16	6	0	0
第三	1	3	10	1	0
第四	2	1	0	2	0
第五	0	0	0	1	0

选择排序	政府	银行	信用担保机构	民间借贷公司	其他
第一	70.00%	20.00%	3.33%	3.33%	3.33%
第二	13.33%	53.33%	20.00%	0	0
第三	3.33%	10.00%	33.33%	3.33%	0
第四	6.67%	3.33%	0	6.67%	0
第五	0	0	0	3.33%	0

资料来源：科技型中小企业金融服务问卷调查。

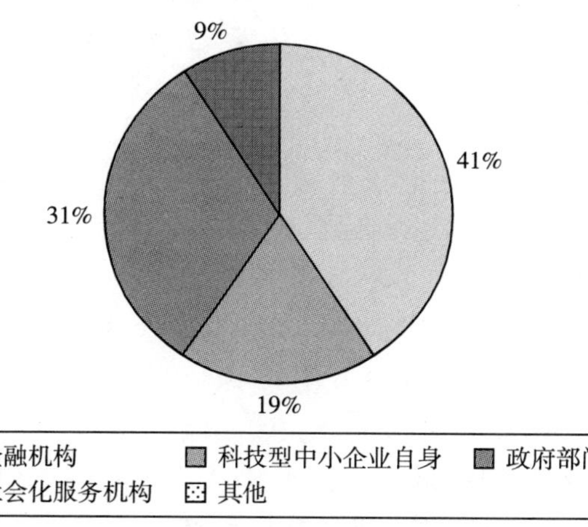

图5-23　企业认为融资困难的主要责任方

资料来源：科技型中小企业金融服务问卷调查。

科技型中小企业认为金融机构应该是造成其融资困难的主要责任方，下面需要进一步判断金融机构存在哪些方面的问题。

3. 金融机构方面存在的主要问题

问卷获取了29家企业认为金融机构方面存在的主要问题的数据，企业认为金融机构主要存在贷款利率过高、手续烦琐、金融产品少和对于科技型中小企业不信任的问题。认为贷款利率过高、服务作风差、办事手续烦琐、金融产品少、信息不透明、忽视中小企业和对科技型中小企业不信任是主要问题的比例分别为21%、5%、19%、19%、5%、12%和19%，如图5-24所示。

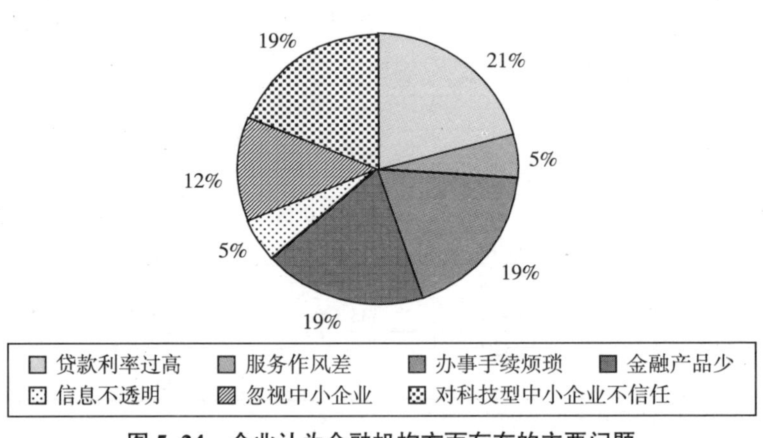

图5-24　企业认为金融机构方面存在的主要问题

资料来源：科技型中小企业金融服务问卷调查。

4. 金融产品评价

问卷获取了28家企业对于金融机构开发针对科技型中小企业金融产品的评价的数据，绝大多数企业都认为金融机构在这方面做得不足。具体来看，没有企业认为金融机构针对科技型中小企业金融产品做得很好；认为较好、一般、较差、很差和根本就没有关注和开发的企业分别有5家、7家、4家、1家和6家，分别占比为18%、25%、14%、4%和21%；还有5家企业表示不清楚相关情况，如图5-25所示。

相比于大企业，科技型中小企业需要专门的金融服务产品是较少的。除了金融产品方面的问题外，科技型中小企业与大企业相比还有哪些问题呢？下面专门介绍和分析。

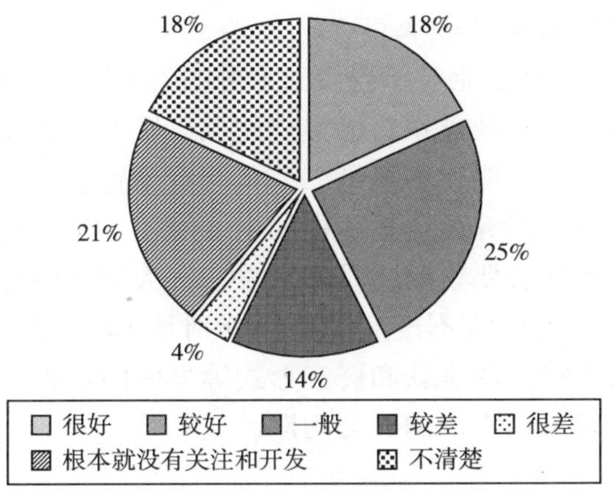

图 5-25 针对科技型中小企业金融产品的评价

资料来源：科技型中小企业金融服务问卷调查。

5. 竞争时遇到不公平因素

问卷获取了 26 家企业对于与国有企业、大型垄断性企业、外资企业竞争时遇到不公平因素的评价数据，企业反映的问题主要集中在融资和项目投资、政府采购方面。具体来看，认为银行融资不公平的企业有 19 家，是所调查企业数的一半多，如图 5-26 所示。从这个侧面也再次证实了科技型中小企业面临的主要问题是缺失合意的金融服务的问题。认为项目投资、政府采购等不公平的企业有 18 家，恰好占了所调查企业数的一半。

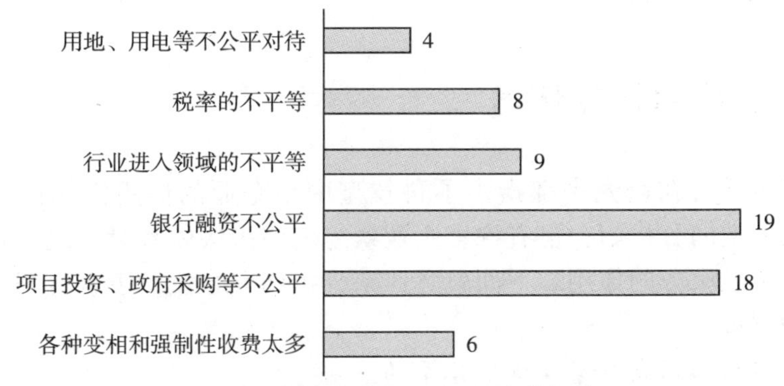

图 5-26 竞争时遇到不公平因素的评价

资料来源：科技型中小企业金融服务问卷调查。

6. 融资过程中的主要困难

问卷获取了 25 家企业对于融资过程中的主要困难的评价数据，企业反映的问题主要集中在缺乏银行愿接受的抵、质押资产和缺乏政策或政策不配套方面。这里要说明，本章第二节是对有关企业在贷款过程中的主要困难调查，而这里是研究融资过程中的主要问题，所以设计选项的侧重点不同，评价范围比前者要广泛。具体来看，认为缺乏银行愿接受的抵、质押资产和缺乏政策或政策不配套的企业分别是 14 家和 10 家，如图 5-27 所示。这与前文中涉及的贷款和资产形式等方面的调查显示一致，科技型中小企业存在缺乏抵押资产的显著问题。

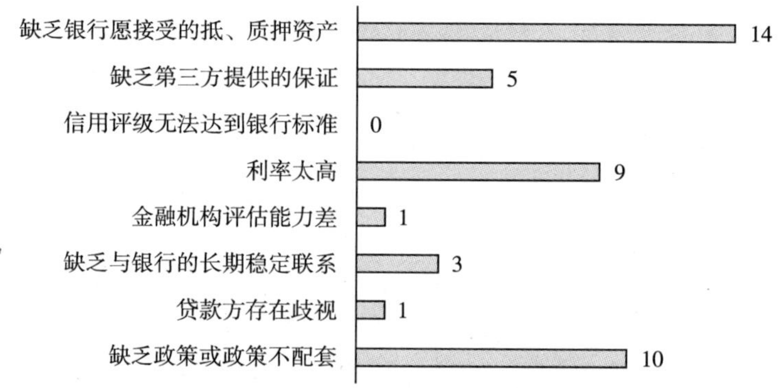

图 5-27　企业融资过程中的主要困难

资料来源：科技型中小企业金融服务问卷调查。

二、信用担保环境

许多学者在研究中都指出了科技型中小企业的信用担保体系的重要性。在上文的分析中，也有许多企业认为信用担保体系对于改善科技型中小企业金融服务的作用。下面就具体来分析调查企业对于金融服务的信息环境的评价。

1. 对信用信息征集与评价体系的看法

问卷获取了 28 家企业对于信用信息征集与评价体系的看法的数据，令人惊讶的是，企业认为非常有用和不清楚是否有用的比重是最高的。认为信用信息征集与评价体系非常有用的企业有 12 家，占比为 43%；表示

没有用处的仅 1 家，占比为 3%；认为作用一般的有 5 家，占比 18%；但是不清楚其作用的有 10 家之多，占比为 36%，如图 5-28 所示。

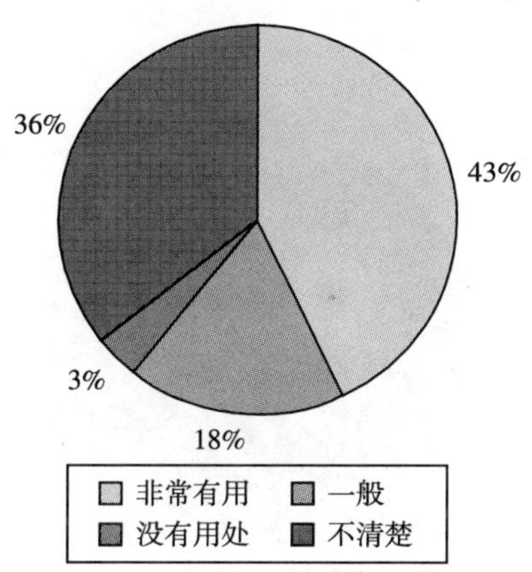

图 5-28　企业对信用信息征集与评价体系的看法

资料来源：科技型中小企业金融服务问卷调查。

2. 建立中小企业信用担保体系的情况

问卷获取了 27 家企业对于企业所在地是否建立中小企业信用担保体系情况的数据，对于这一问题回答最多的是这些企业很不清楚企业所在地是否建立中小企业信用担保体系的相关情况。对于企业所在地建立中小企业信用担保体系的相关情况，回答不清楚的企业有 17 家，占比为 63%；回答已经建立的是 5 家，占比 19%，而回答没有建立的是 3 家，占比 11%；回答正在建立的是 2 家，占比为 7%，如图 5-29 所示。由于被调查企业均来自于武汉和成都，区域相对集中，所以回答建立和没有建立的应该是基本一致的。但是，各企业的回答差别较大。当然这与企业所处的行业有关，但是更多地反映的是企业对于这一情况的不了解。

3. 建立中小企业信用信息征集与评价体系的情况

问卷获取了 25 家企业对于企业所在地是否建立中小企业信用信息征集与评价体系的数据，同样对于这一问题回答最多的是不清楚当地是否建立了中小企业信用信息征集与评价体系的相关情况。对于企业所在地建立中小企业信用信息征集与评价体系的相关情况，回答不清楚的企业有 16 家，占比为 64%；回答已经建立的是 3 家，占比 12%，而回答没有建立的是3家，占比12%；回答正在建的是3家，占比为12%，如图5-30所示。基于上小节同样的原因，数据反映科技型中小企业的确对于地方的相关服务体系不甚了解。

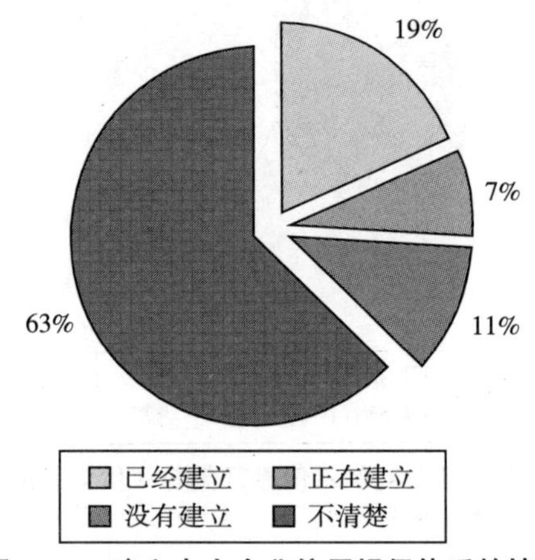

图5-29 建立中小企业信用担保体系的情况

资料来源：科技型中小企业金融服务问卷调查。

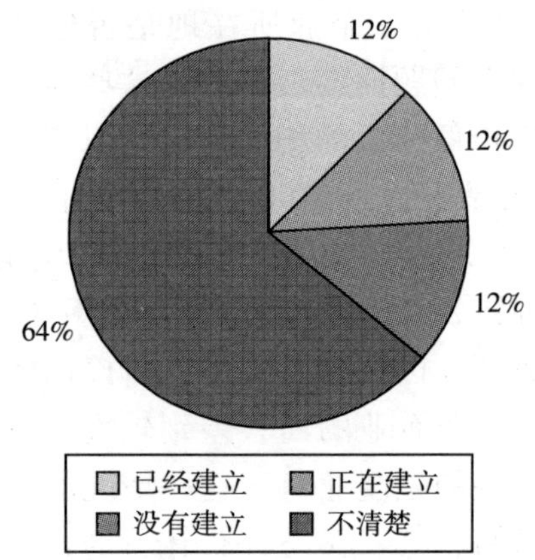

图5-30 建立中小企业信用信息征集与评价体系的情况

资料来源：科技型中小企业金融服务问卷调查。

4. 担保公司的评价

问卷获取了30家企业对于担保公司的评价的数据，大多数企业对担保公司都给予了正面评价。对于担保公司的评价，认为它们是中小型企业融资的助推器、高利润的投资行业、政府控制金融市场的手段和分担金融风险的渠道的企业分别是 12 家、9 家、2 家和 7 家，占比分别为 40%、30%、7%和 23%，如图 5-31 所示。总体上说，科技型中小企业对于担保公司的作用给予了肯定。

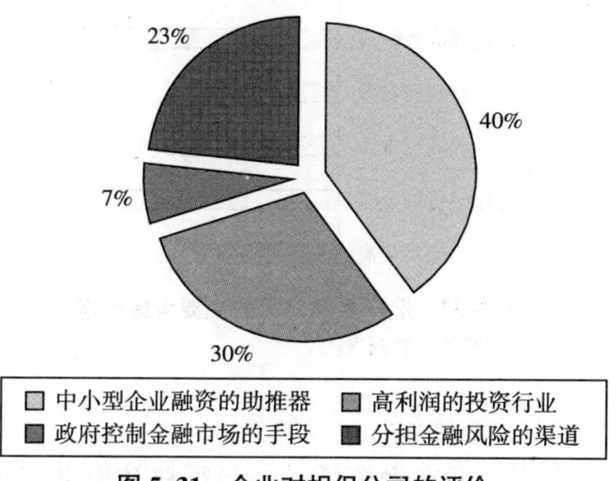

图 5-31 企业对担保公司的评价

资料来源：科技型中小企业金融服务问卷调查。

5. 选择担保公司的主要考虑因素

问卷获取了 28 家企业对于选择担保公司的主要考虑因素的数据，大多数企业选择担保公司主要考虑成本问题。对于选择担保公司的主要考虑因素，选择保费较低的企业有 14 家，而选择申请容易的是 11 家，如图 5-32 所示。数据表明，科技型中小企业选择担保公司主要还是考虑费用成本、便捷程度和担保获取资金的成功率，而不是许多学者认为的需要政府参与。

三、政府作用和政策环境评价

无论是基于我国实际情况的分析还是参考国际上主要经济体的做法，政府的作用和政策的环境对于科技型中小企业获取金融服务都是至关重要的，下面将介绍企业对于现在政府的作用和现行政策环境的评价，并展开简要分析。

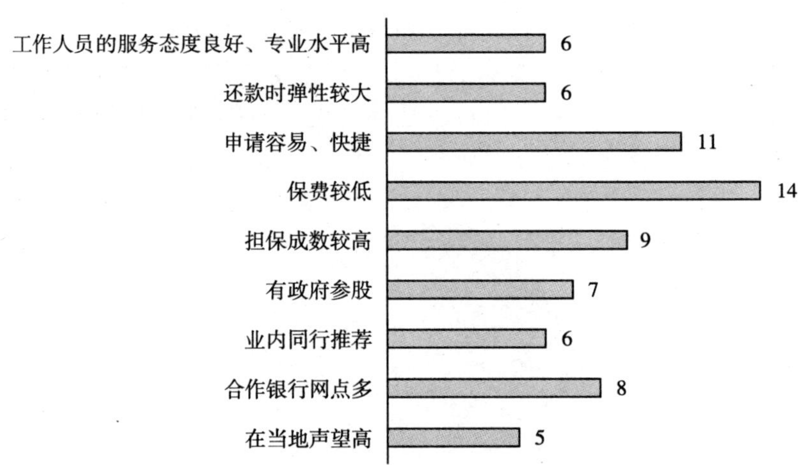

图 5-32 选择担保公司的主要考虑因素

资料来源：科技型中小企业金融服务问卷调查。

1. 政府部门发生关系情况

问卷获取了 26 家企业在融资活动中与哪些政府部门来往最多的相关信息，大部分企业主要来往的部门是科技管理部门。选择在融资活动中与科技管理政府部门来往最多的有 16 家企业，这显示了科技型中小企业融资活动更多体现的是科技型融资的特性，而不仅仅是中小企业融资的问题，如图 5-33 所示。

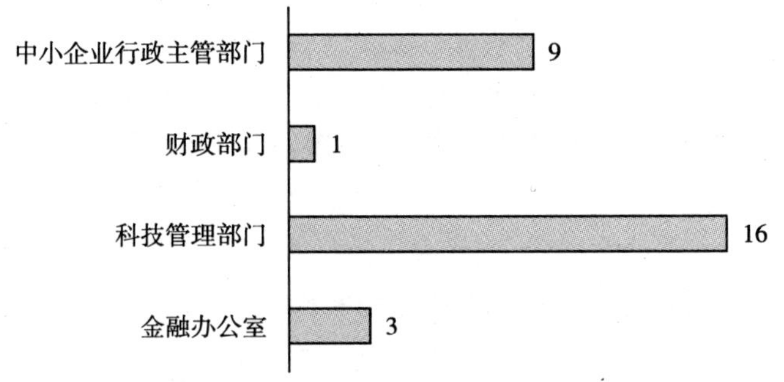

图 5-33 融资活动中来往最多的政府部门

资料来源：科技型中小企业金融服务问卷调查。

2. 政府在融资活动中的作用

问卷获取了 26 家企业在融资活动中对于政府作用评价的相关信息，

所有被调查企业都认为政府在其中是发挥作用的。具体来看，认为有一定作用的占大多数，选择该项的企业有 18 家，占比为 69%；选择是不可或缺作用的有 8 家企业，占比为 31%，如图 5-34 所示。从数据显示和综合分析来看，在科技型中小企业融资过程中，政府发挥相应的作用是被一致肯定的，只是企业主要看法是政府并不起决定性作用。这一看法是比较符合建设服务性政府需要的，即发挥相关服务功能，但不决定和影响市场的基本功能。

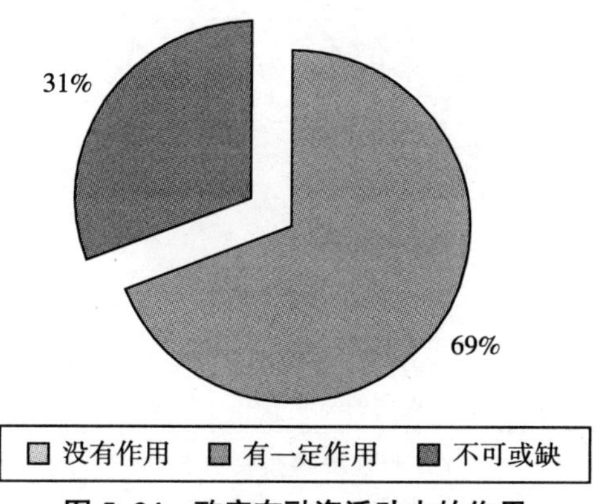

图 5-34 政府在融资活动中的作用

资料来源：科技型中小企业金融服务问卷调查。

3. 政府发挥作用的方面

问卷获取了 29 家企业认为地方政府在不同融资方式中发挥的作用的相关信息，绝大多数被调查企业都认为政府在给企业提供创业基金或扶持基金方面作用巨大，如图 5-35 所示。从理论上说，政府在具体融资活动中发挥作用应该仅限于给企业提供创业基金或扶持基金方面，而不应该过多地干预市场上的商业机构给予科技型中小企业的金融服务。数据反映情况也说明这方面政府没有超出应有界限。

4. 对于政策了解和受惠情况

问卷获取了 26 家企业对政府政策的了解情况的相关信息，绝大多数被调查企业都对政府政策较为了解和部分了解，如图 5-36 所示。具体来说，有 13 家企业表示政府的政策给企业带来了显著的优惠，这其中获利的方面包括了解市场融资产品、参与集合贷、获得科技创新基金补贴、获取人才补贴、获取 YBC 小额贷款、得到初创企业资金支持、房租补贴、税负减免、鼓励成长条款、鼓励上市条款、通过商标权质押取得贷款、政府贴息等受惠。有6家企业表示，尽管了解国家的相关政策，但是还没有体会到实际的优惠。这6家企业的情况主要是由于自身所处的发展阶段，还没有涉及需要获取政府政策优惠的阶段。从这一情况看，政府的优惠政策对于改善科技型中小企业金融服务问题是有实际效果的。

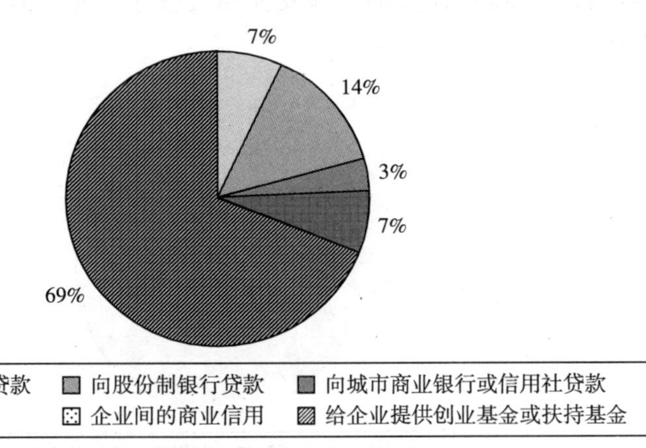

图 5-35 地方政府在哪种投资方式中发挥的作用大

资料来源：科技型中小企业金融服务问卷调查。

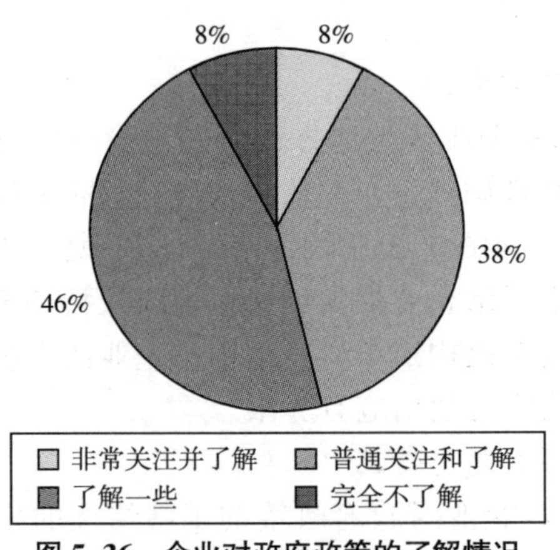

图 5-36 企业对政府政策的了解情况

资料来源：科技型中小企业金融服务问卷调查。

5. 政府的政策有效性

问卷获取了25家企业对政府出台的解决中小企业融资难政策是否有

效的评价信息，大多数被调查企业的选择是不清楚，如图 5-37 所示。选择明确认为没有作用的企业仅有 1 家，选择肯定有效的企业有 11 家，大多数的企业处于不清楚状态。具体分析来看，选择有效的企业主要是上一小节中所述的 13 家企业中的部分企业；不清楚的主要是了解政策，但还没有得到政策优惠的企业。当然，由于资源有限，不是所有企业都能够得到政策的实际好处。但是这并不意味着政策没有效果，对于此政策的评价主要需要依靠宏观整体情况来判断。

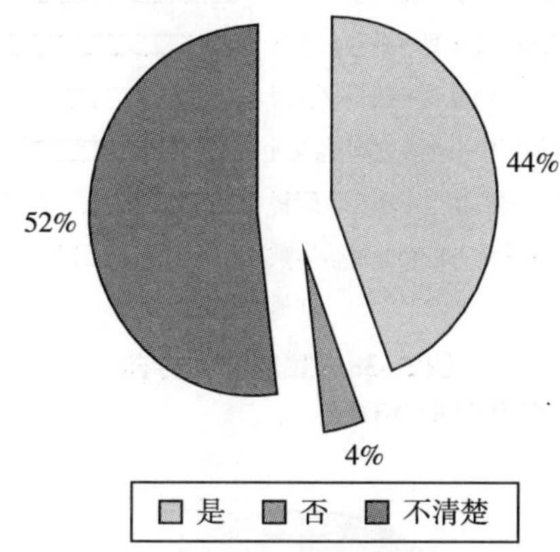

图 5-37　对政府政策有效性的评价

资料来源：科技型中小企业金融服务问卷调查。

6. 政府努力方向

问卷获取了 26 家企业对政府今后应该努力的方向的看法的信息，被调查企业认为政府努力方向主要集中在建立和完善科技型中小金融机构体系、鼓励金融机构开发针对科技型中小企业的金融产品、加快发展科技型中小企业资本市场和加强政府与科技型中小企业之间的沟通这 4 方面，如图 5-38 所示。其中，其他指的是对合同能源能量身定做相关金融产品和资本利率要市场化。

7. 需要政府急需解决的问题

问卷获取了 21 家企业对需要政府急需解决的问题的信息，被调查企业认为政府急需要做的是利用政策引导金融机构更多地向科技型中小企业贷款和加快发展科技型中小企业资本市场，如图 5-39 所示。结合政府努力方向中科技型中小企业对于政府未来努力方向的期待来看，显然大多数企业都认为，解决科技型中小企业金融服务的问题从长期和根本来看需要从金融体系着手，但是燃眉之急还是需要依靠银行的贷款。对于政府选择政策着力点来看，需要考虑长期和短期目标的关系，对根治还是缓解病情作出权衡。

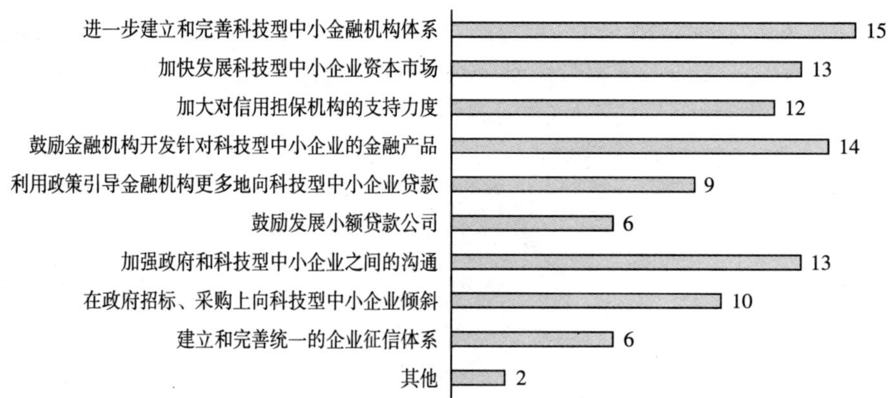

图 5-38 政府努力方向

资料来源：科技型中小企业金融服务问卷调查。

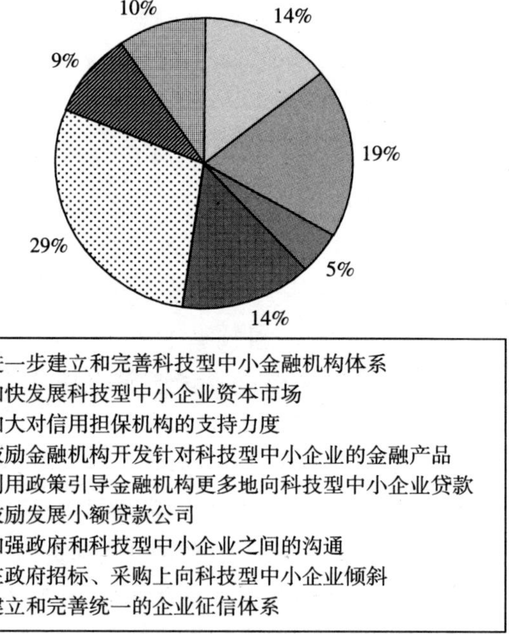

图 5-39 需要政府急需解决的问题

资料来源：科技型中小企业金融服务问卷调查。

8. 关注政策的领域

问卷获取了26家企业所关心的政府对中小企业扶持的基金项目的领域的相关信息，被调查企业的关注点主要集中在科技创新、科技成果转化和产业化资金方面，如图5-40所示。这充分说明了科技型中小企业最为关注的还是与科技创新项目相关的内容；关注的第二位是政府贴息方面的内容，这直接关系到获取金融服务的成本；第三位是产业技术进步资金和中小企业发展资金，基于科技创新方面和企业规模方面的考虑。从数据显示来看，科技型中小企业关注的获取政府资金支持的方面主要集中在科技创新领域，而对于中小规模方面的特征关注较少。

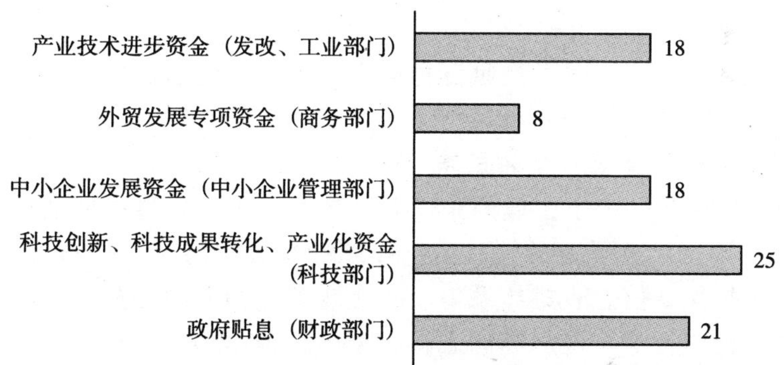

图5-40　企业关注政策的领域

资料来源：科技型中小企业金融服务问卷调查。

四、小结

本小节主要介绍了科技型中小企业对于现行政策支持情况和政府发挥相应作用情况的评价，并介绍了科技型中小企业对于政府和政策提出的希望和建议。总的来说，科技型中小企业都充分肯定了政府在改善科技型中小企业金融服务难题上的作用，但它们主要认为问题出现在金融体系。因此，从长远来看，企业希望政府能够发挥作用来构建一个完善的、能够为科技型中小企业提供服务的金融体系。在短期内，基于银行在我国科技型中小企业金融服务体系中的重要作用，企业希望政府能够有所作为，让银行贷款能够倾向于科技型中小企业。

本章总结

本章基于“科技型中小企业金融服务问卷调查”的数据，从科技型中小企业的视角，分析了当前我国科技型中小企业的基本情况、面对的金融服务状况和其对于现行金融服务环境评价的主要情况。总结调查数据的信息，可以得出以下关键观点：

（1）科技型中小企业具有自身规模小、资产形式以无形资产为主等主要特征。

（2）由于科技型中小企业自身和金融机构的问题，科技型中小企业在获取金融服务时，遭遇到抵押物不足、费用高等问题，从而导致科技型中小企业难以获取合意的金融服务。

（3）从科技型中小企业的角度看，政府对于改善科技型中小企业金融服务的作用是十分重要的，其发挥作用的主要方向应该是构建金融体系，包括信用担保、信息收集体系等。要缓解现在的金融服务缺少的问题，最紧急的是让银行贷款更加倾向于科技型中小企业。

另外需要注意的一点是，科技型中小企业对于金融服务需求主要是关于科技创新的项目方面，企业关注的政策也主要集中于科技创新支持方面，对于这一点的认识关系到对于破解科技型中小企业金融服务难题的政策取向。

第六章 科技型中小企业金融服务难题的原因分析和建议措施的有效性评价

府吏倪寻、李延共止，俱头痛身热，所苦正同。佗曰：“寻当下之，延当发汗。”或难其异，佗曰：“寻外实，延内实，故治之宜殊。”即各与药，明旦并起。

——《三国志·魏志·华佗传》

同是头痛身热，但是治疗方法不同，这就是名医华佗对症下药的办法。要做到对症下药，重要的是要知道何为根本病因。学界对于造成科技型中小企业金融服务难题——缺失合意的金融服务的原因分析的论述很多，不同的学者从不同的角度进行了阐述。但笔者认为最根本、最深层次的原因在于信息不对称，信息不对称衍生出了其他一系列的问题和原因。因此，对于科技型中小企业缺失合意的金融服务的原因分析，必须回到信息不对称的视角来展开，并且其他的一系列问题和原因都能从信息不对称的角度来进行统一解释和阐述。在对信息不对称的原因进行分析的基础上，我们便可以方便地来评述各种各样被提出来缓解或破解科技型中小企业金融服务难题的措施，分析其可能的实施效果。

本章将从科技型中小企业金融服务难题的表现开始展开简要介绍，然后分析科技型中小企业缺失合意的金融服务的原因，最后在此基础上评价各种改善科技型中小企业金融服务的建议措施。

第一节 科技型中小企业金融服务难题的表现

科技型中小企业缺失合意的金融服务这一核心问题具体的表现有哪些是本小节要介绍的内容。以上两章关于科技型中小企业金融服务现状的分析中都涉及了这些内容，在这里主要是对其进行总结，使大家对其认识更加清晰，同时也为了让本章的逻辑连贯。下面就展开介绍和进行简要评述。

一、获取金融服务内容和渠道单一

无论是从科技型中小企业金融服务体系的全局看，还是从科技型中小企业自身获取金融服务的情况看，科技型中小企业金融服务的难题表现之一就是科技型中小企业获取金融服务的内容和渠道都较为单一。

1. 内容单一

科技型中小企业获取金融服务的内容单一主要指的是科技型中小企业能够获取的服务和我国的金融服务体系能够提供的服务内容都主要集中在信贷服务上。从完整的科技型中小企业金融服务的内容看，它还应该包括保险、投资基金服务、信息咨询、资产信托管理等，但在我国金融市场发展滞后的情况下，保险、投资基金、信托担保等行业尚不足为其他类型的企业提供充足服务，更不要说为具有不确定性大等特征的科技型中小企业提供合意的金融服务了。

2. 渠道单一

科技型中小企业获取金融服务的渠道单一，不仅指科技型中小企业获取资金支持的方式主要是间接融资渠道——信贷，而缺乏直接的融资渠道，还包括科技型中小企业在获取信贷中更多地也是单一依靠商业银行，而不是多渠道地从小额贷款公司、信托基金、地方的中小金融机构等获取贷款。其中有金融服务体系发展不足的问题，也有科技型中小企业自身信息缺乏、自身选择倾向的问题。

金融服务的内容就较为单一，加上渠道选择的单一，科技型中小企业集中在一起竞争十分有限的金融服务资源造成很多企业缺失合意的金融服务，从总体看科技型中小企业群体缺失合意的金融服务的现象成为必然。

二、获取金融服务不足却成本较高

科技型中小企业缺失合意的金融服务本身指的就是两方面的意思，其中一方面主要指的是即使能够获取金融服务，也并未满足合意的情况，这主要体现在获取金融服务不足和获取成本偏高上。

1. 服务不足

科技型中小企业获取金融服务不足主要指两方面：一是绝对数量的不足；二是专业性上的不足。从数量不足看，一方面是得到贷款等服务的科技型中小企业普遍反映获取的资金数量不能满足企业的需求；另一方面是从全局看获取金融服务支持的科技型中小企业的数量不多，多数企业依靠的是自有资金和个人的信贷。从专业性不足看，一方面是科技型中小企业可以选择的适合其发展特点的金融产品较少，获取金融服务的企业也认为专业支持度不够，如因为缺乏专业知识，信用担保方面对于科技型中小企业评估较低；另一方面是从整体看，缺乏服务于科技型中小企业的专业机构，如我国缺少专营的科技银行。

2. 成本偏高

科技型中小企业获取金融服务成本偏高主要指的是两方面：一是就科技型中小企业自身的承受能力来讲，企业在获取贷款和担保中的费率较高是科技型中小企业普遍反映的一个问题，许多企业表示费率过高是导致获取金融服务失败的主要原因。二是相对于规模较大或者其传统行业的企业来说，科技型中小企业获取金融服务的成本要高于它们。当然，完全可能是市场机制发挥作用造成这一现象，因为科技型中小企业本身风险大、资源有限。但是无论原因如何，这一现实情况是真实存在的。

三、遭遇歧视与需要政府发挥作用

科技型中小企业在获取金融服务过程中，相比于其他类型的企业和其他规模的企业，会遭遇更多的难题，因而更需要政府发挥相应的作用，才有可能获取金融服务。从这个角度说，遭遇歧视和需要政府发挥作用是一个硬币的两面。

1. 遭遇歧视

科技型中小企业在获取金融服务时遭遇歧视指的是，相比于其他企业，科技型中小企业在同样的金融机构获取服务时被考虑的顺位较低，很多情况下是优先满足了其他企业后，才为科技型中小企业提供服务；或者是在提供相同的服务时，对于科技型中小企业要求的条件或成本更高。有的学者甚至认为科技型中小企业遭遇的不是歧视，而是漠视，即不考虑为其提供服务。这里不涉及规范分析，仅仅是实证研究，说明存在这样的问题，并没有认为“这样是不对的”的价值判断。因为出现这样的问题，完全可能是金融服务机构基于自身利益的合理市场行为。

2. 政府发挥重要作用

在科技型中小企业获取金融服务的过程中，政府相关部门发挥了重要作用，政府部门的支持与否影响到了企业获取金融服务的难易，甚至成败。在知识产业质押贷款方面，科技部门、知识产权管理部门的支持和推动对于科技型中小企业最终获取贷款影响很大，没有政府支持就不能取得，即使取得数额也相当不足。在集合票据、集合贷款等方面，政府的审查至关重要。在科技保险领域也是同样的情况，没有政府的贴息等支持，这项工作很难开展。这里指出政府在科技型中小企业获取金融服务方面，发挥了重要作用甚至是决定性作用，并不是要说政府参与不好，或者是说政府介入必然扭曲市场。笔者没有在此进行价值判断，而仅仅是分析说明“是什么的问题”，即指出一个显著的事实：如果没有政府支持，科技型中小企业较难获取合意的金融服务。这是科技型中小企业缺失合意的金融服务的一个重要表现，从一个方面说明了市场对于科技型中小企业金融服务的提供并不那么充足，没有形成一个有效的市场。

四、小结

科技型中小企业获取金融服务难是学术界、企业和政府部门的一个基本共识，对于该问题的研究较多，从不同的角度研究，科技型中小企业金融服务难有很多具体表现。笔者是从科技型中小企业获取金融服务内容和渠道单一、获取支持不足和所需成本较高、遭遇歧视和需要政府支持才能获取 3 个方面来展现科技型中小企业缺失合意的金融服务的，这样做可能并不十分详细。笔者认为科技型中小企业金融服务问题研究涉及内容十分之广泛，如果细分来谈，可能有几十甚至上百个具体表现。作为一个科技型中小企业金融服务的整体研究，如果太过细化反而影响了对于该问题的系统把握，并且具体的表现也不是本书重点，因此本节仅高度概括地介绍了科技型中小企业缺失合意的金融服务的表现。

总的来说，科技型中小企业缺失合意的金融服务的各方面的具体表现都基本可以归为上文总结的 3 个主要方面。在了解科技型中小企业金融服务困难表现后，下文将展开带来这些困难的原因分析。

第二节　科技型中小企业金融服务难题的原因分析

信息不对称是科技型中小企业金融服务难题的根本原因，基于信息不对称的分析能够将众多原因分析统一在一个框架内进行解释，这样有利于整体、系统地把握造成科技型中小企业金融服务难题的原因，厘清其中的逻辑关系。下文就基于信息不对称来展开原因分析，首先简要介绍信息不对称理论的相关概念和其与科技型中小企业金融服务难题的总体关系，然后从企业、市场和金融服务机构的角度具体展开分析。

一、信息不对称与科技型中小企业缺失合意的金融服务

信息不对称理论是对传统经济学的一个突破，信息不对称理论弥补了传统经济学理论的不足和欠缺，并在此基础上推动了现代经济学理论的发展。从信息不对称这一根本原因出发，对于认识和破解科技型中小企业金融服务难题是十分重要且有益的。

1. 信息不对称理论的简介

信息不对称（Asymmetric Information）是指交易的一方拥有另一方不拥有的信息，甚至第三方也无法验证，即使能够检验也要花费大量的人力、物力、财力和精力，在经济上也是不合算的。信息不对称现象存在的根源

不仅与厂商或市场参与者所拥有的私人信息有关，同时也是参与者基于不同的获取能力和不同的获取渠道而获得不同的信息所致。在市场交易中，当市场的一方无法观测和监督另一方的行为或无法获知另一方行动的完全信息，抑或观测监督成本高昂时，交易双方处于信息不对称状态。

信息不对称理论由3位美国经济学家——约瑟夫·斯蒂格利茨、乔治·阿克尔洛夫和迈克尔·斯彭斯提出的。亚当·斯密在《国富论》中指出，人们基于自利的考虑参与到市场中，市场能够自行实现资源配置有效。1953年，美国经济学家阿罗和德布勒提出了具有开创意义的阿罗—德布勒定理，他们证明了消费者的偏好和生产者的生产技术满足边际效用递减、边际报酬递减等系列特征后，那么在消费者追求自己利润的前提下，一定能够存在一套价格体系使得社会上资源达到最有效的利用。约瑟夫·斯蒂格利茨、乔治·阿克尔洛夫和迈克尔·斯彭斯等人的研究却指出，市场有效的前提是信息完整，市场主体具有完全的信息并能够具有处理这些信息的能力。

信息不对称理论说明了信息传递的重要性，如果在市场中信息不能有效传递，市场就不能有效发挥作用，将资源进行有效配置。也就是说，要让市场机制发挥作用，需要进行有效的信息（Message）、信号（Signal）的传递。分析市场是否有效，需要分析该市场是否能有效传递信息。

2. 科技型中小企业金融服务中的信息不对称

科技型中小企业金融服务市场无疑充满了信息不对称现象，如前文介绍信息不对称的存在使得市场机制不能充分发挥作用，资源配置不能实现最优。信息不对称的存在导致了科技型中小企业金融服务市场的无效，甚至是严重的信息不对称导致市场没有充分建立和形成，所以科技型中小企业缺失合意的金融服务就不足为怪了。

从信息传递的角度来看，市场中信息要能有效传递和交流涉及3个方面的内容：一是信息的提供方必须要能够顺利提供信息和保证信息的真正有效；二是市场中存在有效的信息传递通道和信息的甄别机制；三是信息需求方能够有效接收和评价信息。从科技型中小企业金融服务市场这3方面的情况看，都存在着相应的问题：一是科技型中小企业存在不能有效提供信息等问题；二是金融服务提供机构不足及不能有效评估信息的问题；三是市场中缺乏信息渠道和甄别机制的问题。这3方面的问题不仅是各自影响科技型中小企业金融服务的有效，而且它们能够相互影响，加强了各方的影响效果，最终导致了科技型中小企业缺失合意的金融服务的难题。

下文笔者将从这3个方面具体展开，分析科技型中小企业缺失合意的金融服务的原因。

二、企业信息的问题——信息发送方

从信息传递链条的角度来看，科技型中小企业自身是市场中信息传递的发送方，处于整个信息传递链条的最前端。信息发送方如果不能有效提供信息的话，整个市场的信息传递将不能有效进行，从而使得市场不能有效配置资源，甚至是不能有效形成市场本身。从我国的现实情况看，在科技型中小企业金融服务市场中，科技型中小企业自身的确存在相应问题。

1. 财务信息提供不充分

科技型中小企业一般由科技开发人员等自筹资金建立，具有规模小、成立时间短等特征，这些特征不仅使得科技型中小企业在财务相关信息上披露不充分，而是在自身掌握信息上也不充分。

科技型中小企业都由掌握技术的科研人员创立，他们了解项目研发，但不很了解企业管理等。在科技型中小企业成立发展初期，往往重视的是科技项目的研发而不注重管理制度、财务制度等的建立，因此财务制度较为不健全。另外，科技型中小企业一般规模较小，自身资源有限，在企业初期更重视项目研发成功与否，即使企业管理人员重视财务、经营、管理方面的信息收集，也很难有足够的资源来完成，如较难有资金聘请专门的高级人才来进行财务审查等等。此外，科技型中小企业成立时间较短，即使是企业负责人重视并有了一定的能力进行财务信息的收集和制度建立，但企业经营发展方面的财务数据有限，尚不能很好地反映企业的发展状况和未来的趋势。

与科技型中小企业财务信息有限和不足形成显著矛盾的是，金融机构特别是银行等信贷机构对于财务信息的要求是很严格的，不能提供完备的财务信息的科技型中小企业将会被排除在提供金融服务的范围之外。另外，由于财务信息的不足，科技型中小企业经营发展状况经常被低估，这样即使能够获取金融服务，也不足以取得与其企业状况相应的服务内容，如贷款金额不足、相关担保费用较高等。

2. 提供失真信息

由于金融服务机构和科技型中小企业掌握的科研项目的信息是不对称

的，因此科技型中小企业有提供非真实有效信息的倾向和行为。

相比于其他企业，科技型中小企业在发展中的一个显著特征即企业的核心是科技项目的研发和创新。科研活动具有很强的独特性，这决定了科研信息也是独特的。这种信息的独特性会造成获取真实信息的困难，即金融服务机构很难从别的渠道获取科技型中小企业从事的科研活动的信息，只能依靠企业自身进行信息暴露。在信息难以甄别的情况下，企业会倾向低估风险而高估项目价值的非真实信息。

这种非真实信息在市场中的传递会带来两个影响：一是这种非有效信息的传递使得市场出现逆向选择；二是科技型中小企业发展的整体金融服务力度下降。如果市场中没有能甄别出非有效信息的机制，越是低估风险而高估项目价值的企业将越能够取得金融服务，而提供真实信息的企业获取金融服务的机会反而较小，这样造成的必然结果就是该市场的逆向选择。相比于逆向选择问题，对于科技型中小企业金融服务支持力度下降才是更为重要的方面。由于无法有效辨识科技型中小企业科研发展的状况，金融机构在这样一个信息不对称市场中，如果在经过几轮的投资、贷款等相关服务失败后，会倾向于选择减少对于科技型中小企业的服务，甚至是退出该市场，从而进一步加剧了科技型中小企业缺失合意的金融服务的难题。

3. 对于政策不了解

一般获得政府优惠政策或资金等支持的科技型中小企业在市场中获取金融服务的成功性可能更高，这是因为政府的各项支持措施的选择过程实际上发挥了披露科技型中小企业信息和信息甄别的作用，而获取这些支持的企业相当于获得了政府的背书，如国家科技创新基金的情况是，要求达到相关的经营状况的科技型中小企业才能申请国家的科技创新基金支持，并且政府在接收到申请后不仅要审查企业提供的资料，还要组织相关人员在申请企业中进行比较，筛选合适的企业进行支持。从信息传递的角度来看，创新基金的申请条件、政府对企业审查和筛选形成企业信息充分暴露和信息甄别的机制，市场中的金融机构能够从国家创新基金支持的名单中判断哪些企业是发展前景较好的企业。

现实中，许多科技型中小企业并不了解国家的相关政策，没有积极参与国家的各种项目支持申请，这不仅使得企业没有享受到政策的优惠，也使得企业的信息没有得到暴露。

三、金融服务机构的问题——信息需求方

从信息传递的角度看，金融服务机构处于信息链的末端，属于信息的需求方和使用方。金融机构需要依据获取的信息来做出经营服务决策，科技型中小企业金融服务市场是否能有效运行取决于金融机构能否有效获取信息和评估信息。如果作为信息使用方的金融机构不能够有效评估信息，将带来市场供给不足、缺乏效率等问题。

1. 信贷评估制度缺陷

信息能够有效传递到金融机构，但如果金融机构不能有效评估这些企业信息，也将带来金融服务支持不足的问题。以我国现在的金融服务体系来看，银行贷款是科技型中小企业获取资金支持的主要渠道。科技型中小企业由于可抵用资产较少，多倾向于向银行申请信用贷款。银行对于科技型中小企业的信用评价采用的是与大企业、其他一般企业相同的传统财务量化评价指标，没有考虑到反映科技型中小企业特点的信息，如科技创新特殊性、企业未来发展的高成长性、企业在供应链合作中的地位等，从而导致科技型中小企业的信用评价普遍偏低，直接制约企业的融资。

从信息评价的角度看，这相当于没有将企业的优势信息排除在评价体系外，而主要考察的是企业相对劣势的信息。这样的结果必然导致科技型中小企业在金融服务市场中处于劣势地位，获取金融服务的可能低于其他企业，最终整体的结果就是科技型中小企业普遍缺失合意的金融服务。

2. 区域性中小金融服务机构有限

信息传递除了依靠正式的渠道进行外，还可以依靠非正式的渠道进行。这里使用正式和非正式是借用制度经济学中使用的正式的制度和非正式制度的概念，前者指的是社会征信机制、专业机构评估等获取信息的渠道，而后者指的是朋友介绍、地区商会交流等传递信息的渠道。

显然，在获取科技型中小企业的信息上，区域性的中小金融机构是有明显优势的。因为区域性的中小金融机构专门从事有限范围内的金融服务，与当地或周边的企业有较好的联系和业务往来，使得中小金融机构能够建立起各种非正式的获取信息的渠道，并且这些非正式的信息渠道传递信息的效率和提供信息的准确度一般比正式的信息渠道要高。相比其他金融机构，区域性中小金融机构无疑拥有信息优势。基于这些信息，区域性

中小金融机构能够更好、更快捷地为当地的科技型中小企业提供金融服务。并且从信息传递的角度来讲，发展区域性中小机构意义不仅在于提供直接的金融服务，其重要意义还在于充分利用非正规的信息渠道将科技型中小企业发展状况的信息有效暴露和传递出来。这样的话，大型的金融机构就可以通过参考中小金融机构的选择，对科技型中小企业进行甄别，或者是直接为企业提供服务，或者是与中小金融机构展开深度合作，为科技型中小企业构建多层次的金融服务体系。

近年来，我国的中小型金融机构发展快速，但是从总体情况看，区域性的中小金融机构还较缺乏，中小金融机构可以使用的资源也较为有限。在正式的信息传递渠道不畅的情况下，拥有信息优势的金融机构数量不足、能力有限，不仅使得科技型中小企业能获取的金融服务资源稀少，而且阻碍了科技型中小企业经营发展信息的暴露，两个效应最终导致的是科技型中小企业缺失合意的金融服务。

3. 专业金融服务机构较少

不同于进行一般经营的企业，科技型中小企业的未来发展的信息较为专业，因此金融机构是否能有效识别和筛选这些信息至关重要。但显然，一般性的金融机构面对的服务客户涉及行业领域众多，其没有这么广泛的专业能力识别各个科技型中小企业的信息。针对科技创新的专业金融服务机构专业经营科技创新业务，对于该领域的情况较为了解，具有识别和筛选科技型中小企业有效信息的能力，因此，专业金融机构的存在将能够有效为科技型中小企业提供金融服务。

但从我国现在的情况看，专业型的银行刚开始出现，发展还需要一定的时间和过程。针对科技型企业的投资机构和团队已经出现，为科技园区企业专业服务的金融机构也有一定发展。但就总体情况来看，我国针对科技型中小企业的专业金融服务机构仍然不足，专业程度也还有待提高，所以对于科技型中小企业的金融服务支持不足。

4. 多层次的金融服务体系尚需发展

这里先要说明，严格来讲，前面谈到的中小金融机构也属于多层次的金融服务体系的内容之一，但是考虑到中小金融机构获取信息的方式有别于其他机构，所以将其单独列出进行分析。本小节下面探讨剔除中小金融机构外的其他方面内容。

从获取信息和对信息进行有效评估的情况看，风险投资机构、天使基金、证券机构、科技保险公司等都有相应专业部门和人员对行业和企业进行研究，具有一定的信息获取和信息识别的优势。基于这些信息优势，其能够有效地甄别科技型中小企业，选择合适的企业进行投资、提供服务，这样科技型中小企业就能得到与其发展状况相适应的金融服务支持。

但我国现状是风险投资、天使投资、证券直投、科技保险业务发展相对滞后，与科技型中小企业的大量金融服务需求尚不相匹配，大多数科技型中小企业都没有得到过来自这些金融机构的服务。虽说科技型中小企业需要不同层次的金融机构和不同类型的金融服务来进行支持，但如果是银行等贷款服务能够有效覆盖并满足了科技型中小企业金融服务需求，也不失为一套有特色的金融服务体系。但我国的现状是贷款业务不足以满足科技型中小企业发展需求，并且企业在获取贷款服务方面还有很多困难。在这样的情况下，多层次的金融服务体系发展又相对滞后，不足以为科技型中小企业提供有效服务。那么我国科技型中小企业面临缺失合意的金融服务的情况就不是一个难以理解的问题了。当然，不同层次的金融服务机构不足、自身发展滞后，这是其行业本身的问题，但同时这也与我国整个信息传递系统、信息传递渠道、甄别机制不足有关，因为信息传递渠道和甄别机制的缺失，会阻碍金融服务机构的发展。下面就看看传递渠道和甄别机制的相关问题。

四、传递渠道和甄别机制的问题——信息通道

市场要有效运行，信息的传递十分重要。信息通道和信息甄别的重要性，从各领域中广泛存在中介及信用评级机构就可见一斑。在市场参与各方都愿意提供有效信息并接受信息方有能力识别信息的情况下，缺失能够有效传递这些信息的渠道和对这些信息进行甄别的机制，整个市场仍然不能有效地运行。信息传递渠道和甄别可以说是整个市场信息有效提供中最重要的，如果缺失信息传递渠道和甄别，会带来涉及信息供给方和信息需求方的两方面效应。首先是对于科技型中小企业来说，由于信息不能被甄别和有效传递，其将更不重视信息的收集和提供，并更倾向于提供不实的信息；其次是对于作为信息需求方的金融机构来说，由于信息不能有效传递，它们将因为风险与收益不能识别而不愿意进入科技型中小企业金融服务的领域，或者是选择退出市场，这样的结果将导致科技型中小企业金融服务供给十分有限。可以说，信息渠道和信息甄别机制是科技型中小企业

金融服务信息服务机制的关键，也是破解科技型中小企业金融服务信息不对称的关键。我国科技型中小企业金融服务领域，存在着缺失有效的传递信息渠道和甄别机制的问题，严重影响了金融服务市场对我国科技型中小企业的有效支持。

1. 缺失征信机制

征信（Credit Checking 或 Credit Investigation）指的是对他人的资信状况进行系统调查和评估。从发达的市场经济体的运行情况看，成熟、有效的市场经济运行都需要完善的社会信用体系作为基础。显然，金融服务市场的有效运行也需要征信机制发挥作用。

从信息传递有效的角度看，征信机制的缺失意味着信息传递机制的缺失，希望获取信息的主体无法有效地获取信息，而希望发出信息的主体，不能将信息有效地传递出去。显然，这些信息传递的失效就会带来典型的信息不对称市场。从我国的情况看，整个社会的征信机制尚不健全，征信机构较少、整体专业度不高、信用数据的封闭等问题都很突出，这使社会对于企业生产经营状况较难了解，特别是从事科技创新这种具有比较独特性的科技型中小企业的发展状况很难获取，这就使得科技型中小企业金融服务市场具有严重的信息不对称性。具体来说，征信机制的不完善带来两方面的问题：一是企业没有足够的动力和约束提供真实的信息；二是金融机构无法有效获取服务对象的信用信息，基于风险规避，其要求较高的风险补偿才能对企业提供金融服务，在一些情况下，金融机构甚至不对科技型中小企业提供金融服务。前一个影响的效应在上一小节中已经论述，这里看看后一个效应如何影响我国科技型中小企业的金融服务。

从科技型中小企业获取资金的主要信贷市场看，科技型中小企业缺失可供抵押的有效资产，对于贷款的需求主要依靠信用贷款。但在信用贷款方面，由于征信机制的缺失，银行等金融机构不能够低成本地共享企业的信用信息，这些金融机构要获取企业的信用状况，需要依靠自己去收集相关数据，这样在提供贷款时就要求较高的费率。另外，社会征信机制的缺失使得银行等金融机构不能有效地把握企业的信息状况，不能有效地根据信息等级将企业进行区分。这种情况下，金融机构为了规避风险只能将企业的信息风险预设为较高的等级，因此会要求较高的风险补偿，即较高的资金利率。在更严重的信息不对称的情况下，没有社会征信机制，金融机构不能够识别科技型中小企业的信用风险，基于保险的策略，将不对科技型中小企业提供服务。

由此可以看出，征信机制的缺失使得企业信用信息失去了有效传递渠道，信息渠道的缺失使得金融服务市场存在严重的信息不对称，从而使得该市场不能有效或者是以合理的价格将资源配置到需要的企业，造成了整体上科技型中小企业缺失合意的金融服务。

2. 缺失知识产权评估的权威机构和交易市场

从信息传递的角度看，知识产权评估价值和知识产权交易市场中对于知识产权的估价是一种企业知识产权的信号，而知识产权的评估机构和交易市场就是传递这种信息的渠道。

从科技型中小企业的资产结构的情况看，企业主要的资产是其拥有的知识产权，如何能应用好知识产权这一资产来获取金融服务对于科技型中小企业具有重要的意义。但是我国现实的情况是缺失知识产权评估的权威机构和知识产权交易的市场，这意味着科技型中小企业缺失了将企业的资产（知识产权）价值有效暴露和传递给金融机构的渠道，从而造成了企业和金融机构之间的信息不对称。这种信息不对称的存在，使得科技型中小企业的知识产权得不到金融机构的充分认可，即科技型中小企业的该项资产不能体现其应有价值，从而企业不能够通过对这项资产的合理应用取得合意的金融服务。

具体来看，在信贷市场中，由于缺失对于知识产权进行评估的权威机构，银行等金融机构对于科技型中小企业知识产权的认可将大打折扣。知识产权交易市场的不完善，使知识产权不能有效进行交易，因而该资产的市场价值不能得到有效体现。这样一来，金融机构不能获取知识产权的真实价值，因而在提供知识产权质押贷款或担保等服务时，一是对于知识产权会给予低估；二是知识产权质押比例一般比较小。所以，在关于知识产权价值的信息不能有效传递的情况下，科技型中小企业将不能获得与其资产价值相当的金融服务支持。

3. 缺失项目评价的专业机构

科技型中小企业的核心是科技创新活动，企业未来发展与科研活动密切相关，而未来发展的状况是金融服务机构是否对科技型中小企业进行投资、给予基金支持、提供科技保险、金融租赁和项目贷款等金融服务的主要考察内容。从信息传递的角度看，科研创新活动的信息反映的是企业未来发展状况的信号，该信号能否顺利传递和被有效甄别，对于科技型中小企业获取金融服务至关重要。

科技型中小企业的科研内容都不相同，从整体上看，涉及的领域十分广泛，金融机构不可能具有涉及这么多领域的专业评估能力，因此金融机构和科技型中小企业之间存在着信息不对称的情况。从成熟的金融市场看，市场中有着专业的评估机构对科技型中小企业科研项目进行评价，专业机构发挥了信息甄别和传递的作用，从而降低或消除了信息不对称。金融机构在专业评估的基础上，再进行是否为科技型中小企业提供金融服务的决策，这样金融服务市场将能有效提供金融服务。但我国目前尚缺乏能够对于科技型中小企业的科研项目进行评估的专业机构，这意味着科技型中小企业未来发展的信息不能够有效传递，这对于科技型中小企业获取金融服务是十分不利的，因为科技型中小企业重要的特征就在于其高成长性，即预期未来的发展状况较好。

五、小结

笔者认为科技型中小企业缺失合意的金融服务的根本原因在于信息不对称的存在，即由于信息不能有效传递，整个市场不能有效运行。从信息不对称的视角来解释科技型中小企业金融服务难题的原因，能够将目前涉及的各种原因分析统一在信息传递的分析框架下，这样做能够厘清该问题的逻辑关系，并深刻认识科技型中小企业金融服务难题。因此，在本节中就从信息不对称的角度来展开具体介绍。分析表明，信息不对称的产生在于科技型中小企业的信息在发送、传递和甄别及接受并识别 3 个方面都存在问题，并且这 3 个方面的问题不仅是各自影响了市场信息的有效传递，而且它们之间能相互影响、共同作用，最终造成了科技型中小企业缺失合意的金融服务的难题。

第三节　解决科技型中小企业金融服务难题措施的评价

科技型中小企业缺失合意的金融服务的核心是信息不对称，其他的一

系列原因都从信息不对称的角度进行解读和解释。那么反过来说，解决科技型中小企业金融服务的难题就必须要解决信息不对称的问题，并且解决信息不对称也是解决该难题的最根本办法。因而从这个角度来说，判断一个具体的措施是否对解决科技型中小企业金融服务难题真实有效，就需要看其能否解决或者是缓解科技型中小企业金融服务领域的信息不对称情况。本节就基于这一判断标准，来简要讨论一下学者们所提出的解决科技型中小企业金融服务难题的主要措施是否能发挥作用，或者说评论其可能的效果。

对于科技型中小企业金融服务难题的论述，近年来成果不是很多，但建议不少。学者从不同的角度来看待和分析该问题，并给出了一些有益的建议和措施。迄今已经提出的促进科技型中小企业金融服务的建议措施主要有如下几条：第一，要求商业银行设立专门的科技型中小企业信贷部门，督促它们增加对科技型中小企业的贷款；第二，设立针对科技型中小企业的专业金融服务机构；第三，构建支持科技型中小企业发展的多层次的金融服务体系（促进区域性中小金融机构的发展，构建面向科技型中小企业的资本市场，如中小板和创业板市场，大力促进风险投资等创业投资基金的发展）；第四，完善我国知识产权评价和交易体系；第五，建立科技型中小企业征信机制和评估系统；第六，在政府的参与下设立科技型中小企业贷款担保机构；第七，建立支持科技型中小企业的政策性金融体系。下面就具体对各个建议进行简要介绍和评价。

一、商业银行中设立专门的科技型中小企业信贷部门

针对科技型中小企业信贷获取不足问题，不少学者提出建议，应该要求我国的商业银行设立专门的科技型中小企业贷款部门，并由政府给予该类贷款相应的利息优惠等政策，促进商业银行增加对于科技型中小企业的贷款投放。

该建议针对的情况是商业银行对于科技型中小企业的贷款投放量不足，对该项业务缺乏兴趣。因此，希望靠增加贷款供给来改善这一状况。大型银行业务面广，并不具备甄别科技型中小企业的专业能力，因此从是否改善信息不对称的标准来看，该办法并没有对信贷市场信息不对称有改进之处。在没有解决信息不对称问题的情况下，大型银行不能够以较低的成本识别出优质的科技型中小企业，在进行贷款时，也不能有效地将贷款

风险与贷款收益进行较好的匹配，并且相较于其大型企业或项目的贷款业务，对于科技型中小企业贷款的单位交易成本是比较高的，这样大型银行就没有向科技型中小企发放贷款的意愿。在这样的情况下，要求银行增加对科技型中小企业的贷款只会造成银行的政策性负担。如果在要求商业银行必须有一定比例贷款投放给科技型中小企业的情况下，相当于要求银行放弃别的方面的贷款，而投入银行不具备信息优势的领域。这不仅会使得该贷款不能有效投放给优质的科技型中小企业，使得信贷业务对于科技型中小企业整体支持效率不高，还在一定程度上挤占了别的领域的信贷资源，对于整个社会的福利改进可能会有负面影响。

二、设立专业的金融服务机构

由于科技型中小企业的高成长性，涉及科研项目的专业性等，使得科技型中小企业金融服务具有一定的特殊性，这就要求针对科技型中小企业服务的金融机构要具有相应的专业知识，这样才能够有效地识别科技型中小企业的经营和研发信息。专业的金融机构由于专营某个领域的业务，其能够对成立自己的研究部门进行信息收集、整理和甄别科技型中小企业的信息，发掘优质的企业提供服务，如科技银行、专投 IT 等领域的风险投资机构等都属于这类金融机构。

从信息传递的角度看，设立专业的金融机构能够有效地发掘科技型中小企业的经营、研发信息，在一定程度上缓解了信息不对称的问题。这样科技型中小企业的真实状况能够被金融服务机构识别，从而为其提供相应的金融服务，这在一定程度上缓解了科技型中小企业金融服务的难题。也应该看到，专业的金融机构获取的科技型中小企业的信息是需要成本的，这样做才能让其投资、贷款等服务更有效率，所以其获取信息的成本可以由更高的金融服务收益来补偿。但专业的金融机构并不对外提供信息服务，其获取的科技型中小企业的信息并不与市场中的其他机构进行共享，因此其对于解决科技型中小企业金融服务的信息不对称问题作用有限。所以，我们只能说设立专业金融机构能够缓解科技型中小企业的金融难题，而不能说破解科技型中小企业的金融服务难题。

三、建立多层次的金融服务体系

通过建立多层次的金融服务体系来破解科技型中小企业的金融服务难题涉及许多方面，主要建议是促进区域性中小金融机构的发展、构建面向科技型中小企业的资本市场、大力促进风险投资的发展这3方面，下面分别来讨论。

1. 发展中小金融机构

区域性中小金融机构能够有效利用非正式的信息渠道，获取区域内科技型中小企业的相关信息，这有效克服了科技型中小企业金融服务信息不对称的问题。在获取这些信息的基础上，中小型的金融机构能够有效地将金融资源合理地配置给相应的科技型中小企业。显然，发展区域性的中小金融机构对于缓解科技型中小企业的金融服务难题是有作用的。但还需要注意的是，通过非正式渠道获取的企业信息很难在更大范围内共享或通过正式的渠道继续传递，如通过朋友介绍获取的科技型中小企业的发展信息，很难通过企业评估报告的形式将这类信息传递出去。因此，当科技型中小企业的金融服务需求超过中小金融机构能够提供的范围时，企业还可能再次面临信息不对称的问题。

2. 构建资本市场

构建面向科技型中小企业的资本市场来解决科技型中小企业的金融服务难题能够取得一定的效果。因为面向科技型中小企业的资本市场不仅能够为企业提供融资服务，还充当了企业信息发布的平台。从信息暴露的角度来说，上市的企业或者申请上市融资的企业，需要进行严格的财务等相关的审计，并将企业的信息报告给相关机构。这实际上就是一种信号暴露的方式，通过企业达到进入资本市场的要求这一信号来表达企业具有良好的发展前景，这能够有效解决信息不对称的问题。

3. 促进风险投资行业发展

破解科技型中小企业金融服务难题，风险投资被许多学者寄予厚望。因为风险投资处于服务于科技型中小企业发展前期，不仅能够提供资金支持，还能够对企业的管理等提供帮助，并且还有专业的团队对行业进行分析。从信息传递的角度来看，风险投资能够通过自身专业研究团队研究和甄别企业的相关信息，通过对于企业管理的参与和支持，掌握企业内部信息，这些都是缓解科技型中小企业金融服务信息不对称的有效办法。从这个角度来讲，风险投资的确能够在一定程度上解决科技型中小企业缺失合意的金融服务的问题。但是对风险投资的作用不能过于高估，风险投资发挥作用主要在于科技型中小企业发展初期，而对于企业初创期和成熟期的金融服务的解决，还需要别的方面的支持。另外，风险投资的发展要依赖于股权交易市场的发达，这样风险投资才能有退出企业获取丰厚利润的渠道。目前来看，我国股权交易市场尚有较大的发展空间。

四、完善我国的知识产权评价和交易体系

针对如何能将科技型中小企业的主要资产——知识产权充分利用，实现价值的问题，不少学者提出要建立我国的知识产权评价和交易的完备体系。无论是在知识产权质押贷款市场，还是在金融租赁和知识产权交易市场，作为科技型中小企业的主要资产的知识产权的价值没有得到金融机构的充分承认，主要原因在于知识产权价值的信息不能够被金融机构充分识别。显然，市场中的专业知识产权评估机构和便捷的知识产权交易平台，能够充当传递知识产权信息的渠道，通过评估机构的评估报告和交易市场中的估价，科技型中小企业拥有的知识产权的价值就能够充分暴露，这就解决了金融机构和科技型中小企业在知识产权方面的信息不对称问题。在拥有知识产权信息的基础上，金融机构自然能够有效地根据企业的无形资产价值，为企业提供相应的金融服务，这就在一定程度上解决了科技型中小企业缺失合意的金融服务的问题。

五、科技型中小企业征信机制和评估系统

社会的信用体系对于社会经济发展是至关重要的，因为从信息不对称的角度看，信用体系是一种信息暴露和信息传递的有效方式，将社会各主体的信用信息展示出来，从而避免信息不对称带来的资源错配，提高整个社会的资源应用效率。造成当前我国科技型中小企业金融服务难题的一个重要原因就在于我国的社会信息体系尚不完全，银行体系的信用信息共享不足，而单个金融机构获取科技型中小企业信用信息的成本较高。显然，从解决信息不对称的角度看，科技型中小企业征信机制和评估系统的建立

对于改善科技型中小企业金融服务中的信息不对称问题是有效的，因为科技型中小企业的征信和评估系统发挥了信息传递通道的作用，能够让金融服务机构便捷地获取科技型中小企业的信用信息。科技型中小企业的信用信息能够被方便地获取，可以带来两个显著的效应：一是对于现有从事科技型中小企业金融服务的机构来说，能有效避免因信息不对称、不能甄别科技型中小企业而带来的金融资源配置不当，从而改变金融资源对于科技型中小企业的支持效率较低的局面；二是在便捷获取信息的基础上，金融机构的金融资源配置效率得到提高，从而对于科技型中小企业的金融服务收益相应增加，这能够吸引更多的、不同层次和类型的金融机构进入科技型中小企业的金融服务市场，从而构建其多层次的、完备的支持科技型中小企业发展的金融服务体系。

六、政府参与设立贷款担保机构

在科技型中小企业缺乏有效抵押物的情况下，市场中的担保机构不愿意为科技型中小企业提供担保，或者是要求的担保费用和条件过高，这样就使得科技型中小企业难以获得贷款支持。针对这一情况，许多学者认为政府参与设立贷款担保机构是必要之举。从缓解信息不对称的角度来看，政府参与设立的担保机构能够发挥信息传递的作用，企业获取政府的贷款担保是一种信号发布，这对于市场中的金融机构识别科技型中小企业来说是有一定作用的。

但是我们需要注意到一个问题，就政府参与设立的担保机构也必须在获取信息上具备优势才对化解信息不对称有效。如果该类担保公司没有获取科技型中小企业的信息优势，不能很好地对企业信息进行甄别，那么提供担保的后果仅仅是将市场金融机构的风险转嫁给担保机构，而最终信息不对称带来的风险将集中于政府和担保机构，并没有有效改善信息不对称的情况，也不能从本质上改变科技型中小企业金融服务难题。因此，政府参与设立担保公司发挥作用的前提是要具有获取科技型中小企业信息的能力。

七、政策性金融体系

科技型中小企业从事的科技创新活动一般具有正外部性，在对社会有正外部性的领域，政府采取支持措施是世界的通行做法。更进一步来说，科技型中小企业领域是对于社会有重大作用，而市场金融机构又不愿意提供服务的企业，这就需要政策性的金融体系发挥作用。基于这样的判断，我国的一些学者提出通过构建政策性金融体系来破解科技型中小企业的金融服务难题。一般来说，一切带有特定政策性意向的政策性贷款、存款、投资、担保、贴现、信用保险、存款保险、利息补贴等一系列特殊性资金融通行为都属于政策性金融体系。严格地讲上一小节论述的政府参与设立贷款担保机构属于政策性担保的范畴，但是考虑到许多学者都将政府参与设立贷款担保机构的建议单独提出，并认为十分重要。因此，笔者将担保分离出来进行介绍。

政策性金融的根本目的在于实现国家的特定战略目标，如扶持农业、促进产业结构升级、完善市场建设和对市场机制形成补充。科技型中小企业对于构建我国自主创新体系有重要的作用，因此应用政策性金融体系来改善科技型中小企业金融服务状况有其必要性。政策性金融体系加入对科技型中小企业金融服务的领域，意味着给科技型中小企业带来了新的可获取的金融资源，这对于解决科技型中小企业缺失合意的金融服务的问题是有一定作用的。但是从改善信息不对称的角度来看，政策性金融体系并不比商业性金融机构具有信息优势和更具专业的信息甄别能力。政策性金融体系并没有触及科技型中小企业金融服务难题的根本，单纯地增加金融资源供给的行为不仅不能提高科技型中小企业金融服务支持效率，还可能因为增加了不具备竞争力的科技型中小企业获取了金融服务而使得整个金融服务促进科技型中小企业成长的效率降低。

八、小结

本节从信息不对称的视角，对于学者们提出的改善科技型中小企业金融服务难题的各种措施进行了简要的评价。以是否有效解决信息不对称问题为基本的判断标准，可以看到能够有效解决科技型中小企业金融服务难题的措施包括：设立针对科技型中小企业的专业金融服务机构、构建支持科技型中小企业发展的多层次的金融服务体系、完善我国的知识产权评价和交易体系及建立科技型中小企业征信机制和评估系统；要求商业银行设立专门的科技型中小企业信贷部门，督促它们增加对科技型中小企业的贷款、政府参与设立科技型中小企业贷款担保机构和建立支持科技型中小企业的政策性金融体系对于解决科技型中小企业金融服务难题有一定作用。但在没有信息支持的情况下，其效果有限甚至无效。

对于政策措施分析的意义不仅在于对各措施有效性的评价，更重要的是从分析中认识到解决科技型中小企业金融服务难题不是从某个方面努力就可以完成的，其是一个系统工程，需要在各个方面共同作用，形成合力才能够有效解决。

本章总结

在本章中，笔者首先介绍了科技型中小企业能获取金融服务内容和渠道单一、获取金融服务支持不足、成本较高并普遍遭遇歧视和需要政府发挥作用才能有效获取金融服务这几个科技型中小企业缺失合意的金融服务的主要表现；然后笔者指出了造成科技型中小企业缺失金融服务的根本原因在于科技型中小企业金融服务市场存在信息不对称的情况，而信息不对称是由科技型中小企业自身的问题、市场缺乏有效的信息甄别和传递机制及服务科技型中小企业的金融机构发展滞后和缺乏信息识别能力共同作用造成的。

在进行科技型中小企业缺失合意的金融服务难题的原因分析后，本章的重点转向分析和评估解决该难题的各种措施的有效性上。首先，笔者明确提出了以是否能够缓解和解决科技型中小企业金融服务市场的信息不对称问题为标准来判断该措施是否有效；然后运用该标准，对这些年来学者们提出的解决科技型中小企业金融服务难题的主要措施进行了简要介绍，并展开了有效性的分析和评价。

在文献分析中，笔者提出问题：是否可以在一个统一框架下来看待和解读学者们从不同角度给出的科技型中小企业金融服务难题的原因和提出的建议、措施？到这里，笔者给出了肯定的答案，即从信息不对称的角度，能够统一来看待和分析学者们给出的各种原因分析和措施评价。从这个统一的视角来看，综观各种原因分析，可以将它们总结为从不同的方面造成了信息不对称，而总评各种措施、建议，可以认识到最根本的是要解决或缓解信息不对称。更重要的是，从本章的分析中我们应该认识到，是企业、信息渠道和机制及金融服务机构共同造成了信息不对称问题，从而带来科技型中小企业的难题。因此，我们也需要从各个方向共同努力、形成合力，用一套系统的解决办法来破解该难题。

第七章　宏微观一体建模和模拟分析

“工欲善其事，必先利其器。”

——《论语》

研究一个问题，选择一种好方法很重要。目前对于科技型中小企业金融服务的研究主要使用理论分析、问卷调查和案例研究 3 种方式，相对来说，较少应用数理分析方法使得对于科技型中小企业金融服务的影响因素和效应认识不足，对于政策措施的可能效应较难展开评估。一般来说，计量经济学能够很好地做到因素分析和变化冲击效应研究，但由于缺失科技型中小企业及科技型中小企业金融服务的相关数据，该方法几乎无法开展。在缺失统计数据的情况下，是否能有别的方法研究和评估政策措施的可能效应呢？宏微观一体建模和模拟的方法能够在简单行为规则的设定下，通过模拟分析来研究政策措施的效应。这里还需要说明的是，利用该方法研究科技型中小企业金融服务在国内还属首次，处于试探性研究阶段。因此本章的模型设置较为简单，并不是一种现实情况的模拟，而主要从机理上说明科技型中小企业金融服务市场中可能出现的效应，并据此判断政策效应。

本章尝试性地使用宏微观一体建模和模拟方式来研究科技型中小企业金融服务的问题。首先对宏微观一体建模和模拟方法进行介绍；其次对科技型中小企业金融服务情况进行理论建模；再次根据理论模型进行计算机模拟分析；最后对模拟分析进行解读，说明其政策含义。下面将逐一展开。

第一节　宏微观一体建模和模拟的方法介绍

宏微观一体建模和模拟方法主要是一般数理建模和计算机模拟结合应用，涉及微观模拟、基于 Agent 建模和计算经济学等领域，内容较为丰富，在世界上已经有几十年的应用。但本章仅仅是将该方面引入科技型中小企业金融服务研究，属于方法应用，并不对该方法本身进行深入研究，因此下文将简要介绍该方法的应用发展情况。

一、方法来源、发展和核心思想

宏微观一体建模和模拟方法是一种数理建模和计算机模型相结合的方法，从内容上看由数理模型和计算模拟两部分构成，其意义主要在于放弃了完全理性的假设，直面真实行为建模，从这一角度实现宏微观的内在联系。

宏微观一体建模和模拟方法最早由美国学者 G.Orcutt 于 1957 年提出，其为了建立宏观经济分析和微观经济分析之间的桥梁，创建了一类新型的经济数学模型——微观分析模拟模型（Micro-analytic Simulation Model）用来进行政策分析。该模型以微观个体（如个人、家庭等）作为描述和模拟的对象，在微观个体上具体实施有关政策，用计算机在个体水平上进行模拟，分析社会经济政策实施的宏观及微观效应和各项改革措施及政策项目实施的效果及分配效果，最终达到帮助决策部门选择更加合适的执行方案，提高公共决策的可行性和科学性的目的。随着计算机技术的飞速发展，宏微观一体建模和模拟方法的技术不断发展和完善，逐渐从基于数据库（Database-based）技术的传统微观模拟模型向基于主体（Agent-based）技术的智能化模型转换。与此同时，随着政府统计部门微观数据资源的日益丰富，微观模拟模型也得到日益广泛的应用，目前已成为西方国家分析和制定经济政策的有效工具。

20 世纪 80 年代中期，随着我国改革开放的逐步深入和软科学研究的迅速发展，郭绍禧、李善同等将该方法引入国内①。1986 年，郭绍禧率先将微观分析模拟方法介绍到我国学术界。1988 年，郭绍禧、关亚骥和陆学华对微观分析模拟方法的思路、分类、模型结构、微观数据文件的构造和模拟模型的构造进一步介绍，使得微观分析模拟方法在我国开始有了一个比较清晰的概念。同年，郭绍禧在《软科学的崛起——软科学研究方法》一书中，将微观分析模拟方法评价为将会在各国政府公共政策分析中大有作为的研究工具。李善同、关亚骥、郭绍禧、高嘉陵、张世伟、熊林平、马修强等都应用该方法分析模拟了我国的养老金、所得税的问题。

宏微观一体建模和模拟方法的发展很迅速，在计算机、社会经济、生物环境研究中，都有大量应用，对于该方法的称呼也有很多，如称为基于主体一体化建模、宏微观一体建模和模拟方法等。但无论如何称呼和在哪些不同的领域应用，其核心思想是保持一致的，即以系统中的微观个体作为描述和处理的对象，应用数量方法建立微观个体的行为方程，然后应用计算机通过模型来模拟其特性和行为，进而发现系统的运行可能出现的宏观现象和规律，由此研究微观主体行为与宏观经济现象的各种可能存在联系和一定的动态关系。

二、该方法研究的基本思路

笔者对于宏观现象的基本看法是：一切宏观的经济现象都是人与人之间、人与自然之间互动行为产生的演化结果，同时宏观又在影响和制约着微观行为，这是宏微观一体建模和模拟方法基本思想基础。基于这样的认识，研究者要做的便是找到宏观现象与人与人之间、人与自然之间各种互动行为的可能联系和存在的可能规律。在研究可能联系和规律的方向上，宏微观一体建模和模拟方法是选择微观行为分析作为切入点，将微观行为的检测、描述、刻画等作为研究的起点和基础，在此基础上试图建立起典型的行为特征与显著的宏观现象之间的联系。

其中该方法强调的是对于微观主体行为的分析，认为 3 种类型微观行

① 这里要说明的是，郭绍禧、李善同等人介绍和引入的方法叫“微观模拟方法”，其与宏微观一体建模和模拟称呼有差别，具体内容有所差别，但核心思想是一致的，因此可以被认为是同一类的研究方法。

为分别对应行为认识的 3 个层次。在不同社会发展时期、经济学的不同发展阶段，人们主要选择其中一种为逻辑分析起点和行为基础：①确定型，投入与产出唯一确定的一一对应关系，如生产活动中类似于成本加成的行为等。②随机型，一种投入对应的是可能的产出集，相互之间是概率意义上服从某种分布的随机关系，与完全竞争市场上的交易行为相对应。③复杂型，或许更贴近现实，力图表现复杂环境中人的真实行为，同时考虑差异化（目标价值多元化和行为模式的多样化）的多主体的交互行为，与产出结果的关系既不是确定型也不宜划归为随机型。

确定型行为，适合研究特定的自然或物理对象，大体上与古典经济学发展时期相对应；随机型行为，是新古典经济学或现代经济学赖以建立的行为基础，给定产出或结果集上的概率分布，由此衍生出主体依据期望效用进行决策，主要研究完全竞争市场环境中的资源配置；由于主体行为的异质性和交互性等，行为反应结果是不确定的，也并非遵从某种概率分布或随机关系，这时还需要将若干不同主体的行为联系在一起描述；以第三类行为作为理论基础和分析起点，催生新的超越新古典的经济学，这就是将要介绍的宏微观一体建模和模拟方法，其能更好地解释探讨个体行为与集体行为的内在复杂关系。

在考虑微观行为的基础上，下一个考察的层次是微观主体之间的结构关系。这主要是在于考察具有不同典型特征的微观主体之间数量比例关系或者是说分布关系。这很类似于 Camerer 等（2003，2004，2006）建立的认知层次理论（Cognitive Hierarchy，CH）对于能够进行不同步思考的博弈者的概率分布的表述，该概率分布对于最终求得均衡结果有重要的影响。最后，在建立了微观行为函数和得到微观主体的结构或分布关系后，将通过建模进行模拟分析。进行大量的反复的计算模拟，从而来探寻微观行为与宏观现象之间的联系和规律。

三、基本概念

本小节将介绍宏微观一体建模和模拟方法本身所指和应用该方法涉及的一些基础概念。由于微观一体建模和模拟是一种不同以往经典分析方法的经济研究方法，不可避免地使用的一些原有经济学词汇将被赋予不同以往的意义，因此有必要对将使用的具有特定意义的概念进行界定。

1. 宏微观一体建模和模拟方法

宏微观一体建模和模拟方法是一种通过模拟系统中微观个体的生命活动过程（主体行为）来模拟现实生活事件（宏观现象）的方法，主要以家庭、个人、企业等微观主体作为基本研究对象，以某项经济运行的具体条款或办法为控制条件，利用计算机模拟的方法，模拟有关经济运行的过程，计算微观主体行为的定量分析结果和宏观经济效果。

2. 微观主体

微观主体是宏微观一体建模和模拟方法的重要概念，指的是在经济活动中不能或不需要再划分的基本参与者，其根据我们研究的问题不同而有所差异。一般，家庭、个人、企业都能够算作基本的微观主体。但是由于我们研究问题的层次差异，微观主体也有不同的划分方法。如在研究国民经济增长等问题时，我们将不同行业视为一个个的微观行为主体；但当我们研究科技型中小企业的金融服务发展时，各个科技型中小企业才能成为微观行为主体，而不再是整个行业是微观主体了。

3. 微观主体行为

微观主体行为是指微观主体在参与经济活动中所表现出来的、能够影响经济活动最终结果或经济活动过程的任何行为。同样根据研究经济现象的层次和问题不同，对于微观主体行为划分也有差异。如在研究劳动力市场供求关系时，个人（微观主体）对于休闲时间多少的决策是一个重要的微观主体行为；但当研究个人对于奢侈品的消费需求时，对于休闲时间多少的决策可能就不属于该问题中需要分析的微观主体行为。

4. 微观主体行为的典型特征

微观主体行为的特征指的是对于微观主体行为的一个方面的刻画，在这个刻画维度上，不同的微观主体的行为存在典型不同或差异，并且这些典型特征的差异对于经济活动最终结果或经济活动过程有很大不同的影响。我们对于根据微观主体行为的典型特征的考察主要包括两个方面：一个是对于个体目标函数的考虑上的典型特征；另一个是微观主体行为的行为模式的典型特征。研究经济现象的层次和问题不同，对于微观主体行为特征的划分也有差异。一般，个体目标函数的考虑上的典型特征主要有公平偏好、利他动机、效用最大化等。可以看到新古典或现代主流经济学坚持的效用最大化不过是微观主体行为的典型特征中目标函数的一种，是假设别的典型特征参数为零时的一种特例；微观主体行为的行为模式的典型特征为有限理性、冲动行为、层次认知、损失厌恶等。新古典或现代主流经济学的最优化行为模式也不过是微观主体行为的行为模式的典型特征中的一种，即是假设除效用最大化外的其他行为特征参数为零，这时行为主体具有完全理性的行为模式。

5. 宏观现象

经济系统是由具有自身目标和行为规则的微观主体构成，这些主体具有学习和适应能力，能够通过与环境及其他个体的相互作用改变自身的结构和行为。不同的宏观环境使微观主体之间以及微观主体与环境之间具有不同的相互作用机制，这种相互作用机制所表现出来的宏观性质便形成了微观主体行为的宏观环境。这种宏观环境对微观主体的预期行为产生影响，因此只要能够恰当地描述微观主体之间的相互作用机制，就可分析经济系统的演化行为，从而为微观主体行为提供宏观分析背景。因而，宏微观一体建模和模拟方法中所指的宏观现象概念不同于一般意义上个体加总的一个总量概念，而是在经济活动中由两个及以上微观主体的微观主体行为交互作用产生的一切非微观主体行为的经济现象。比较典型的宏观现象即是我们十分熟悉的商品价格的变化，商品的价格变化是由供需方的各个微观主体间交互作用共同决定的，其不同于任何微观主体行为表现。

四、研究步骤

本小节将介绍使用宏微观一体建模和模拟方法展开研究的具体步骤，下面按实际研究中的步骤来展开。

首先，对微观主体行为进行测定和检验，归纳微观主体行为的典型特征。传统的最优决策是在给定价值判断、目标函数和行为方程类型的基础上解算和求取数量上的最优；行为均衡（优化）需要以行为判断为前提，现实中需要判断选择什么样的目标（函数）和行为方式（维度和行为反应类型）。这是因为真实世界中主体的行为：①价值尺度（量化方式和标准）不统一，在各类属性上的权重分布不同，行为属性或职能的维数不等同、不固定，而且可能是异构的；②交互行为中往往会表现出新的行为属性，而且对各方的作用效果不对称；③主观性的差异，精神意识、心理因素和主观信念与判断的形成及演变对行为选择的影响显著不同；④个体的行为方式并非是一成不变的确定型或随机型的实变单值函数，现实中主体的行为常常是需要用状态对应法建立的离散状态多值（非数值）函数等。因此，宏观现象微观分析的第一步便是对微观主体行为进行测定和检验。用博弈实验、实验经济学等方法来观察，真实全面地通过行为表现认知人类行为的本质属性，并测定获取、记录、概括、抽象、分类各类主体的行为特征参数。

其次，需要微观主体之间对结构关系的确定。在测定微观主体行为并进行微观主体行为的典型特征进行归纳后，我们需要进一步确定微观主体之间的结构关系，也即确定具有不同典型行为特征的主体的分布情况。不同典型行为特征的主体的分布情况可以通过对现实总体的数据进行抽样分析得到，也可以根据不同的研究目的给予先验的假定。

再次，建立动态演进的分析模型。根据理论给出或实际测定经济运行规则，以微观主体行为基础建立动态演进的理论模型。

最后，进行计算模拟，探索宏观现象和微观行为的联系和规律。通常，第三步建立起来的理论模型是难以应用数值解法求得确定结果和关系的。因此，运用计算机进行模拟，观察微观行为的动态演进及宏观现象的涌现是必不可少的。通过系统中微观个体的生命活动过程（主体行为）来模拟现实生活事件（宏观现象）的方法，以微观主体作为基本研究对象，以某项经济运行的具体条款或办法为控制条件，利用计算机模拟的方法，模拟有关经济运行的过程，计算微观主体行为的定量分析结果和宏观经济效果，由此研究微观主体行为与宏观经济现象各种可能存在的联系和一定的动态关系。模拟方法具体应用是通过建立基于微观典型特征行为模拟模型来研究、分析宏观现象与微观行为的关系，具体步骤主要是：第一，根据动态演进的理论模型来构建经济活动的模拟模型；第二，应用计算机模拟方法来模拟由于微观主体行为产生的宏观现象；第三，通过对特征行为及宏观现象的统计、分析、推断和综合，得到微观个体行为与宏观现象涌现的联系和规律，以及进一步地考察宏观现象变化对微观主体行为的影响。

五、小结

如果从经济思想史发展和经济学各个流派的角度来看，宏观经济理论发展渐入“后瓦尔拉斯宏观经济理论”的时代。在后瓦尔拉斯宏观经济理论框架中，不再假设某些抽象化的市场会导致一个理想化的结果，市场本身是内生的，非均衡调整路径能够影响均衡结果。在后瓦尔拉斯宏观经济体系中的理性个体只能在宏观制度约束下进行决策，所以它们只具有“有限理性”（甚至允许“非理性行为”者的存在），而不具有在瓦尔拉斯体系中所假设的“完全理性”。在个体决策和均衡结果之间不存在唯一的联系形式，所有决策被认为是与其他决策完全内在相关的。因此，必须将微观和宏观问题同时考虑，考察宏观层面的行为对微观经济活动的影响，同时也考虑微观个体间的相互行为对形成宏观现状的影响。基于这样的思想，所以需要宏观微观一体的建模。由于个体决策和均衡结果之间不存在唯一的联系，可能出现多种情形，因此有必要应用计算机来反复、大量地进行模拟计算，找出其中可能的联系和规律。所以，需要将宏观微观一体的建模和模拟结合起来，这就是我们介绍的宏微观一体建模和模拟方法。

第二节　科技型中小企业金融服务建模

本节就将实际应用宏微观一体建模的方法对科技型中小企业金融服务的情况进行建模，首先要先对科技型中小企业金融服务模型描述的情况进行描述和介绍——对模型要研究的情境进行说明，然后具体展开模型中主体行为设置和市场建构设定等内容。

一、模型描述

科技型中小企业金融服务模型主要研究的是在信息不对称的情况下，金融服务如何为科技型中小企业提供支持，科技型中小企业的研发又如何决定资金使用的效率和对于社会科技进步的作用。

科技型中小企业金融服务模型中只设置科技型中小企业和金融服务提供机构两类主体（Agent），而不考虑政府等其他主体。科技型中小企业有两个行为，一是获取资金，二是进行研发。金融服务机构只有一个行为，就是为科技型中小企业提供金融服务。科技型中小企业和金融服务机构都是理性的，它们作出决策都需要进行成本收益分析。科技型中小企业如果能获取资金，将进行研发活动；如果没有资金支持，企业将不进行研发。企业进行研发有两种情况，一是成功，二是失败。当企业研发成功时，企业取得收益，金融服务机构收回资金并取得相应收益，社会科技水平提升；当企业研发失败时，企业没有收益，金融服务机构不能收回资本，遭受损失，社会科技水平不变。

二、科技型中小企业主体设置

科技型中小企业在市场中有很多行为和策略，这里主要考虑与科技型中小企业获取金融服务有关的行为属于和特征。由于缺失针对科技型中小企业的专项统计，不能从数据上对科技型中小企业的行为进行检查和描述。因此，这里主要针对前面的文献研究、现在情况、问卷和案例中反映的情况对科技型中小企业的行为进行描述和刻画。

1. 企业主体表示

单个科技型中小企业主体用 ea_i（Enterprise Agent）表示，其中 $i=1, 2, 3, \cdots, n$；科技型中小企业主体集合用 EA 表示，任何科技型中小企业主体都在科技型中小企业主体集合中，即 $ea_i \in EA$。为了方便，我们假设科技型中小企业主体除了研发行为是异质的外，其他方面都是同质的。这一假设描述的是科技型中小企业财务状况一致，对于资金的需求量一致。这样假设同实际情况是有差别的，但为了研究科技研发活动与获取资金支持的关系，我们设定这样一个基准模型，以后的研究可以在此基础上放宽这些同质假设，让模型更贴近现实。

2. 研发行为

科技型中小企业主要活动是企业的研发活动，研发成功能够带来收益。科技型中小企业的研发有成功和不成功两种可能，因此科技型中小企业研发成功有一定的概率。我们用 P_i 来表示第 i 个科技型中小企业（ea_i）的研发成功概率，即企业有 P_i 的概率研发成功，有 $1-P_i$ 的可能研发失败。这样设置是为了描述科技型中小企业科技研发是异质的，即不同的企业有不同的研发能力。科技型中小企业研发成功将获取收益，我们用 I（Income）来表示，I_i 对应于企业主体 ea_i 的收益；假设每个企业主体（ea_i）研发成功的收益都是一样，即 $\forall ea_i \in EA$，都有 $I_i = I$。

3. 获取资金行为

科技型中小企业需要获取资金来开展科研活动，没有资金支持将无法开展研发活动。我们用 F（Fund）来表示企业需要的资金量，F_i 对应于企

业主体 ea_i 的资金需求；假设每个科技型中小企业主体（ea_i）资金需求都是一样，即 $\forall ea_i \in EA$，都有 $F_i = F$；并且每个企业主体 ea_i 只能从一个金融机构获取资金，获取量为 F，而不是从多个金融机构获取资金加总的量为 F。科技型中小企业是理性主体，其获取资金有成本即要支付利息。因此，只有当其预期收益大于资金成本时，企业才会选择获取资金。具体的规范描述在下文的模型运行设置中给出。

三、金融服务机构主体设置

在现实中，金融服务主体有很多行为和考虑，这里为了突出研究重点，我们主要考虑其对科技型中小企业进行金融服务的情况。

1. 金融主体表示

单个金融服务机构主体用 fa_i（Financial Agent）表示，其中 $i = 1, 2, 3, \cdots, n$；金融服务机构主体集合用 FA 表示，任何金融服务机构主体都在金融服务机构主体集合中，即 $fa_i \in FA$。为了方便，我们假设金融服务机构主体都是同质的，即它们自身的所有条件都一样，对于科技型中小企业提供的服务也都一样。这一假设描述的是金融服务对于科技型中小企业提供的资金量和要求的利率及费用一致。这样假设同实际情况是有差别的，但作为一个基准模型，我们从最简单的情况出发，以后的研究可以在此基础上放宽这些同质假设，让模型更贴近现实。

2. 金融主体的行为

金融主体为企业主体提供资金，提供量为企业主体的需求量 F，并且每个金融主体只能为一个企业主体提供资金；金融主体提供资金是有成本的，其自身的审查、办理业务需要相应的费用，假设每次提供 F 的资金的业务费用都为 C（Cost）；金融主体同样是理性主体，其提供资金服务的目标是要获取收益，因此，其提供资金需要获取利率。我们假设所有金融主体提供资金收取的利率都是一样的，记为 r，金融主体对于科技型中小企业提供资金服务的收益为 $R = r \times F$；金融主体获取收益的前提是企业主体研发成功，如果研发失败，金融主体将遭受损失。另外，我们假设金融主体如果不对科技型中小企业进行资金支持，可以将资金用于为大企业等服务，这样能够保证一个稳定的收益率，记为 $\bar{r}$。因此，金融主体是否为企业主体提供资金，需要考虑企业主体的研发概率和其预期收益同固体收益情况的比较。金融机构在具体金融主体提供资金的条件如下：

$$[ex(P_i)\times R-C]/F \geqslant (\bar{r}F'-C)/F' \tag{7-1}$$

其中，F 表示金融主体为大企业提供的资金，一般的，F′显著大于 F。公式（7-1）说明，金融主体必须在单位资金的预期收益率大于或至少等于其在别的市场能获取的单位资金的稳定收益率。这里我们假设金融机构提供资金服务时，无论资金量多少，其所需费用都是一致的（该假设同林毅夫 2002 年文章中的观点一致），即为 C。由于 $ex(P_i)\leqslant 1$，并且 $P\sim N(\mu,\sigma)\theta$，所以必然要求 $r>\bar{r}$，金融机构才可能为企业主体提供资金，这与现实中科技型中小企业获取资金的成本要高于大企业的情况是一致的。

四、各主体的结构和互动条件设置

如前文介绍的宏微观一体建模和模拟方式的步骤，在进行微观主体行为描述后，我们还需要理清微观主体之间的结构关系和它们之间互动的规则（模型运行的条件）。

1. 微观主体的结构设置

微观主体的结构主要是说明不同类型的主体和同类主体中不同特征的主体的数量比例关系。在科技型中小企业金融服务模型中，有企业主体（ea）和金融主体（fa）两类主体。其中，金融主体是完全同质的，企业主体在研发行为中是异质的。我们假设企业主体集合（EA）包含 N 个元素，即有 N 个企业主体；金融主体集合（FA）包含 M 个元素，即有 M 个金融主体；并且假设 N>>M，即企业主体数量远远大于金融主体的数量，这样设置说明了只有小部分企业主体能够获取资金，整体来看企业主体的资金需求不能得到较好的满足，这也就是本书提出的科技型中小企业普遍存在缺失合意的金融服务的问题。

在企业主体中，每个企业主体拥有不同的研发成功概率 P_i，总体来看，企业主体的研发成功概率服从一个分布。在本模型中假设企业主体的研发概率服从正态分布，即 $P\sim N(\mu,\sigma)$。如此假设说明，科技型中小企业中，研发能力很强和很差的企业都较少，大多数都是研发能力一般的企业。

2. 主体间互动条件

前文论述中指出的，科技型中小企业金融服务中存在显著的信息不对称问题，其中最为突出的就是金融机构无法对科技型中小企业的研发能力进行评价。为了描述这一情况，我们在模型中假设金融主体无法对单个企业主体的研发概率进行识别，即 FA 无法知道任意一个企业主体 ea_i 的研发概率 P_i，金融主体仅仅知道企业主体整体的研发概率，即知道 EX（P）= μ。因此，金融主体提供资金的条件变化为：

$$(\mu \times R - C)/F \geqslant (\bar{r}F' - C)/F' \tag{7-2}$$

假设金融主体在其他市场提供资金情况固定，即 F′固定，那么可以令 $(\bar{r}F' - C)/F'$ 为一常数，记为 θ。这样就可以通过公式（7-2）计算出金融主体为企业主体提供资金的最低利率：

$$r^* = (\theta + c)/\mu \tag{7-3}$$

其中，c = C/F。为了方便，我们假设金融主体以公式（7-3）所示的利率为企业主体提供资金，而不是每次都同企业主体进行讨价还价，然后在不低于此利率的情况下进行交易。所以，r^* 就表示科技型中小企业金融服务市场中资金提供的均衡价格。

本来市场的均衡价格应该是由供需双方的情况来共同决定的，但由于市场中存在大量的需求方，而供给方较少，所以这一市场主要是卖方市场，因而均衡价格由卖方给出。另一种解释是，笔者认为由于信息不对称的问题严重，科技型中小企业金融服务并没有形成有效的市场，即并不能有效刻画出供给曲线和需求曲线，因此不能从这个角度给出均衡价格。

在市场中形成资金的均衡价格后，各企业主体需要根据利率，结合自身的研发情况，选择是否需要资金支持。企业主体 ea_i 的资金需求条件由下式给出：

$$P_i \times I \geqslant F \times r^* \tag{7-4}$$

公式（7-4）表示，只有当企业的研发预期收益需要大于资金的使用成本时，企业才会选择需要获取资金支持。将公式（7-4）进行变换，可以得到：

$$P_i \geqslant (F \times r^*)/I = r^*/\lambda \tag{7-5}$$

其中，λ = I/F，我们将其称为研发的投资收益系数，表示研发投入资金和获益资金的比例。显然，当研发的投资收益系数 λ 越大时，企业的概率研发成功 P_i 的要求就越小，即选择需要获取资金支持的企业数目将会增加。

根据公式（7-5），我们可以在企业主体集合中确定一个子集，表示为 SEA（Subset EA），$SEA = \{ea_i (P_i) \in EA \mid P_i \geqslant r^*/\lambda\}$；求得 SEA 包含的元素数目，记为 N′，即表示有 N′个企业主体能够选择资金支持。如前文所述，一个金融主体只能为一个企业主体提供资金，而一个企业主体只能从一个金融主体处获取资金，因此，金融主体和成功获取资金的企业主体之间是一种一一对应的关系。即 N′个企业主体需要 N′个金融主体提供资金。

由于信息不对称，科技型中小企业金融服务市场没有有效建立，因此，金融主体和企业主体的配对不像市场完全时那样，资金优先配置给研发成功概率最高的企业，然后按研发成功概率（P_i）依次配置。在市场中，N′个企业主体同 M 个金融主体进行随机匹配。如果 N′ < M，则意味着这 N′个企业主体的资金需求都能得到满足，但金融主体的资金不能够全部使用，有资金闲置；当 M=N′时，则意味着这 N′个企业主体的资金需求在都得到满足的同时，金融主体的资金全部使用，没有资金闲置，这是一种较为理想的状态；当 M < N′时，则意味着这 N′个企业主体的资金需求不能得到全部满足，部分企业不能得到资金支持，但金融主体的资金全部使用，没有资金闲置。一般来说，显然后一种情况更符合我国现实的情况。无论是上述哪种情况，我们都可以得到一个获取资金支持的企业主体子集，记为 SSEA，显然 SSEA⊆SEA；记 SSEA 包含的元素个数为 N^*，显然 N^* 满足下列公式：

$$N^* = \begin{cases} N', & N' < M \\ M, & N' \geq M \end{cases} \tag{7-6}$$

下面在模型中设置社会投资效益系数和社会科技进步系数，分别记为 SIE（Social Investment Efficiency）和 STE（Social Technology Efficiency），具体见以下公式：

$$SIE = \frac{\left[\sum_{ea_i \in SSEA} P_i \times (I + R)\right]}{N^* \times F} = \frac{1}{N^*} \sum_{ea_i \in SSEA} P_i \times (\lambda + r^*) \tag{7-7}$$

$$STE = \frac{1}{N^*} \sum_{ea_i \in SSEA} P_i \tag{7-8}$$

公式（7-7）表示整个社会资金投入科技型中小企业的投资回报率，公式（7-8）表示科技型中小企业带来的社会科技进步的效率，是获取资金支持的企业主体研发成功概率的均值。

五、小结

本节给出了科技型中小企业金融服务的数理模型，首先对整个模型的总体情况进行了介绍；然后具体对模型的企业主体、金融主体和行为进行了界定和设置；在主体设置的基础上，设置了主体间的数量关系，并给出了模型运行的条件。由于该模型是一个研究的基准模型，因此设置较为简单，仅仅考虑了科技型中小企业研发能力的异质性，而其他各方面都进行了同质性假设。尽管这样设置离现实有一定距离，但相比于以前的研究都将企业视为完全一致的主体，本模型有一定的进步，更贴近现实。未来的深入研究在基准模型的基础上，不断放松假设，可以使得模型更加接近现实。

另外需要说明的是，本节中模型的表示都仅是给出了各参数的数值符号，而没有给出具体的数值，这样做是为了让模型中各变量间的关系更为清晰。下面进行计算模拟时，也可以方便地为各参数进行赋值，用来研究不同的科技型中小企业金融服务情境。

第三节　科技型中小企业金融服务计算机模拟分析

科技型中小企业金融服务模型的运行情况由微观主体的数量（N 和 M）与公式（7-2）和公式（7-5）给出的微观主体行为条件共同决定，而科技型中小企业的发展状况和对社会的作用由社会投资效益系数和社会科技进步系数来反映。根据不同的情况，我们可以对微观主体的数量与公式（7-2）和公式（7-5）给出的微观主体行为条件中的参数赋予不同的值，然后进行计算模拟来研究不同金融服务情境下（不同的参数设置）社会的受益情况，从而通过对比分析来进行政策效果的评价。

一、初始模型模拟

本节将给出一个初始模型来进行模拟，设置该初始模型作为后面模型参数变化后的对照。下面具体展开。

1. 模型参数设置

本小节说明模拟中需要的参数的具体数值，从理论上讲，模拟分析是一种情境假设研究，主要考察的是不同情境下的对比关系，因此参数数值没有必要与现实情况一致。但为了未来利用该模型进行研究时能够更贴近现实，笔者在设置参数时也会参考我国现实中的相关数据。

根据第五章的分析，科技型中小企业资金需求主要是 1~3 年的中长期资金。目前我国金融机构 1~3 年期的贷款利率为 6.15%，科技型中小企业的利率要显著高于基准利率。结合调查问卷的数据，我们设定 $r^*=10\%$；由于没有针对科技型中小企业的数量统计，也没有针对科技型中小企业金融服务的数量统计，因此对设置金融主体数和企业主体数没有参考资料。当然，我们的基准模型研究主要是从理论上考察不同情形下的金融服务对于科技型中小企业的支持情况，因此也没有必要参考现实数据。参考中国中小企业协会李子彬会长指出的 92%的中小企业资金紧张，其中 52%的企业未能从银行获得任何借款，近 40%的企业仅能从银行获得部分借款的情况，笔者将假设 N=10000，M=1000；对于科技型中小企业研发情况，我国没有相关资料可以参考，因此，笔者只能进行一般性的假设，设置企业主体的研发成功概率 P~N（0.5，1/6），这样设置其实是将标准正态分布化为数值转化为（0，1）的概率，技术上将超过 0 和 1 的部分分别归为 0 和 1 这两个数值。一般来说，成长性不错的企业的净资产收益率在 15%以上，因此这里我们假设科技型中小企业的研发成功后的收益率为 20%，即令模型中研发的投资收益系数 $\lambda=0.2$。

下面，我们使用 Netlogo 软件的版本 5.0.3 进行科技型中小企业金融服务模型的模拟分析（Netlogo 软件是 20 世纪末由美国西北大学开发，主要用于复杂系统与复杂适应系统构建模型的工具，其十分适合从微观主体分析入手探索宏观复杂经济现象）。

2. 模拟结果

按照上述参数设置，笔者应用 Netlogo 软件对科技型中小企业金融服务状况进行了 10 次模拟。分别求出了 10 次模拟中社会投资效益系数和社会科技进步系数的数值，具体结果如表 7-1 所示。

表 7-1　初始模型模拟结果

单位：%

模拟期数	1	2	3	4	5	6	7	8	9	10	平均值
社会投资效益系数	18.93	18.81	19.02	19.09	18.85	19.07	18.98	18.87	18.86	18.92	18.94

续表

模拟期数	1	2	3	4	5	6	7	8	9	10	平均值
社会科技进步系数	63.54	63.54	63.29	63.42	63.01	63.67	62.91	62.23	63.42	63.60	63.26

资料来源：本书模型模拟数据。

该初始模型中，满足公式（7–5）的企业主体远大于金融主体数量，即 M < N′，意味着企业主体的资金需求不能得到全部满足，部分企业不能得到资金支持，但金融主体的资金全部使用，没有资金闲置。从社会投资效益系数的情况看，社会收益系数还不如我们给出的 20%的企业研发成功的收益率。这主要是由于企业存在研发不成功的风险，而金融机构不能有效评估该风险造成的，属于信息不对称带来的资金整体收益较低，与本书其他章节的分析一致。进行模拟分析，重点是要对不同的情形进行比较，从而对政策可能带来的效果进行评估。因此，下文笔者将在初始模型的基础上，改变模型的参数数值，进行大量模拟，然后比较分析带来这些参数变化的政策的效果。

二、模型模拟的比较分析和政策效应评价

本节在初始模型的基础上，对于模型参数进行不同赋值，形成新的模型进行模拟分析，然后比较参数变化带来的效应。

1. 改变金融主体数量的比较分析

以上一节的初始模型为基础，在保持其他因素不变的情况下，将金融主体的数量分别设置为 10 家、100 家、500 家、2000 家、3000 家和 4000 家，即令 M 分别等于 10、100、500、2000、3000、4000 来进行计算机模拟，具体结果如表 7–2 所示（为了方便比较，下表中将 M=1000 时的情况也列出）。

表 7–2 不同金融主体数量下的模拟结果

单位：%

社会投资效益系数（SIE）							
模拟期数（M）	10	100	500	1000	2000	3000	4000
1	19.77	18.62	18.85	18.93	18.91	19.12	19.05
2	18.03	18.74	19.07	18.81	18.95	18.95	18.97
3	18.16	18.81	19.04	19.02	18.97	19.04	19.00

续表

模拟期数（M）	10	100	500	1000	2000	3000	4000
4	17.85	18.80	19.05	19.09	18.97	18.96	18.99
5	17.49	18.57	18.75	18.85	19.15	18.92	18.92
6	20.03	18.70	19.00	19.07	19.03	19.05	18.92
7	18.42	18.77	18.77	18.98	19.11	19.02	18.93
8	18.29	18.75	19.10	18.87	19.03	18.84	18.96
9	19.11	18.83	18.89	18.86	18.99	18.99	18.92
10	17.54	18.95	19.05	18.92	18.94	18.96	18.92
均值	18.47	18.75	18.96	18.94	19.00	18.98	18.96
社会科技进步系数（STE）							
模拟期数（M）	10	100	500	1000	2000	3000	4000
1	62.74	63.08	63.11	63.54	63.40	63.03	63.25
2	61.65	64.43	63.06	63.54	62.53	63.27	63.06
3	65.76	62.29	64.55	63.29	63.37	63.25	63.44
4	62.80	62.61	62.55	63.42	63.46	63.28	63.49
5	61.48	63.54	62.27	63.01	62.98	63.41	63.28
6	57.08	63.05	62.92	63.67	63.44	63.22	63.27
7	61.82	64.23	62.96	62.91	62.88	63.19	63.44
8	62.71	63.41	63.79	62.23	63.35	63.26	63.60
9	62.33	63.69	63.93	63.42	63.79	63.58	63.07
10	62.49	63.71	63.56	63.60	63.07	63.65	63.33
均值	62.08	63.40	63.27	63.26	63.23	63.31	63.32

资料来源：本书模型模拟数据。

该模型中，满足公式（7-5）的企业主体数都大于金融主体数量，即 $M < N'$，同样是企业主体的资金需求不能得到全部满足，部分企业不能得到资金支持，金融主体的资金全部使用，没有资金闲置。在此情况下，金融主体数量越多，自然对于企业主体的资金支持量越大，所以从总体来说，企业主体获取资金支持增加，社会科技进步绝对值加大。

从单位资金的效率来看，金融主体数量从一个占企业主体数量较小比例（0.1%）开始增加时，整个社会投资效益系数和社会科技进步系数都显著提高。但达到一定比例（5%）后，社会投资效益系数和社会科技进步系数基本保持平稳，不再增加，如图 7-1 和图 7-2 所示。

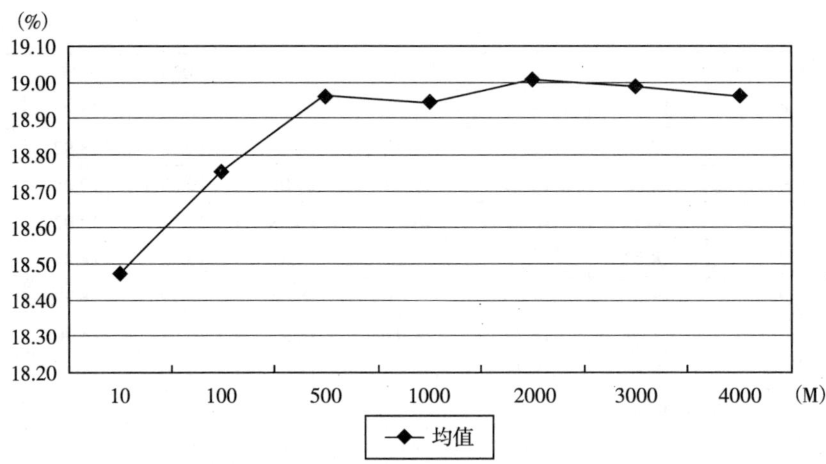

图 7-1 社会投资效益系数（SIE）随金融主体变化情况

资料来源：本书模型模拟数据。

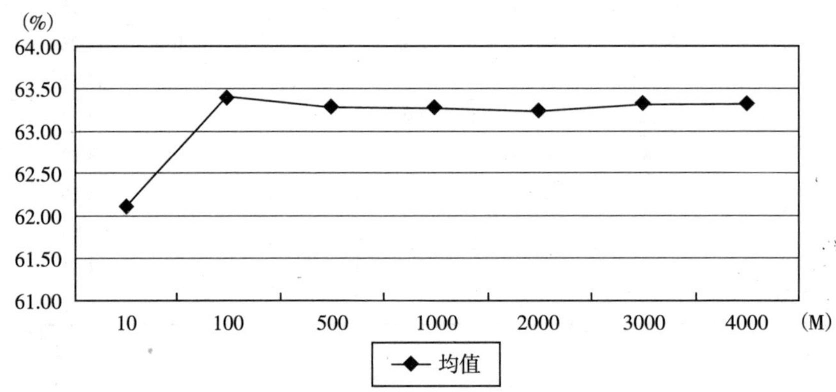

图 7-2 社会科技进步系数（STE）随金融主体变化情况

资料来源：本书模型模拟数据。

从效率角度看，金融主体增加到一定数量后，其数量的增加对于整个社会资金投资效益和社会科技进步效益基本没有帮助。当然，这是建立在金融主体的增加没有改善信息不对称情况的假设下的结论。

2. 改变资金成本的比较分析

同样以上一节的初始模型为基础，在保持其他因素不变的情况下，将科技型中小企业金融服务市场中资金提供的均衡价格 r^* 分别设置为 5%、15%和 18%。为了方便比较，我们同样将 $r^* = 10\%$时的情况也列出。这里需要说明的是，笔者进行了大量的模拟实验，发现 $r^* = 14\%$是一个显著的分界点，即当 $r^* < 14\%$时，该模型中满足公式（7–5）的企业主体数都大于金融主体数量，即 $M < N'$，同样部分企业不能得到资金支持，金融主体的资金全部使用，没有资金闲置。当 $r^* = 14\%$时，满足公式（7–5）的企业主体数将小于金融主体数量，企业资金需求都能够被满足，而金融主体的资金没有全部使用，存在资金闲置问题。当 $r^* > 14\%$时，随着 r^* 的增加，满足公式（7–5）的企业主体数迅速下降（见表 7–3），至 20%时已经没有能满足公式（7–5）的企业主体存在。当然，这一情况对应的金融主体将使资金大量闲置。

表 7–3　需求资金支持的企业数量随资金成本的变化情况

情形	满足公式（7–5）的企业数量									
r^*=15%	666	699	629	666	676	691	638	701	691	658
r^*=18%	85	88	102	79	85	90	80	86	76	74

资料来源：本书模型模拟数据。

从单位资金的效率来看，随着资金成本的提高，社会投资效益系数和社会科技进步系数显著增长，如表 7–4 所示。

表 7–4　社会投资效益系数和社会科技进步系数随资金成本的变化情况

单位：%

社会投资效益系数（SIE）				
均衡价格（r^*）	5%	10%	15%	18%
1	13.24	18.93	28.79	35.95
2	13.17	18.81	28.77	36.13
3	12.90	19.02	28.90	36.08
4	13.00	19.09	28.73	36.07
5	12.89	18.85	28.81	35.85
6	13.16	19.07	28.71	35.95
7	13.01	18.98	28.80	35.88
8	13.13	18.87	28.88	36.05
9	12.95	18.86	28.79	35.94
10	13.17	18.92	28.62	35.96
均值	13.06	18.94	28.78	35.99
社会科技进步系数（STE）				
均衡价格（r^*）	5%	10%	15%	18%
1	52.35	63.54	82.25	94.61

续表

均衡价格（r*）	5%	10%	15%	18%
2	52.49	63.54	82.20	95.09
3	52.01	63.29	82.58	94.95
4	51.80	63.42	82.07	94.92
5	52.54	63.01	82.33	94.33
6	52.13	63.67	82.02	94.61
7	52.25	62.91	82.29	94.43
8	52.55	62.23	82.50	94.87
9	53.28	63.42	82.27	94.58
10	52.25	63.60	81.78	94.64
均值	52.36	63.26	82.23	94.70

资料来源：本书模型模拟数据。

这里需要区别来看，在 $r^* = 14\%$之前，满足公式（7-5）的企业主体数都大于金融主体数量，即 $M < N'$，M 个企业能得到资金支持，金融主体的资金没有闲置；单位资金使用效率和带来的科技进步效率随着资金市场均衡价格增加而大幅提高。在这样的情况下，整个资金的使用效率和社会总的科技进步绝对量也显著增加。但当越过 $r^* = 14\%$这一临界点后，能够满足公式（7-5）的条件的企业迅速减少。虽然单位资金使用效率和科技进步效率仍然增加，但企业主体的迅速减少使得整个资金的使用效率和社会总的科技进步绝对量没有增长，反而显著下降。

3. 政策效应评价

如何破解科技型中小企业金融服务难题，许多专家学者都认为发展中小金融机构、鼓励商业银行为科技型中小企业服务是最有效的办法之一。但我们的研究似乎并不支持这一论断。将上文的模拟情形进行政策对应，不难发现，金融主体的增加表示的是现实中增加科技型中小企业金融服务机构和增加对科技型中小企业资金支持量两个方面的内容。从模拟分析的结果看，在针对科技型中小企业服务的专业金融机构数量较少和整个金融体系对于科技型中小企业资金支持量明显不足的情况下，鼓励成立服务科技型中小企业的金融机构和刺激金融机构资金向科技型中小企业倾斜的政策是非常有效的。但是随着金融服务机构和资金量逐步进入科技型中小企业金融服务领域，鼓励机构建立和资金倾斜的政策对于整个社会资金使用效益和社会科技进步效率提高没有多大帮助。

从模拟模型的结构上看，造成这一现象的根本原因还是信息不对称。如模型中所述，金融机构不能有效鉴别企业的研发成功概率，只能用整体企业界的状况来评价，因此不能将资金优先配置给研发成功概率较高的优质企业，最终使得单位资金的使用效率不能持续显著提高。要保证发展中小金融机构、鼓励商业银行为科技型中小企业服务的政策有效，需要看这一政策能否解决或是缓解信息不对称问题。从这一角度来看，区域中小金融机构能够通过非正式的信息途径等获取企业信息并进行甄别，因此发展中小金融机构的政策将会较为有效。但鼓励商业银行资金向科技型中小企业倾斜政策，由于不能较好地解决信息不对称的问题，所以政策效果会受到很大限制。

在现实中，科技型中小企业缺失合意的金融服务的一个主要表现就是资金成本较高，因此许多人呼吁应该降低科技型中小企业获取和使用资金的成本，认为这样能够有效缓解科技型中小企业金融服务难题，从而使整个社会和科技型中小企业都会受益。显然我们的模拟结果不支持这样的判断。从模拟结果来看，提高资金使用成本反而会让整个社会受益。这看似与常识相矛盾，其实有其合理的内在逻辑。当资金使用成本高时，只有研发成功概率高的企业才能承担得起资金使用成本，因此，资金将能配置到较为优质的企业处；当资金使用成本低时，研发成功概率较低的企业也进入资金需求市场，在金融机构不能有效识别企业信息的情况下，资金不能优先、有效地配置到较为优质的企业处。因而，整个资金的使用效率被拉低。当然，这里必须注意到，收益同风险相匹配的原则，优质的企业应该以较低的成本获取资金，这样资金使用效率才能最优。但是在信息不对称的情况下，金融机构也只能通过高价格这样的信号来甄别优质企业，从而保证资金的使用效率。因此，在这样的情况下，降低资金成本并不是一个有效的政策，反而可能带来负面的影响。

总体来看，这一系列的问题根源还在于信息不对称，由信息不对称带来的资金配置低效。因此，笔者认为要真正解决科技型中小企业金融服务的难题，必须从根本下手，将政策目标指向解决信息不对称问题。如果不将信息不对称的问题解决，各种政策的效应将大打折扣。

三、小结

本节在数理模型的基础上，展开了具体的模拟分析。通过设置不同金融主体的数量（6 种情况）和改变企业主体获取资金的成本（2 种情况）给出了科技型中小企业金融服务的 8 种不同情形，并对这些情境分别进行 10 次模拟。经过对模拟结果的比较分析，找出了如下微观参数与社会宏观整体收益情况的相应联系：①在金融主体数量较少时，金融主体的增加能够有效促进企业主体获取资金；但是在金融主体绝对数量较大时，金融主体数量增长对于整个社会资金使用效益和社会科技进步效率提高没有多大帮助。②提高资金使用成本能够将资金配置到较为优质的企业主体处，从而让整个社会收益更大。

本章对于这样的规律给予了解读，认为其背后的政策含义是：①针对科技型中小企业的金融服务，资金增长到一定数量后，再增长资金和成立金融机构对于改善科技型中小企业金融服务状况作用不大，整个社会的投资收益也不再增加；②同一般看法不同，本书研究表明提高科技型中小企业获取资金的成本能够改善科技型中小企业金融服务状况，从而促进社会投资效益提高和整个社会的科技进步。最后，通过对模拟结果的分析，本章最后还表明了解决信息不对称才是解决科技型中小企业金融服务难题的关键。

本章总结

宏微观一体化建模和模拟方法的核心在于不拘泥于完全理性假设的框架，通过简单的微观主体行为规则来研究宏观的整体现象。这样的方法十分适合对还不完善甚至还没有有效形成市场的领域展开研究。显然，现实中的多数情况就是这样，科技型中小企业金融服务领域就是这种市场的典型。因此，将宏微观一体化建模和模拟方法应用于该领域就显得相当必要，尤其是在我国缺失科技型中小企业相关统计数据的情况下。

本章中，笔者尝试性地将宏微观一体化建模和模拟方法用来对科技型中小企业金融服务情况进行研究，尽管整体的模型设计稍显简单，但不失为一种大胆而有益的探索。希望这些研究能为人们看待和分析科技型中小企业金融服务难题提供另一个视角和思路。从应用的结果来看，该方法的应用的确得出了一些看似反常的新鲜结论：①认为单纯增加科技型中小企业金融机构和将资金向科技型中小企业倾斜对于改善科技型中小企业的金融服务状况作用有限；②降低科技型中小企业获取资金的成本不仅不能改善科技型中小企业金融服务的状况，反而可能使其更糟，并使整个社会的投资效益和单位资金推动的科技进步率下降。

第八章　金融服务的硅谷模式与我国金融多样性改革

他山之石，可以攻玉。

——《诗经·小雅·鹤鸣》

我国台湾的新竹、印度的班加罗尔和以色列的特拉维夫都是科技创新发展良好的典型，谈及科技创新的典范，我们不得不首推美国的硅谷，它已经成为了创业、创新、科技型企业的代名词。尽管对于硅谷的成功，许多人将其主要归因于文化、创新精神等，笔者也认为金融服务并不是硅谷成功的最关键原因。但是不可否认和忽视的是，硅谷众多企业的发展与崛起离不开金融服务的大力支持，金融服务的支持也的确有效地推动了硅谷的科技企业良好发展。因此，探讨硅谷科技创新成功背后的金融服务状况，对于破解我国科技型中小企业金融服务难题有重要的借鉴意义。本章将介绍硅谷支持科技型中小企业发展创新的金融服务情况，笔者将其称为金融服务的硅谷模式。

研究他人，是为了获取灵感来改善自己，因此研究金融服务的硅谷模式目标在于探究我国科技型中小企业金融服务的发展之路。在总结硅谷模式后，笔者发现硅谷模型实现了对于不同层次和性质的金融需求的支撑，正是我国金融多样性改革的目标和取向。因此，本章在介绍了硅谷模式后，专门对于我国的金融多样性改革进行介绍和分析。

第一节　金融服务的硅谷模式介绍

对于硅谷进行探讨的成果十分多，内容涉及也甚为广泛，从地理、气候到文化、教育，但专门论及硅谷金融服务情况的并不多见。有鉴于此，为紧密贴合本书的研究主题，在下文对于硅谷模式的探讨将舍去对于硅谷其他内容的描述和介绍，而仅仅是介绍和分析硅谷对于科技型中小企业的金融服务状况，即笔者称为的金融服务的硅谷模式。本节将介绍金融服务的硅谷模式，主要从两个角度来展示：一是从企业创立、发展的生命周期的情况来看其获取金融服务的状况；二是从硅谷典型的金融机构的经营发展状况来解读金融服务的硅谷模式是如何支持科技型中小企业的。

一、硅谷模式的金融服务情况

任何企业的创立都需要有资金，科技型企业也不例外。硅谷之所以成为创业者和企业家的天堂，是因为只要你有想法（Idea），并能证明你有实现想法的能力，你在硅谷就能方便快速地获取资金支持，帮助你成立自己的企业，并随着企业的成长能够快捷地获取其他类型的金融服务支持。显然，这得益于硅谷有一套系统的金融服务体系。

1. 天使投资

在硅谷，每天都有许多新企业成立，这已经是非常平常的事。之所以如此，在于硅谷中有众多的天使资金（Angel Capital）。自从 1939 年斯坦福工程学院院长特曼（Frederick Terman）拿出 500 美元支持 Hewlett 和 Packard 创立惠普公司起，硅谷就种下了天使投资的基因。同事、朋友、老师或是创业前工作的公司老板都有可能为创业者提供天使资金，帮助其创立公司。任何一个创业者在成功后，也基本都会拿出一部分资金来做天使投资，不仅能够赚取利润，还能有效地帮助同自己一样的创业者。除了无处不在的天使投资，创业者还能通过 P2P（Peer to Peer）、网络银行、朋友间借贷等方式，获取小额的贷款来建立和发展企业。

2. 风险投资和专业银行

硅谷中企业在进入成长期后，根据自身的特点，能够较方便地获取风险投资或者是专业银行的贷款。

风险投资是为处于生命周期前期的企业提供资金和管理支持的金融服务，其为科技型中小企业提供融资服务时，相比于商业银行等，有着更优的风险收益结构。硅谷不仅是创业者和企业家的圣地，也是风险投资家的圣地。硅谷聚焦了美国一多半的创业风险公司，它们为硅谷各种类型的科技企业提供了大量的资金支持，对于硅谷的发展有着非常重要的作用。根据《硅谷风险投资 2013 年第一季度报告》显示两个口径的数据，2013 年第一季度涉及总部在硅谷的 118 家公司的风险资金发生了 752 次融资服务，总额有 64 亿美元（Dow Jones Venture Source）；2013 年第一季度同样涉及总部在硅谷的 118 家公司的风险资金发生了 863 次融资服务，总额有 59 亿美元（The PWC/NVCA Money Tree TM Report）。不论是上述哪个数据，其一个季度的资金应用规模都仅比我国全年的风险投资额略少一些，由此也看出风险投资对于硅谷的作用和意义。风险投资对于硅谷企业的作用不仅在于提供资金，还能够提供专业化的管理和咨询。硅谷的风险投资公司掌握着许多优秀管理人员的信息，在对一个公司进行投资后，他们通过专业的分析，发现公司管理中存在的问题。然后，调整和改造该公司的管理结构，辞退不合适的人员，并挑选职业的经理人来管理公司。因此，我们常常能够看到硅谷某企业的创始人因管理不符合企业发展需求而被赶出公司，最为大家熟知的是苹果创始人乔布斯的故事。

除了风险投资外，硅谷的企业还能够获取来自于银行的贷款，这其中最为著名的即是硅谷银行。对于科技型中小企业贷款一般来说都会面临较大的风险，因此一般商业银行不愿意开展科技贷款的服务。但是在硅谷，银行同风险投资企业深度合作，共享信息，并且银行管理和工作人员很多来自于风险投资机构或者是科技企业，因此银行具有很强的专业性，对于企业的发展情况掌握充分，从而能够大胆地进行贷款。要注意的是，在硅谷开展科技贷款的银行并不是对所有行业的企业都提供服务，不同的银行根据自己对于行业了解的专业程度来开展业务，一般不对银行不熟悉的领域进行盲目放贷。如硅谷银行主要服务于技术类企业和生物科学类企业，而富国银行（Wells Fargo）将重点放在硬件、软件开发，清洁技术，信息技术和生命科学这几类行业。这样的专业性，保障了银行良好的收益。

3. 技术交易和股权交易市场

硅谷的科技企业成长是非常迅速的，几年间就能从一个工作组性质的小微企业成长为拥有成熟技术或是拥有千万用户的快速发展企业。这时的企业需要寻求稳定的商业模式，将自身的技术或客户资源在市场中变实。这时企业需要大量的资金推进企业的进一步发展。许多硅谷企业在准备上市时，还不能实现稳定的利润，甚至是还没有找到稳定的商业模式，因而还达不到在纽约证券交易所（NYSE）（简称纽交所）上市的要求，不能利用在纽交所上市融资。但纳斯达克（NASDAQ）股票市场的存在极大地帮助了硅谷的公司，作为小型资本额等级的纳斯达克专为成长期的公司提供市场，对于上市企业的财务指标要求很宽松。正是这样，硅谷的企业能够便捷地从股权交易中获取大量资金。

相比于到纳斯达克股票市场上市，笔者认为对于硅谷企业影响更大的是活跃的企业并购和企业技术交易活动。当一个小企业开发的技术成熟后，大企业就将会出大价钱来购买该技术，或者是直接将该企业收购，然后再继续开发应用，最终推向市场。尽管许多人认为，企业被收购了，就不存在继续发展问题了。这显然是一种片面的认识，许多小企业在被大公司收购后，其仍然保留了自己的科研团队继续进行独立的工作。这对于科技型中小企业来说，未尝不是一种好的发展结局。对于出售技术的企业来说，它们又将去开发新的技术，而不必考虑如何把技术推向市场。企业并购或技术交易市场的存在让科技型中小企业将集中力量于自己所擅长的科技创新，而不必分心去从事自身不甚了解的市场开发等业务。这样的情况就提高了整个行业的资源配置效率。

二、硅谷银行的金融服务情况

提及硅谷模式，我们不能回避其中的一家重要金融机构，即全球最著名的科技银行——硅谷银行。硅谷银行以其独特的经营模式享誉全球，成为各国在探索如何为科技型中小企业提供金融服务时必须要学习和模仿的标杆。本节就对硅谷银行的金融服务情况进行介绍。

1. 硅谷银行的基本情况

硅谷银行 1983 年成立于美国，本是一家普通的社区银行。随着 1993 年开始同风险投资机构深入合作，将业务重心转向支持创新型、成长快速的企业，硅谷银行逐步发展成了一家以商业银行为主体的金融集团。

如今的硅谷银行，准确地说应该叫作硅谷银行金融集团（SVB Financial Group），有硅谷银行（SVB）、硅谷银行资本（SVB Capital）、硅谷银行分析（SVB Analytics）和硅谷银行私人银行（SVB Private Bank）4 个子公司或者说子机构。其拥有 1400 位员工，资产总值达到 194 亿美元，业务范围涉及美国各州以及我国的北京、上海和英国的伦敦等地。

从其规模来看，硅谷银行金融集团只能属于美国 6000 多家银行机构

中的中小金融机构，但这家中小金融机构却为硅谷地区的绝大多数企业提供过金融服务，其中包括思科、Facebook、Twitter 等明星企业。

2. 硅谷银行的金融服务特点

硅谷银行金融集团依托硅谷银行（SVB）、硅谷银行资本（SVB Capital）、硅谷银行分析（SVB Analytics）和硅谷银行私人银行（SVB Private Bank）的组织框架，可以为不同类型的企业提供贷款、资产管理、咨询等一系列的金融服务。当然，其中最为核心的还是商业银行的业务。但是与一般商业银行不同，硅谷银行有着自己独特的经营方式——与风险投资的紧密合作和深度融化。这主要体现在以下两个方面：

首先，硅谷银行优先支持有风险投资支持的企业（VC-backed Companies）。创新企业是风险较大的企业，一般商业银行较少愿意为这类企业提供服务。硅谷银行却选择了这样的企业作为主要的服务对象，因为在这一细分领域竞争相对较少，银行可以获取较高的收益。但是这一细分市场中，企业风险高这一事实却是客观存在的，如何在高风险的企业中识别较为优质的企业是硅谷银行面临的重要问题。为了解决这一问题，硅谷银行想到了依靠风险投资机构为其是否投资提供一个重要的信号，凡是风险投资机构愿意投资的，一般来说就是相对比较优质的企业，因此可以优先考虑为其提供贷款。

其次，融入风险投资机构。硅谷银行不仅将 VC 机构作为信号，而还深度地和 VC 机构合作并融入 VC 机构中。其主要做法是：①为 VC 机构提供贷款；②投资 VC 机构，分享投资收益；③与 VC 合作，共享信息，共同投资；④将具有 VC、PE 背景的人引进管理层。

通过这些举措，硅谷银行得到了大量的好处，我们可以总结如下：首先，降低了贷款风险。由于共享 VC 的信息，并以 VC 支持作为甄别信号，硅谷银行有效地降低了其服务创新企业的风险。其次，通过投资 VC 机构和与 VC 机构一起共同投资，使得硅谷银行不仅能够享受到贷款利息收益，还同时享受到企业的成长收益。这样的服务搭配对于银行来说是一种控制风险的有效手段，而对企业来说是一种综合的金融服务支持。再次，通过与 VC 共享信息，引入 VC、PE 的人才，增强了银行识别企业的能力。任何银行都会对贷款客户进行分类，区分他们的风险和收益，其主要的差别在于银行分类的标准和能力。一般的商业银行，主要以企业的财务指标为标准，是否发放贷款也主要看企业的财务数据。当然这样做也在于一般的商业银行不具备专业评估企业发展前景的能力。硅谷银行不一样，由于与VC的深度融合，其具有综合评估企业的风险和发展前景的能力。当然，这也仅限于其自身了解的行业，硅谷银行将技术创新类和生物类企业按发展阶段分类，并提供不同的金融服务。对应于企业早期、成长期和成熟期的贷款业务分别是硅谷银行的SVB加速器、SVB增长器和SVB公司金融。

由于硅谷银行具有这样的金融服务特点，使其成为了创新企业、科技型中小企业金融服务的首选金融机构，而这些类型的企业也的确在硅谷银行得到了优质的金融服务。显然，这样的情况是科技型中小企业金融服务领域希望实现的双赢局面。

三、小结

本节从硅谷金融服务大致内容和典型的金融机构的角度，介绍了科技金融服务的典范——硅谷模式。为了区别科技发展的硅谷模式，本书将其称为金融服务的硅谷模式。该模式主要内容是天使投资、风险投资、专业银行的贷款和股权交易的完备体系。这其中非常有特点的是世界最著名的科技专业银行——硅谷银行的金融服务，其关键的特征在于银行同风险投资的深度合作和融合。这种深度的融合造就了科技型中小企业金融服务的理想模式和状态，因此对于寻求破解我国科技型中小企业金融服务难题的是一个很好的启示。

客观来看，金融服务的硅谷模式涉及的主要内容在世界许多地区都大量存在，但为什么世界上却只有一个如此成功的硅谷呢？这需要我们进一步地解读和分析，下节中将完成这一任务。

第二节 硅谷模式成功的原因和对于我国的启示

金融服务的硅谷模式将天使投资、风险投资、专业银行的贷款和股权交易能够良好地组合在一起为科技企业提供最有效的金融支持，从而成就了硅谷的科技创新传奇。到底是什么魔法将奇迹实现？它又能给我国的科技型中小企业金融服务提供什么样的启示呢？本节对这两个问题进行论述和解答。

一、硅谷模式的核心特征

前文介绍了金融服务的硅谷模式的相关内容，可以看出硅谷的这些金融服务在别的区域也能看见，那它们与别的区域的金融服务有什么不同呢？笔者认为，同样的金融服务在硅谷却有着重要的差别，我们将其总结为金融服务的硅谷模式的核心特征：

1. 区域性

硅谷的金融服务具有显著的区域性特征，即做当地企业的金融服务机构。天使投资来自于硅谷中的创业成功者或是创业者的朋友、老师和曾经的老板，他们都是在硅谷这一区域中工作、生活，熟悉硅谷中的人、公司和相关技术的发展；同样风险投资和专业银行都深深植根于这片区域，专门为当地的企业提供服务。区域性的好处在于：一是区域内的信息优势；二是区域内可以建立起长期的信任关系，从而降低交易成本。如同事、老师、朋友、同乡、同一协会中成员之间的信任都会成为初创企业获得天使投资的基础。

2. 专业性

硅谷金融服务的专业性表现在 3 个方面：一是专注于特定的行业。硅谷的各金融机构的主要业务范围都较为有限，将注意力集中在其了解的特定行业。这样的专业经营，长期只从事特定的行业，必然能够加深对于该行业的认识和了解，从而更好地为该行业的企业提供服务。二是对其服务行业和企业甄别的专业性。硅谷许多金融机构都成立了专业性的研究机构，深入研究其服务的行业和企业情况，掌握行业和企业的发展动态，从而有效地甄别企业，将其进行分类，发现优质的企业，规避劣质企业，保障金融资源使用的效益。三是对于企业服务的针对性。根据服务企业的不同情况，如所处生命周期和规模的不同，为其提供针对性的金融服务。

3. 交互性

硅谷的金融服务机构具有很强的交互性（Interaction），主要表现在 3 个方面：第一，金融机构间的互动，典型的就是硅谷银行与风险投资深度合作；第二，金融机构同企业间的互动，这不仅是金融机构和其服务企业之间，也在于金融机构为了了解行业情况等与不同企业间的交流互动；第三，工作人员在不同机构之间的流动，硅谷的跳槽是非常频繁的，这个企业的人跳槽到新的企业，或者是企业工作的人到风险投资等金融机构都是常见之事。这种交互性不仅让硅谷企业享受区域内存在的知识外溢效应，还能促进金融机构间进行风险收益分担和分配机制，进而有效地控制风险，也能够降低金融机构和企业间的信息不对称性。

二、硅谷模式成功的原因

成功的背后都必然有许多成功的因素对其形成支撑，硅谷科技创新的成功无疑证明了其背后的金融支持是成功的。为什么硅谷的金融服务模式能取得成功？下面进行简单的分析（这里说明一下，为什么笔者说金融服务的硅谷模式是成功的。第一，硅谷企业在金融服务的支持下取得了良好的发展；第二，硅谷金融服务业自身取得了良好的发展。显然，这是我们反复提及的金融服务模式的理想状态）。

1. 实现对于不同金融需要的有效支撑

硅谷模式能够取得成功，重要的一点就在于硅谷的金融服务体系有效地实现了对于企业不同层面、规格、性质的金融需求的有效支撑。不同类型企业的金融需求千差万别，这表现在不同的企业需要不同的金融机构来提供服务，或者是对于同一金融机构要求有不同类型的服务，这就要求有一个能提供多样化金融服务的体系有效覆盖不同企业的差异化需求。从硅谷的金融服务状况来看，硅谷有效地实现了这样的目标。硅谷大量专业性的金融机构和针对不同企业提供的专业性服务有效构建了能够覆盖不同性质、层次和规模的金融需求的多样化金融体系，各类企业都能在该体系下得到合意的金融服务，企业自然能够健康、快速地成长。

2. 改善信息不对称问题

由于硅谷模式成功实现了对于企业不同层面、规格、性质的金融需求的有效支撑，因此其取得了成功。笔者看来，能够做到这样的有效支撑，根本的原因还在于金融服务的硅谷模式有效改善了信息不对称的问题。

首先，区域金融机构的信息优势。支持硅谷企业的金融服务主要来自于区域性的金融服务机构，由于其长期在该地从事业务，具有良好的区域网络资源，能够通过各种渠道获取企业的信息，因此硅谷的金融服务机构和企业之间的信息不对称问题相对不严重。

其次，金融服务机构的专业性有效克服了信息不对称的问题。硅谷的金融机构专注于特定行业，对行业信息十分了解，并有能力对其服务的行业和企业展开深入研究。因此，硅谷的金融机构不会像一般的金融机构那样，缺乏对于企业的评估和甄别能力。综合来看，硅谷的金融机构将信息不对称降到了最低。

最后，硅谷金融机构、企业、个人之间的互动，让信息在企业和金融机构之间畅通传递。在这样的情况下，信息不对称的问题将不复存在。但由于这种互动交流并不是一种规范性的、约束性的机制，其具有自发性和无序性，因此整体来看，这种互动交流并不完全，所以硅谷金融服务的这类特征并不能完全破解信息不对称问题，但在很大程度上改善了金融机构和企业间的信息不对称。

因为信息不对称是造成科技型中小企业金融服务难题的根本原因，金融服务的硅谷模式有效改善和化解了信息不对称问题，所以硅谷的金融服务状况发展较好就不是什么难事了。

三、对我国的启示

由于我国整个金融体制和美国有较大的差别，因此我国是否能够参考硅谷模式来促进我国的科技型中小企业金融服务体系和市场的发展呢？笔者的答案是肯定的。因为：①信息不对称是我国科技型中小企业金融服务难题的根本原因。要破解我国科技型中小企业金融服务难题就需要改善信息不对称问题，而硅谷模式的成功恰恰在于其有效地缓解了信息不对称问题。②即便硅谷模式不能在我国复制，不能成为我国破解科技型中小企业难题的模式，就硅谷模型对于科技型企业发展支持取得的成绩也能为我国带来诸多启示。

1. 企业和金融的聚集

从硅谷的模式来看，其金融服务能够实现区域性、专业性和交互性，一个重要的基础就在于企业和金融机构都有效地聚集。当然，是由于科技企业和金融服务机构的聚集带来了金融服务的成功，还是由于金融服务的成功才带来了硅谷地区的科技企业和金融服务机构的聚集，这是一个类似“蛋和鸡”先后关系的问题，我们不去争论谁到底是“先”的问题，而是需要认识硅谷金融服务形成现在这样具有区域性、专业性和交互性的核心特点，没有企业和金融机构的有效聚集这一切是不可能实现的。只有在科技型企业大量集聚在一起到达一定数量的情况下，金融机构才有足够的利润空间去专业服务于当地的企业而不用考虑到别的区域去发展；由于金融机构汇集于同一区域平台内展开竞技，也才能促使金融机构有足够的意愿去向专业化迈进，服务于特定行业、开发针对性的金融产品等来获取竞争优势；只有实现企业和金融机构集群才能让区域内的企业和金融机构享受到技术外溢、信息共享的好处，并进一步推进它们之间的相互交流，从而更好地改善信息不对称问题。

从我国的情况看，我国各地都建设了各种科技、产业园区，企业聚集取得了不错的效果。但是相比较而言，金融机构的集聚情况不佳。当然这同我国的金融监管强度、金融市场本身发展就相对滞后都有关系，因此下一步我国金融市场和体系的改革，需要考虑在企业聚集的基础上有效地推进金融机构的集聚。

2. 促进区域性的中小金融机构成立和发展

硅谷模式的成功很大程度上得益于区域性的金融机构的大量存在，相比于全国性的大型金融机构，区域性的金融机构一般规模较小，属于中小金融机构。由于规模较小，因而其在经营上有自己的灵活性。并且这些区域性中小金融机构为了与大型的金融机构展开竞争，不得不在专业性上下功夫，在一般大型金融机构不愿意提供和服务的细分市场中谋求发展空间，显然科技型中小企业金融服务市场就属于这类的细分市场。区域性的金融服务机构能够通过非正式的渠道等获取当地企业的有效信息，在为科技型中小企业提供服务时，能够有效克服信息不对称的问题。因此，区域性的中小金融机构的发展必然是破解科技型中小企业金融服务难题的有效措施。

就我国的情况来说，区域性中小金融机构除了对破解科技型中小企业金融服务难题具有意义外，还是健全我国金融服务体系非常重要的方面。尽管这些年来，我国一直强调要有效推进区域性中小金融机构的发展，我国的小额贷款公司也在近年来取得了快速发展，但与我国科技型中小企业的金融需求相比，其发展仍然滞后。我国的金融改革也应该朝这一方向努力。

3. 促进专业性金融机构的发展

从硅谷模式的情况看，硅谷拥有许多专业的金融服务机构，这些机构的存在保障了不同类型的企业都能获得合适自己的优质金融服务，这对于企业的发展是至关重要的。从金融资源应用的有效性看，专业性的金融机构能够有效甄别企业，保障了金融资源有效配置给优质企业，从而保障了金融资源的收益和使用效益，这对于整个国家的经济、金融健康发展都有重要的作用和意义。

从目前我国的实际情况看，我国的专业性金融机构非常不足，我国科技银行处于刚起步阶段，无论是数量上还是专业能力上都明显不足。促进专业性金融服务机构的发展是我国金融改革和发展的重要内容。

4. 打造多样化的金融服务体系

可以看到，在硅谷不同类型的企业都能有效获取相应的金融服务，这是因为硅谷的金融服务体系提供多样化的金融服务来满足不同类型企业的金融服务需求。硅谷银行针对不同类型的企业，推出了不同类别的贷款类型就是多样化金融服务在金融产品上的一个典型体现。就我国目前的情况来说，典当、金融租赁等的发展的确有向着多样化金融服务方向发展的趋势，但相比于我国快速发展的科技型中小企业和其多样性的金融服务需求来说，我国的多样化金融服务体系还远远不够，其距离不同层面、规格、性质的金融活动形成金融支撑的要求相差甚远。因此，我国未来推进金融多样化改革势在必行。

四、小结

本节总结了硅谷模式的核心特征，笔者认为硅谷模式的核心在于其金融服务的区域性、专业性和交互性。正是这 3 方面的核心特征保证了硅谷金融机构能够有效改善它们与硅谷企业间的信息不对称问题，因而使金融服务的硅谷模式取得了巨大的成功。硅谷模式的成功能够给我国带来诸多启示，结合我国的实际情况，笔者认为我国未来应该在推进金融机构集聚、大量发展区域性中小金融机构和专业性金融机构及推进金融多样性改革 4 个方面努力，来破解科技型中小企业的金融服务难题。

第三节　我国金融多样性改革

总结硅谷模式，可以发现硅谷模式成功的重要一点在于其构建了一个多样性的金融服务体系，从而能对不同层次、不同性质、不同规模的金融需求形成有效支持。这一支持体系恰是我国金融多样性改革追求的方向和目标。因此，本节对我国金融多样化改革进行分析。

一、金融多样性改革介绍

我国的金融服务体系以大型银行和金融机构为主体，而大银行、大金融机构出于趋利避险的考虑，不愿意提供涉及“草根层面”的金融服务。由于大型银行的服务是有边界的，要求它们深入到一个乡镇层面为中小企业提供服务将会带来其成本的巨大增加，因此将草根层面的企业的金融服务需求寄希望于依靠大型银行来解决是不现实的。针对这一情况，贾康等专家认为寻找一些大型银行金融机构以外的、更为多样化的、可以有效进行金融供给的方案是很有必要的，因此提出了我国金融多样性改革的方向。

金融多样性改革包含金融机构多样性、金融服务模式多样性和金融产品多样性 3 个方面的内容。只有在这 3 个层次都实现了多样性，我国的金融服务体系才能有效覆盖不同层面的金融活动，从而满足企业金融需求的多样性。笔者认为，3 个层次的多样性改革中最主要的内容应该是构建打造金融体系里面多样化的金融机构——多层次的金融机构、多形式的金融机构、多区域性和专业化的金融机构的体系，以机构的多样性带来金融产品和金融服务模式的多样性，从而实现对企业金融需求的完整覆盖。

二、金融多样性改革与破解科技型中小企业金融服务难题

金融多样性改革的主要目标是“寻求一些大型银行金融机构以外的、更为多样化的、可以有效进行金融供给和可持续发展的机制”，从而帮助大型银行等金融机构所忽视的企业有效获取金融服务。显然，大多数的科技型中小企业就属于这种经常被大型银行等金融机构所忽视的企业，因此金融多样性改革对于破解科技型中小企业金融服务难题有重要的意义。

1. 构建完备的金融体系

如第六章所指出的，金融机构方面的问题是造成我国科技型中小企业金融服务难题的重要方面。除了从信息不对称的角度看，金融服务机构甄

别信息能力差外，我们还应该认识到这样的严酷事实，即我国金融市场的发展相对滞后于我国经济社会的发展。我国金融机构主要都是大型银行等大规模的机构，缺少大量的中小金融机构；我国引入风险投资制度较晚、风险投资机构较少，天使投资等刚刚起步；我国多层次、多元化的发达资本市场也尚未建立；政策性金融服务体系目前作用有限；金融中介机构等也十分有限。金融体系发展的滞后使得一些大型企业和项目都尚得不到良好的金融支持，更何况处于市场劣势地位的科技型中小企业。因此，要破解科技型中小企业金融服务的难题，需要加快我国金融体系的发展，寻求除大型银行等机构外的金融供给。显然，金融多样性改革就是要打造除大型银行等机构外的、更为多样的、持续的金融供给机制。这样取向的改革无疑能够让科技型中小企业更为有效地获取金融服务，因此金融多样化改革对于破解科技型中小企业金融服务难题有现实意义。

2. 区域性的中小金融机构能够有效甄别优质的科技型中小企业

前文中多次论述过区域性中小金融机构能有效获取当地科技型中小企业的信息，从而改善金融机构同科技型中小企业存在信息不对称的状况，从而依据其信息优势来甄别企业，将金融资源有效配置给优质的企业。金融多样性改革的一个重要方式是要发展大量的区域性中小金融机构，从这个角度来说，金融多样化改革对于破解科技型中小企业金融服务难题意义重大。

3. 科技型中小企业需要专业性的金融服务机构

科技型中小企业同一般的中小企业有显著的差别，其获取金融服务主要是用于开展企业的科技研发项目和活动，因此，与从事非科技领域的企业相比，其在金融需求上有一定的专业性要求。我国的情况恰恰是专业性金融服务机构非常少，这加剧了我国科技型中小企业缺失合意的金融服务问题。金融多样化改革的一个重要目标就是要培养具有专业能力的专业金融机构，增强金融服务的针对性。从这一方向看，金融多样性改革对于破解科技型中小企业金融服务难题是非常重要的。

三、金融多样性改革的切入点

金融多样性改革还是针对我国金融服务发展滞后提出的改革措施，其属于供给管理的一个重要方面，是一个比较新的概念。因此，如何推进金融多样化改革还需要进一步探讨。

在这一领域具有较深入研究的贾康研究员就认为应该从以下 5 个方面作为切入点来探索金融多样性改革的机制：第一，从小额信贷“批量化”的角度来探索。他认为将低端、分散、小型的金融需求集中起来，达到一定的“批量化”将能够有效地控制银行的风险和成本，从而激励银行从事小额贷款业务。第二，国际经验借鉴。贾康研究员认为，应当探索尤努斯式的面对农村、农户的“小额信贷”的中国模式，通过发展“中利贷”的形式来使原来不能获取正规金融“低利贷”而又无法承担民间“高利贷”压力的企业获取贷款服务。第三，建立存款保险制度。没有存款保险制度的安全性保障，中小型金融机构会因缺少社会公信力和需要持续运营能力而不能够有效吸储，从而无法持续经营下去，更不能为企业提供良好的金融服务。第四，激发和应用民间金融的力量来满足企业金融服务需求。第五，应用政府的政策支持促进和规范市场金融机构的运营。

结合本书科技型中小企业金融服务的主题，参见贾康研究员的观点，笔者认为要让金融多样性改革对于破解科技型中小企业金融服务难题发挥作用，需要从以下两个大方向来努力（促进金融多样性改革来破解科技型中小企业金融服务难题的具体措施，笔者将在本书的第九章作为对策措施的一个重要部分来具体阐述，因此这里仅给出大致方向性的介绍）：第一，以金融机构多样性改革为核心。科技型中小企业金融服务难题的一个重要方面就在于，缺失为科技型中小企业提供服务的机构。因此，金融机构多样性改革必然是金融多样性改革着力破解科技型中小企业金融服务难题的核心。第二，促进和激发民间金融力量来满足科技型中小企业金融服务。从我国现实的情况看，民间拥有大量的金融资源，由于没有得到合理的引导，金融资金流入房地产、蔬菜、水果交易等领域，造成了我国许多产品的价格被不断哄抬。同时，科技型中小企业却普遍缺失合意的金融服务。如果能够有效搭建金融服务平台，规范管理和引导这些资金进入科技型中小企业金融服务领域将解决不少实际问题，改善科技型中小企业金融服务难题。

四、小结

本节介绍了我国的金融多样性改革，笔者认为金融多样性改革的核心应该在于打造金融体系里面多样化的金融机构，从而带动金融产品和金融服务模式的多样性。由于金融多样化改革的目标指向为构建能对不同层次、不同性质、不同规模的金融需求形成有效支持的金融体系，因此其对于破解科技型中小企业金融服务难题是有重要意义的，具体来看金融多样性改革能够从“填补科技型中小企业金融服务的断层”、促进区域性中小金融机构及专业金融机构的成立和发展 3 个角度来改善科技型中小企业金融服务难题。

具体如何让金融多样性改革助力科技型中小企业金融服务的改善，笔者认为有两个主要的方面：一是金融机构的多样性改革；二是引导民间金融力量进入科技型中小企业金融服务领域。

本章总结

本章主要介绍和分析了金融服务的硅谷模式，该模式主要内容是天使投资、风险投资、专业银行的贷款和股权交易的完备体系。这其中非常有特点的是世界最著名的科技专业银行——硅谷银行的金融服务，而硅谷银行的最主要特点在于其同 VC 机构深度合作。总结硅谷模式，笔者认为硅谷模式的核心特点在于其金融服务的区域性、专业性和交互性；其成功的原因为硅谷实现了对于不同金融需要的有效支撑的金融服务体系和有效改善金融服务的信息不对称问题两方面，其中最核心最根本的是对信息不对称问题的有效解决。硅谷模式给我国金融服务发展带来什么启示？笔者将其总结为推进金融机构集聚、大量发展区域性中小金融机构和专业金融机构及推进金融多样性改革 4 个方面的内容。

随后，本章介绍了我国金融多样性改革的情况，指出了金融多样性改革能够从构建我国完备金融体系、促进区域性中小金融机构及专业金融机构的成立和发展 3 个方面来改善科技型中小企业金融服务难题。

最后，笔者认为通过金融多样性改革来改善科技型中小企业金融服务应该着力在两个方向：金融机构的多样性改革和引导民间金融力量进入科技型中小企业金融服务领域。

第九章 破解科技型中小企业金融服务难题的对策建议

要达到预期的目的，求实的精神要比丰富的知识更重要。

——博马舍（**Pierre-Augustin Caron de Beaumarchais**）

无论展开怎么样的理论、原因分析，对于现实问题的研究，最终的落脚点必然是如何解决问题。

因此，本章就针对如何破解科技型中小企业金融服务的难题提出相应的建议。如前文所述，破解该难题是一个系统工程，因而也需要一个系统性的措施，而不是简单条目罗列。并且第六章中已经对现有的建议措施进行了介绍和评价，所以这里需要在总结这些建议的基础上，给出一个整体性的、较为完备的解决方案。

本章系统性地阐述了解决科技型中小企业金融服务难题的对策建议：首先明确破解该难题的政策目标和需要遵循的原则，让政策措施有的放矢并有规可循；其次提出一个解决科技型中小企业金融服务难题的整体框架，并对其中应该包含的主要内容进行介绍；最后将具体给出破解科技型中小企业金融服务难题的具体对策措施。

第一节 破解科技型中小企业金融服务难题的政策目标和原则

在提出解决任何问题的对策建议之前，都需要明白建议措施要实现的目标究竟是什么，这样才能让具体措施紧盯需要实现的目标，从而做到有的放矢。如果没有提及政策的目标，而直接给出具体的建议和措施，那么只能是目标太过明确，不需要专门论述。但在破解科技型中小企业金融服务难题方面，笔者认为要实现的政策目标并不是那么显而易见的，所以下文需要专门进行论述。当然，为了实现目标，我们可以有很多手段和方法，但并不是所有的方法都是恰当的。因此，有必要提出一些规范的原则，来保证实现目标措施的恰当。本节就破解科技型中小企业金融服务难题的政策目标和应该遵循的原则展开论述。

一、破解科技型中小企业金融服务难题的政策目标

简单说，破解“解决××问题的政策”的目标是“解决××问题”。但是，显然这只是对该问题的简单理解和阐述，而要深刻认识一系列建议和措施的目的所在，需要将逻辑链条拉开，分别向“解决××问题”的深层次原因和向“解决××问题”的具体方向进行扩展，探究其背后的本质目的和可操作的具体目标。这些扩展的探讨将是本小节要论述的内容，下文中就从根本的、现实的和具体的3个层次来介绍破解科技型中小企业金融服务难题的政策目标。

1. 根本目标

为了认证破解科技型中小企业金融服务难题的根本目标，需要从改善科技型中小企业金融服务会带来的逻辑链条来展开分析。

首先，我们来看解决科技型中小企业缺失合意的金融服务的目的是什么。从我国科技型中小企业发展的现实情况来看，缺失合意的金融服务是制约科技型中小企业发展的最大障碍，这一障碍普遍困扰着我国的科技型中小企业（本书第三章中进行过理论论述，而第四章和第五章进行了实际状况的介绍，具体内容请参见本书第三、第四和第五章）。所以，解决科技型中小企业的金融服务问题是为了让我国的科技型中小企业能够良好发展。

其次，再看看科技型中小企业良好发展对国家有什么作用，在本书第三章中已经论述了科技型中小企业对国家经济增长、产业升级、市场健康、区域经济发展和国家创新能力提高都有重要的作用和积极的贡献。因此，促进我国科技型中小企业良好发展的目的是为了国家经济的健康发展和实现我国科技创新能力的提升。

总结该逻辑链条，可以看出破解科技型中小企业缺失合意的金融服务的难题是为了让科技型中小企业不因缺失金融服务的制约而发展受阻，为

了让我国的科技型中小企业能够良好发展。让科技型中小企业良好发展的目的是为了国家的经济发展健康和实现我国科技创新能力的提升。因此，破解科技型中小企业金融服务难题，帮助科技型中小企业顺利发展的根本落脚点在于促进经济发展和提升国家科技创新能力。从本质上讲，破解科技型中小企业金融服务难题的根本目标是促进我国经济的健康发展和构建我国自主创新体系、提升我国的科技创新能力。

2. 现实目标

显然，“破解科技型中小企业金融服务难题的对策建议”这个题目本身就反映了该对策建议的目标是解决科技型中小企业缺失合意的金融服务的问题。这看似有些同义反复的论述，但其内涵是有必要专门论述的。该目标展开的内涵分析就是本小单元要提出的破解科技型中小企业金融服务难题的“现实目标”，下文就具体内容进行介绍和讨论。

为什么要采取政策措施来解决科技型中小企业缺失合意的金融服务的问题？因为在科技型中小企业金融服务领域存在市场失灵，市场不能有效地提供给科技型中小企业合意的金融服务。因此，需要政策措施来帮助科技型中小企业获取合意的金融服务。但需要注意的是，让科技型中小企业能够获取合意的金融服务不等同于让所有的科技型中小企业都获取金融服务。因为即便是在一个完全有效的市场中，也不可能使所有的科技型中小企业都能获取金融服务的支持，这是由于科技型中小企业本身有优劣之分。在金融资源有限的情况下，自然是将金融资源配置给优质的企业才能实现资源使用效率的最大化。从发达经济体的情况看，也是部分优质的科技型中小企业取得金融支持，而一些落后的、竞争力较差的企业不能得到金融服务，这是市场最基本的规律之一——优胜劣汰。也只有实现了资源配置给竞争力强的企业，而不提供给那些应该被淘汰的企业，才是我们所希望的有效的科技型中小企业金融服务市场。因此，让科技型中小企业能够获取合意的金融服务指的应该是让不同层次的科技型中小企业能够获取与其发展状况相应的金融服务内容。并且这里所使用的“与企业发展状况相应的金融服务内容”指的是，不同企业发展状况需要不同的金融服务内容，如有的企业在初创发展期，这时期需要的是风险投资；有的企业经营发展已经到一定规模，这时需要的是上市融资。从整体上来说，指的是金融服务市场能够将资源合理、有效、有序地配置给不同发展状况的企业。这里的“有序”指的是能够根据企业的质量（优质、一般、劣质、被淘汰）将降序资源配置，即资源先配置给最优质的企业，然后再配置给一般优质的企业，按顺序配给，直至总体资源配置完毕。

综上可以总结出，破解科技型中小企业金融服务难题的现实目标是让科技型中小企业有序获取合意的金融服务。

3. 具体目标

按目标的层层分解，本小单元介绍破解科技型中小企业金融服务难题的具体目标，也就是对策建议要对准、聚焦的内容。上一单元中，笔者已经指出破解科技型中小企业金融服务难题的现实目标是让科技型中小企业有序地获取合意的金融服务。那么接下来的具体目标就需要聚焦于如何才能让科技型中小企业有序地获取合意的金融服务上。要让金融资源有序配置给科技型中小企业的前提是让金融市场和金融机构能够有效地了解科技型中小企业发展的状况，即了解到各企业在整个科技型中小企业中所处的等次和位置。要做到这点，显然就要求科技型中小企业的发展、经营信息能够在市场中充分暴露，并顺利高效地传递给金融服务机构，使科技型中小企业金融服务领域中的各主体都拥有完备的信息，能够有效甄别不同的发展质量的企业。

但是，我国现实的情况是科技型中小企业金融服务领域并没能让所有市场主体都享有完备的信息，而是存在着严重的信息不对称问题。正是信息不对称问题从根本上导致了科技型中小企业缺失合意的金融服务的问题。因此，破解科技型中小企业金融服务难题的具体目标就是要解决或是缓解科技型中小企业金融服务中的信息不对称问题。

二、科技型中小企业金融服务的目标状态

科技型中小企业金融服务难题之所以存在，是因为现有的科技型中小企业金融服务体系尚有不足，还不能有效地支持科技型中小企业发展，因而需要提出建议和措施来完善和改进科技型中小企业的金融服务体系，从而解决该金融服务难题。显然，我们需要知道科技型中小企业金融服务的现状和预期的科技型中小企业金融服务体系是怎样的之后，才能准确地提出改进的建议和措施，从而实现从现在状态发展到我们所希望的目标状态。尽管在前文中已经介绍了我国现有的科技型中小企业金融服务状况，但当时还没有引入信息分析的视角。所以本部分结合信息对于市场状况的

影响来分析科技型中小企业金融服务的现有状态，然后再提出科技型中小企业金融服务的目标状态。

1. 现有状况

前文中介绍了科技型中小企业金融服务的主要现状，但当时还没有考虑信息对于市场有效性的影响。本书的分析已经指出，造成科技型中小企业金融服务难题的根本问题在于信息不对称，即科技型中小企业的状况信息不能有效地传递和被甄别。同样，前文的分析已经说明，在金融资源有限的情况下，科技型中小企业应当是按序获取金融服务，并且能够根据自身状况取得不同的服务内容。但由于信息传递的失效，使得科技型中小企业不能被有效甄别并分类，所以金融机构就不能有效地针对企业的状况提供服务，甚至是不提供服务（见图 9-1）。

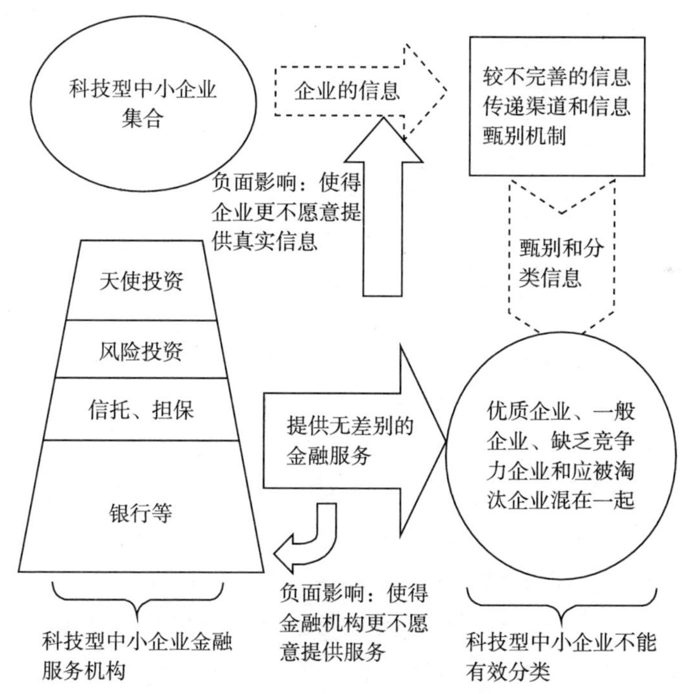

图 9-1　信息传递失效下的科技型中小企业金融服务状况

如图 9-1 所示，从科技型中小企业集合向信息渠道和甄别机制输入的信息有限（信息有限用虚线表示），并且信息渠道不足和甄别机制有待完善，所以造成科技型中小企业不能很好地被识别和分类，因此科技型中小企业的金融服务机构不能有序地为科技型中小企业提供服务，并且混乱的金融服务状况对于企业的信息披露和金融机构的发展都有负面的影响，主要表现在使得企业更不愿意提供真实信息和使得金融机构更不愿意为科技型中小企业提供服务。图 9-1 表示了我国现在科技型中小企业金融服务的状况，这里主要强调和表示了信息不对称造成市场无效率的情况。

2. 目标状态

我们希望的科技型中小企业金融服务的目标状态应该是没有信息不对称或者是尽量减小信息不对称的情况。这样就需要企业能够充分将信息暴露，并且信息渠道充分和甄别机制完善，这样科技型中小企业就能有效地被识别和分类。在这样的情况下，金融服务机构就能根据科技型中小企业的分类信息，根据科技型中小企业的不同情况，有效地选择企业，并针对企业的需求，提供个性化的金融服务方案。只有这样才能有效地为科技型中小企业提供合意的金融服务，并且保证社会整体的金融资源应用效率。

如图 9-2 所示，从科技型中小企业集合能够有效地将各类信息向信息渠道和甄别机制输入（信息充足用实线表示），并且信息渠道畅通和甄别机制完善（用有层次的规则图形形状表示），所以科技型中小企业能很好地被识别和分类。因此科技型中小企业的金融服务机构能有效、有序地为科技型中小企业提供服务（用有序的有向线段表示），其中线的粗细表示对企业的支持力度，这里表示越优质的企业获得的金融服务支持越充分。另外，有序的金融服务状况和企业的信息披露和金融机构的发展都有正面的相互影响。因为有效的金融服务状况让企业认识到要想获取金融服务，需要尽量提供和披露自身的信息，让金融机构对其进行识别。企业的信息越充分，金融机构的服务越规范有序。再则，有效的金融服务状况避免了金融机构因承担的风险不能得到有效的收益补偿而退出市场，从而金融服务体系能健康发展。金融服务体系的发展，反过来进一步促进了金融服务的有效、有序进行。图 9-2 表示了我国现在科技型中小企业金融服务的目标状况，强调信息有效传递的重要性。

现状和目标的差别，反映了解决或缓解信息不对称对于改善科技型中小企业金融服务难题的重要性。因此，政策措施的重点和方向就应该集中于解决信息不对称的问题，这也是前一部分指出的政策措施的具体目标。

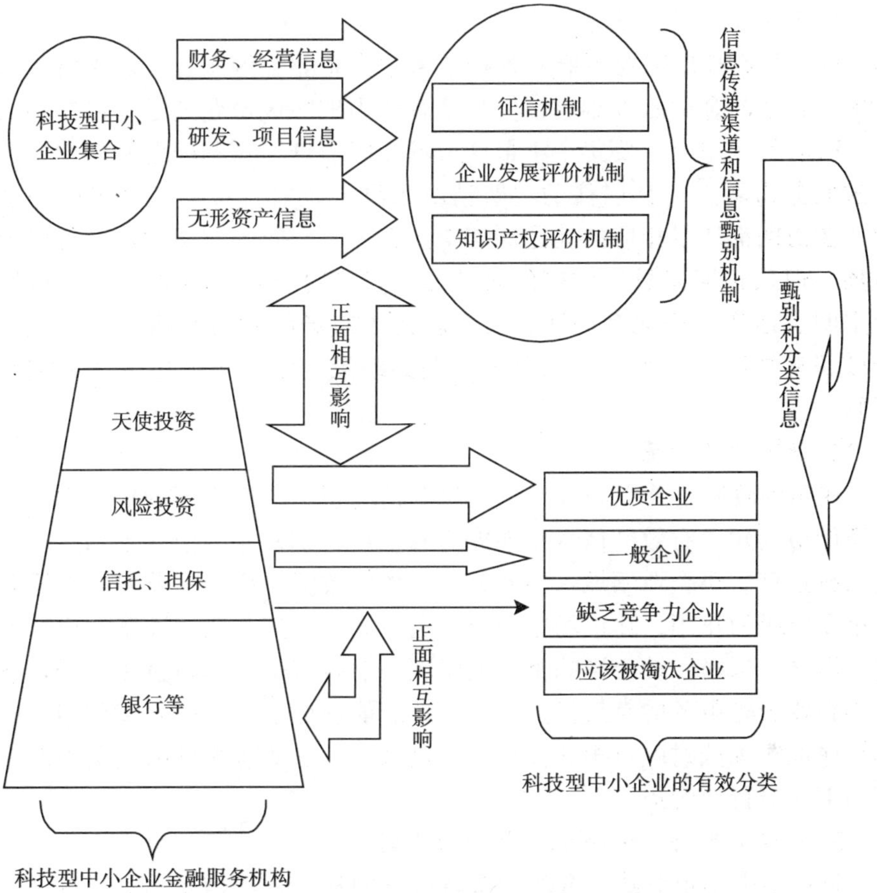

科技型中小企业集合
财务、经营信息
研发、项目信息
无形资产信息
征信机制
企业发展评价机制
知识产权评价机制
信息传递渠道和信息甄别机制
甄别和分类信息
正面相互影响
天使投资
风险投资
信托、担保
银行等
正面相互影响
优质企业
一般企业
缺乏竞争力企业
应该被淘汰企业
科技型中小企业的有效分类
科技型中小企业金融服务机构

图 9–2　科技型中小企业金融服务的目标状况

三、制定破解科技型中小企业金融服务难题的措施应遵循的原则

目标的正确并不意味着实现目标的手段也正确，所以需要对措施和方法的恰当性进行考虑。如我们需要考虑到，科技型中小企业发展固然对于社会发展很重要，但从整个社会的角度来看，不能为了促进科技型中小企业金融服务的发展而损失了其他方面的社会利益，比如降低社会财富对于教育的投入等。因此，我们需要设置一些原则和规范来约束各项政策措施。

1. 以市场为核心原则

尽管我们指出需要政府介入科技型中小企业金融服务领域来解决科技型中小企业的金融服务难题，但是笔者认为破解该难题还是要以市场为核心，政府的作用应主要集中于帮助市场克服信息不对称问题和构建有效的金融服务市场上。从以往的实践情况来看，政府直接参与具体的经济活动，在初期都使得相应的问题能够得到迅速、有效的解决，速度可以远超市场。但从长期来看，政府的直接参与都有可能产生寻租、挤占市场商业空间、运作官僚化等问题，反而阻碍了市场的发展和构建。因此，对于破解科技型中小企业金融服务难题的政策制定应遵循以市场为核心的原则。

2. 低财政负担原则

在明确政府主要以服务市场为目的情况下，政府主要的努力方向应该是帮助市场建立有效的信息传递渠道和信息甄别机制、引导市场金融服务进入科技型中小企业领域。因此，政府的财政资金应当充分发挥引导和撬动市场资源的作用，让市场中的金融资源充分发挥作用。除了在市场不愿进入而又对国家、社会影响重大的领域，财政资金应尽量避免对于科技型中小企业金融服务的直接投入。如果政府能遵照上述方式发挥作用，必然能够保证实现低财政负担的要求。反过来说，需要遵循低财政负担的原则来约束政府行动的边界。

3. 不增加市场中金融机构负担的原则

科技型中小企业缺失合意的金融服务的核心在于信息不对称带来的市场失灵，资源配置无效率。因此，笔者坚持认为缓解了信息不对称的问题，科技型中小企业金融服务的风险和收益的匹配能够形成对商业性金融服务机构的内在激励，促进金融体系自身的发展和构建起有效的市场，最终为科技型中小企业的发展提供良好的支持。如果不着手解决信息不对称问题，没有形成内在的激励而强制要求商业金融机构为科技型中小企业提供服务，可能能够取得更为迅速的效果，但这样会为金融机构带来政策性负担，干扰了其金融资源的有效配置，可能影响金融机构的健康发展，使整个社会资源配置效率降低，从而不可持续。所以，政策措施需要考虑不给市场中的金融机构增加负担的原则。

4. 政策差异化原则

与大型企业或其他类型的企业相比，科技型中小企业的特质决定了其在获取金融服务方面必然处于劣势。对于金融机构来说，相比为其他类型企业提供金融服务，向科技型中小企业提供金融服务的风险和单位资金使用成本一般都较高。再者，针对科技型中小企业的金融服务还有一定的正外部性特征。在这样的情况下，针对科技型中小企业的金融服务在同样政策环境和同等监管条件下运行，反而是不公平的。因此，有必要对科技型中小企业金融服务和开展该业务的金融机构给予政策的优惠和监管条件的适当放松。

四、小结

任何政策措施的制定都需要有其政策的目标，明确其要实现的状态并有相应的原则要求，因此本节首先对于破解科技型中小企业金融服务难题的政策的根本目标、实际目标和具体目标进行了阐述；其次提出了科技型中小企业金融服务的目标状况；最后给出了政策措施需要遵守的 4 个原则。当然，这些规范分析的内容论述是为了下文具体措施的提出做准备，但是起到了提纲挈领的作用，因此，其重要性不能忽视。在有了这样的纲领架构后，下文对破解科技型中小企业的政策措施进一步展开具体论述。

第二节　对策措施框架和其金融服务谱系

破解科技型中小企业金融服务难题的对策建议和措施必然是一些具体内容的罗列，这样可能会稍显缺乏逻辑关联。因此，在提出具体的对策措施之前，有必要从整体上来把握破解科技型中小企业金融服务难题的对策措施框架，并在此基础上指出科技型中小企业金融服务应该具有的谱系。

一、对策措施框架

本书在多处都提及破解科技型中小企业金融服务难题是一个系统性工程，而如何构建这一系统性工程，则需要一套整体性的对策措施体系。本小节提出了这一对策措施体系的思路和框架。

上一节中已经论述了破解科技型中小企业金融服务难题的政策目标和

需要的金融服务体系的目标状态。因此，这里的着眼点就聚焦到采取怎样的政策来实现政策目标和达到金融服务的目标状态。

从政策的具体目标来看，做到的是解决信息不对称的根本问题。结合本书前面章节的分析，造成信息不对称问题来自科技型中小企业自身、信息渠道和甄别机制及金融服务体系 3 方面的影响。因此，要解决信息不对称，就要从这 3 个方面着手。对于第一方面的情况，我国的问题是科技型中小企业自身信息收集不足、信息管理混乱，对外部提供信息不足并有提供不真实信息的倾向，因而政府要做的应该是严格要求科技型中小企业建立信息收集和管理的内部机制，鼓励企业积极披露和提供财务、经营、科研发展等方面的信息。对于第二方面的情况，我国存在的问题是信息渠道的不足、不畅，甄别机制的不完善，专业评估机构较少，因此，政府需要做的是支持和帮助打造科技型中小企业信息传递渠道，完善甄别、评估机制，鼓励甚至是参与成立专业的评估机构。第三方面关于金融服务体系的问题，我国的现状是存在多层次的金融服务体系尚不完善、市场中缺乏专业的金融服务机构、企业的优势信息得不到金融机构的认可这几方面的问题。因此，政府努力的方向就涉及两方面：其一是推进我国金融多样性改革，从供给管理的角度来构建完备的科技型中小企业金融服务体系；其二是改善科技型中小企业金融市场服务环境等，努力发挥金融服务市场体系的作用。从这三方面相互作用的分析和预期的科技型中小企业金融服务状态的情况看，信息渠道的畅通和信息甄别机制的构建应该是核心内容，而市场构建则是重要的措施。

除了上述 3 方面的问题外，我们还要注意两个现象。一是即使在信息充分完备的情况下，科技型中小企业的特征决定了其在相同的情况下，金融服务机构仍然会对其进行金融服务的歧视。即在其他条件相同的情况下，金融服务机构会优先给予规模较大的企业。在这样的情况下，政策需要对其有所倾斜，政策性的资金需要发挥相应的引导作用。二是即使在信息充分完备的情况下，市场中还有一些科技型中小企业得不到金融服务的支持，因为其从事的属于商业金融不愿意涉及的领域。如果这样的领域对于国家、社会的发展有重要的作用和意义，那么政策性金融就需要及时介入，对市场的空缺进行补充。

基于以上的分析，笔者提出打造“以保障信息传递为核心，以金融多样化改革为重点，发挥政策性资金引导和补充作用，进行一紧一松管理”

的对策措施框架，该框架涉及了科技型中小企业自身、信息渠道、金融市场构建和发挥作用及政策性金融 4 个方面的内容。

二、科技型中小企业金融服务的谱系

笔者提出打造“以保障信息传递为核心，以金融多样化改革为重点，发挥政策性资金引导和补充作用，进行一紧一松管理”的对策措施框架，其最终目标是要科技型中小企业能够有效获取金融服务。当这一目标实现时，科技型中小企业应该能够获取怎样的金融服务，下面我们用科技型中小企业金融服务的谱系来展现。笔者认为理想的科技型中小企业金融服务谱系如图 9–3 所示。

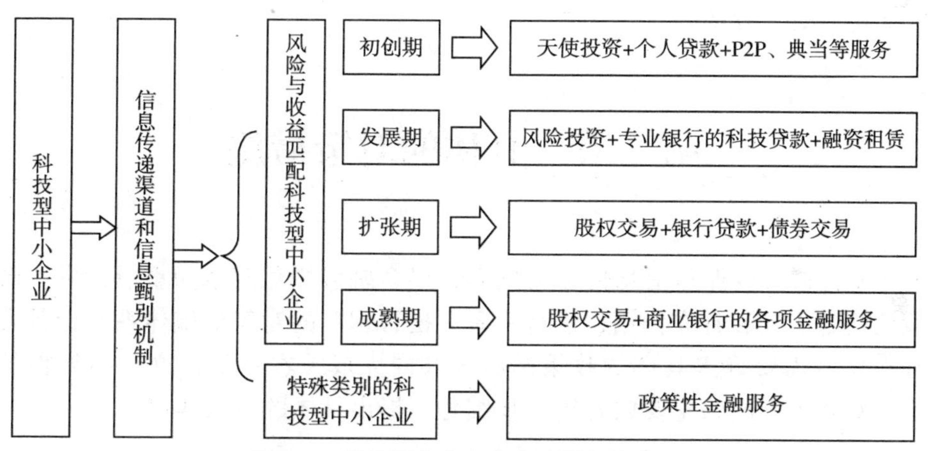

图 9–3 科技型中小企业金融服务的谱系

科技型中小企业首先能够获取的是企业财务、发展和研发等方面的评估服务，即是图 9–3 中所示的信息传递渠道和信息甄别机制。通过这一机制的甄别，科技型中小企业被分为两个大类：一类是可以在通过金融服务的市场体系得到充分金融服务的企业，这主要是指科技型中小企业的风险和收益能够得到很好匹配；另一类是企业对于社会经济发展有重要作用，但是商业金融不愿意提供服务的企业，这样的企业应该是由政策性金融服务机构来提供支持。对于通过市场来获取金融服务的企业来说，不同的企业发展阶段对于金融服务的需求有所不同，因此笔者根据企业周期的不同描述了科技型中小企业应该获取金融服务的类型，具体如图 9–3 所示。

三、小结

本节中，笔者提出了打造“以保障信息传递为核心，以金融多样化改革为重点，发挥政策性资金引导和补充作用，进行一紧一松管理”的对策措施框架，并对科技型中小企业金融服务的谱系进行了阐述。在总结本节时，笔者需要再次强调破解科技型中小企业金融服务难题是一个系统工程，因此所提出的对策措施体系框架需要从整体来构建，让科技型中小企业自身、信息渠道、金融市场构建和发挥作用及政策性金融 4 个方面相互配合、发挥合力。当然，在整个框架中，最为重要的还是要保障以信息传递为核心和优先。只有在该问题得到优先解决的前提下，其他部门的作用才能得以真正发挥。

第三节　具体的对策措施

要打造“以保障信息传递为核心，以金融多样化改革为重点，发挥政策性资金引导和补充作用，进行一紧一松管理”的对策措施体系并让其发挥作用，需要许多具体的政策措施来共同完成。本节就在这一指导框架下，对 4 个方面的主要内容进一步细化，提出具体的对策建议。

一、构建和完善社会化信息传递渠道和甄别机制

构建和完善社会化信息传递渠道和信息甄别机制对于缓解甚至解决信息不对称问题至关重要，并且还能有效促进科技型中小企业的信息披露和金融市场的发展，所以其是破解科技型中小企业金融服务难题的关键。具体来看，需要从科技型中小企业社会征信机制、发展评价机制和无形资产价值评估机制 3 个方面做出努力。

1. 社会征信机制

我国自 2013 年 3 月 15 日起，开始施行《征信业管理条例》。《征信业管理条例》的实施为征信业的规范发展奠定了法律基础，为建立科技型中

小企业金融服务业统一征信平台、跨部门协调机制、征信信息披露等提供了法律依据。在此基础上，我国还需要在以下几个方面进一步完善征信体系的建设：

（1）增强科技型中小企业信用记录信息的及时性、完整性和全面性。

（2）加快完善企业信息的评分体系，并针对科技型中小企业的特点，采用企业与企业经营法人代表个人信用相结合的信息评估方法，为科技型中小企业金融服务的发展与创新提供良好的信用信息基础。

（3）扩大征信系统的接入机构范围，将为科技型中小企业提供服务的机构纳入征信系统的范围，如融资租赁公司、科技型中小企业担保机构、小额贷款机构。这方面浙江、安徽、江西等省已经开始尝试，它们将小额贷款公司接入了人民银行的征信系统。

（4）应用征信系统构建促进科技型中小企业有效信息的提供。充分发挥征信信息在科技型中小企业金融服务中的作用，降低企业金融服务因信息不对称导致的风险，从而提高科技型中小企业提供真实信息的积极性。

2. 发展评价机制

反映科技型中小企业的未来发展状况的是其主要进行的研发创新活动的信息，但该信息具有很强的独特性，不易获取也较难评估。现在能获取这类信息并有专业能力进行解读的机构，主要是专业的风险投资机构。但是风险投资机构的这类信息不可能进行社会共享，因此并不是一种社会化的评估机制，所以在企业发展情况评估方面信息不对称问题严重。对于从事该研发创新活动的细分行业内部来说，细分领域中的企业和从事该领域的研究专家能够具有获取并解读及评估企业的研究发展项目的专业能力，所以在结合细分行业协会和从事该领域专家的基础上，是可以建立起科技型中小企业发展评价机制的，即便不能准确评估科技型中小企业的发展状况，但至少是可以对现有从事该领域研发的企业进行比较排名或者是给予等级评估。因此，笔者建议国家应该考虑建立对于科技型中小企业发展进行评价的机制，将科技型中小企业的核心信息披露出来，为科技型中小企业金融服务提供企业发展评价的信息基础。

当然，具体如何建立该评估机制，是通过建立政府公益性的机构来开展本项工作，还是政府提供资金和专家资源，依托行业协会来进行业内评估，这还需要进一步的研究。但是从现在的情况看，建立科技型中小企业发展的评估机制是具有可行性的。尽管最终的信息评估可能并不准确，但与现在缺失这类信息的社会共享情况相比，无疑还是在一定程度上缓解了信息不对称的问题，对于完善科技型中小企业的信息传递和甄别还是有了很大的进步。

3. 无形资产价值评估机制

无形资产是科技型中小企业的重要资产甚至是主要资产，如何能够帮助科技型中小企业应用无形资产获取金融服务对于破解科技型中小企业金融服务难题十分重要。其中的关键在于建立以知识产权评估和交易为核心的无形资产价值评估的社会化机制，来缓解企业与金融服务机构间的信息不对称问题。具体来说，需要从以下几个方面进行努力：

第一，完善知识产权保护法律法规和政策。探索制定科技创新领域新产品、新技术等的专利保护政策，完善相关领域的专利审查标准。

第二，加强无形资产评估服务体系建设。实施无形资产服务机构培育项目，开展无形资产分析研究机构和管理咨询机构的培育工作，培育一批能够支撑审议和有效评估无形资产价值的机构。

第三，加快建立知识产权交易平台。完善知识产权交易政策，支持设立以知识产权转移为重点的技术转移机构，推进知识产权交易市场体系建设。

二、推进我国金融多样性改革

推进我国金融多样性改革主要是从增加金融供给、构建科技型中小企业金融服务市场的角度来破解科技型中小企业金融服务的难题。

1. 推进金融机构的多样性改革

寻求构建我国金融机构多样化改革的机制，有效推进金融机构的多样性改革，可以从以下几个方面努力：一是地方政府应通过税收、财政补贴等发展引导民间资金建立区域性的中小金融机构。二是由财政出资设立科技型中小企业贷款基金，将基金优惠提供给小额贷款公司、城镇银行等中小金融机构，以此来激励中小金融机构的创立和发展。三是鼓励大型商业银行或政策性银行通过市场化招标等方式，为运营较好的中小企业金融机构提供贷款，促进中小企业金融的发展。四是鼓励和促进商业银行创立专业性的科技银行或者是设立专营科技贷款的部门。

2. 推进金融服务内容和模式的创新

科技型中小企业的集合票据和债券都是针对科技型中小企业的金融服务创新，研究探索全国范围内的科技型中小企业集合票据和债券是一个金融多样化的创新方向。科技型中小企业的风险搭配在一个区域内未必能有较好的效果，如果能够考虑将全国范围内的科技型中小企业集合票据和债券，将科技型中小企业的风险和收益在全国内搭配或许能取得良好的效果。另外，以产业链金融为纽带，将科技型中小企业的风险和收益放在其所处的产业链中来综合考量，通过上下游的优质企业的担保来降低科技型中小企业的风险。

3. 探索民间金融的作用

从我国现实情况看，民间金融拥有大量的资金，但是缺乏相关的专业知识，因而很少有民间资金进入科技型中小企业金融服务领域。对于这样的情况，我们需要探索民间金融服务如何有效地进入科技型中小企业金融服务领域的机制。可以尝试从地方建立科技引导基金，通过政府基金来向民间资金显示投资方向，或者是通过建立科技投资基金来吸收民间资金，也可以应用政府担保的方式，促进民间金融资源直接投向科技型中小企业。

三、构建和完善政策性金融服务体系

政策性金融服务体系是市场体系的有力补充，其与市场体系一起共同作用，对于破解科技型中小企业金融服务难题有重要意义。

1. 政策资金发挥引导作用

政策资金发挥引导作用主要在于矫正市场中金融机构对于科技型中小企业的歧视和促进商业金融机构开展针对科技型中小企业的金融服务。具体可以从以下几个方面发挥作用：

第一，综合应用业务补贴、贷款贴息、政策性保险等方式，促进金融机构开展针对科技型中小企业的金融服务。笔者认为，政府给予金融机构业务补贴、贷款贴息、政策性保险等要非常审慎，作用范围也需要严格控制。在具有社会化的信息传递渠道和甄别机制时，商业金融机构能够很好地识别企业的风险和收益，对于科技型中小企业收取较高的费率和费用来补偿企业高风险等的问题，并不属于对于科技型中小企业的歧视。在这样的情况下，使用业务补贴、贷款贴息、政策性保险等的作用范围需要严格控制在科技型中小企业有特别的信息不被金融机构认可，但地方政府能够真实掌握企业信息的情况下。如果社会化的信息传递渠道和甄别机制尚不完善时，可以适当扩大政策资金的作用范围，选择符合国家和产业政策导向、科技含量高、市场前景好的企业进行支持。

第二，建立政策性担保机构。由政府出资或参与设立政策性担保机构，为科技型中小企业的融资业务提供政策性的担保。政策性担保能够以政府资金作为依托，通过政府的信誉背书来为科技型中小企业提供增信，增加金融机构提供服务的意愿，实现引导商业资金进入科技型中小企业金融服务领域的目的，但政策性担保机构选择服务企业，必须要坚持审慎原则，只有在地方政府拥有信息优势的情况下，才能进行担保，否则会使得政策性担保机构过多地承担风险，其发展将不具有可持续性。

2. 政策性金融发挥补充市场空缺的作用

政策性金融发挥补充市场空缺作用主要是要让政策性资金来支持那些从事商业金融没有覆盖但对于国家和社会有重要意义的领域的科技型中小企业。主要的方式有：

第一，设立针对科技型中小企业的创新支持基金，为科技型中小企业的创新活动和研究项目提供直接的资金支持。

第二，政府成立或参与成立投资科技型中小企业的创业引导基金，为科技企业提供股权期权的资金支持和企业经营、管理的指导。

第三，在现有政策性银行中成立科技型中小企业事业部，专门为科技型中小企业提供无偿或者低息贷款，为科技型中小企业提供资金支持。

第四，资金奖励，对于科技创新取得突出成绩的科技型中小企业提供财政资金奖励。

四、完善科技型中小企业的信息收集和披露制度

严格规范科技型中小企业的信息收集和披露行为，建立和完善科技型中小企业的信息收集和披露制度，这涉及科技型中小企业和国家监管机构等几方面的内容。

1. 进一步完善科技型中小企业的划分标准

要严格要求科技型中小企业进行信息收集和披露，首先要弄清楚哪些企业是科技型中小企业，才能保障政策落实到位。国家需要研究出台具体

的科技型中小企业划定标准，建立针对科技型中小企业的统计口径。这样不仅能够让国家管理部门了解科技型中小企业的发展状况，方便国家制定促进科技型中小企业金融服务的政策，也能够让金融服务机构对科技型中小企业整体金融服务状况进行研究分析，从而能更好地为科技型中小企业提供个性化服务。

2. 统一科技型中小企业金融服务监测的统计口径

科技型中小企业的划分标准的作用对象是企业，从科技型中小企业的角度来获取金融服务的信息。除了从这一角度外，我们还需要从金融服务机构的角度来了解它们对于科技型中小企业支持和服务的情况。国家需要研究发布科技型中小企业金融服务的内容、范围的标准，明确科技型中小企业贷款、科技型中小企业投资基金等的统计口径。基于这些信息，政策才能有针对性地促进金融服务机构为科技型中小企业提供服务。

3. 建立科技型中小企业相关信息披露机制

建立科技型中小企业的信息披露机制，从政策性金融引导的作用出发，要求申请政策性金融支持的企业，必须披露企业的信用和发展等方面的信息。要求科技型中小企业完善内部的信息收集和管理机制，规范科技型中小企业信息披露内容，为向政府的相关机构、银行和其他金融机构提供有关财务状况、资信等级等信息的报告。

五、促进科技型中小企业的金融服务市场发展

科技型中小企业缺失合意的金融服务的一个重要原因在于我国尚缺乏一个与科技型中小企业金融需求相适宜的金融服务市场，因此，有必要促进和推动针对科技型中小企业服务的金融市场发展。

1. 改善金融机构的发展环境

促进科技型中小企业的金融服务市场的发展，首先需要金融机构发展环境的改善。即使不能做到整个金融环境的改善，也可以先尝试对能有效改善科技型中小企业金融服务状况的中小金融机构发展环境的改善。

其一，放松金融业的准入管理，大力促进以民间资本为主体的中小金融机构发展。出台民间资本投资各类中小金融机构的具体规定和引导政策，这不仅对于充实中小金融机构的资本有益，而且可以让实际中存在的民间地下金融交易进入监管视野，规范运行。

其二，适当放松管制指标，以促进小贷公司等中小金融机构为科技型中小企业提供金融服务，并通过引进新的小贷公司促使竞争来降低科技型中小企业获取金融服务的成本。如放宽对小额贷款公司改制为村镇银行的限制，适当降低金融租赁公司设立的门槛，引导资本进入金融租赁领域等。

其三，改善中小金融机构的基础设施，如完善中小金融机构的结算系统以及让其接入国家的征信系统，使中小金融机构能够充分参与到银行业的竞争中，充分发挥中小金融机构在科技型中小企业金融服务体系中的作用。

其四，鼓励专业金融机构的成立和合作。出台政策支持各地成立科技银行，促进科技银行、创投基金、科技型担保机构等专业金融机构的深度合作，鼓励针对科技型中小企业的金融服务创新。

2. 对科技型中小企业金融服务实施差异化政策

无论是大型银行还是中小金融机构，抑或是民间金融业务，都能对科技型中小企业提供金融服务支持，关键是要让不同的金融机构大胆尝试和创新，找到其为科技型中小企业服务的商业定位与可行的商业模式。这就需要采取差异化的政策鼓励各类金融机构积极开展对科技型中小企业的金融服务。

第一，采取对科技型中小企业金融服务的差异化监管。对科技型中小企业不良贷款率实施差异化考核，适当放宽对科技型中小企业不良贷款比率的容忍度。对科技型中小企业实施差异化的存贷比考核和风险权重计算方式。这方面已经有针对小企业的政策支持，如《关于支持商业银行进一步改进小企业金融服务的通知》（银监发〔2011〕59 号）指出："在满足审慎监管要求的条件下，优先支持其发行专项用于小企业贷款的金融债，其发行金融债所对应的单户 500 万元（含）以下的小企业贷款可不纳入存贷比考核范围。同时，在巴塞尔新资本协议的基础上，对于运用内部评级法计算资本充足率的商业银行，允许其将单户 500 万元（含）以下的小企业贷款视同零售贷款处理；未使用内部评级法计算资本充足率的商业银行，对于单户 500 万元（含）以下的小企业贷款在满足一定前提下，可视为零售贷款。"可以在此基础上，进一步研究和制定针对科技型中小企业的差异化政策。

第二，建立差异化的考核机制，促进大型商业银行创新商业模式，推进其客户结构调整，将科技型中小企业纳入服务范围。

第三，差异化的财税激励。可以参考我国针对涉农贷款方面实施的差异化财税激励，比如针对科技型中小企业的贷款实行增量激励。

3. 对科技型中小企业金融服务机构采取差异化监管和刺激

除了对于科技型中小企业金融服务业务提供差异化的政策外，可以对科技型中小企业金融服务机构采取差异化监管和刺激。

其一，实施差异化的融资比例。根据服务科技型中小企业数量、户均贷款余额、风险管理等指标对小额贷款进行分级管理，实施差异化的融资比例。对风险控制能力强的小贷公司适当放宽融资杠杆，允许其从银行获得一定的资金支持，融资杠杆可从 0.5 适度上升。

其二，对开展科技型中小企业金融服务的金融机构给予税费优惠。如对开展科技型中小企业金融服务的金融机构给予营业税、增值税的优惠税率和免征管理类、登记类、证照类行政事业性收费等。

其三，分级管理中小金融机构。对优质的中小金融机构，适度放宽业务范围，允许其为科技型中小企业提供投资、担保、咨询等增值服务，甚至允许其开展资产证券化、再融资等金融创新业务。

六、小结

本节在“以保障信息传递为核心，以金融多样化改革为重点，发挥政策性资金引导和补充作用，进行一紧一松管理”的对策措施框架下，给出构建和完善社会化信息传递渠道和甄别机制、推进金融多样性改革、构建和完善政策性金融服务体系、完善科技型中小企业的信息收集和披露制度及促进科技型中小企业的金融服务市场发展 5 个方面的建议和措施。这 5 个方面的措施有其内在的逻辑联系，其中关键在于解决科技型中小企业金融服务市场中信息不对称问题和构建有效的金融服务市场。

本章总结

如何破解科技型中小企业金融服务难题，这些年来从不同的角度提出的对策建议不算太多，但是涉及的内容不少，甚至有些纷繁复杂，难以把握其中的逻辑关系。因此，本章希望在一个统一的逻辑框架下，系统性地论述破解该问题的方法。首先在第一节提出了破解科技型中小企业金融服务难题的政策目标和需要遵循的原则。在确定了以解决科技型中小企业金融服务市场的信息不对称为具体目标后，第二节从整体上提出了破解科技型中小企业金融服务难题的对策措施框架，即“以保障信息传递为核心，以金融多样化改革为重点，发挥政策性资金引导和补充作用，进行一紧一松管理”的对策措施框架，并介绍了该对策框架实施后科技型中小企业应该能获取的金融服务谱系。最后，以解决信息不对称、构建有效的金融服务体系为内在逻辑，给出破解科技型中小企业金融服务难题具体的对策建议。

从破解科技型中小企业金融服务难题的系统分析来看，解决该问题需要从多个方向共同努力，形成合力。为了让对策建议具体、清晰，需要将其从各个方面罗列展现。但是我们不应忽略其中的逻辑联系，而应认识到这些政策措施需要相互配合成一个系统的解决方案，才能发挥有效作用。当然，如果非要在这些措施中挑出最重要的，笔者认为构建和完善社会化信息传递渠道和甄别机制是牵引整个解决机制的关键，这也是我国目前最缺失的，需要从这个角度入手，才能从根本上解决科技型中小企业金融服务的难题。

第十章 研究总结和展望

“智者千虑，必有一失；愚者千虑，必有一得。”

——《史记·淮阴侯列传》

行笔至最后，需要总结全书时，竟是一头雾水，十几万字洋洋洒洒，究竟说了些什么？“愚者千虑，必有一得”，也只有用这句话安慰自己，希望本书还能总结出可取之处。

第一节 研究总结

研究之初是总结别人的研究成果，为自己开展研究做准备。现在也需要将本书所做的工作进行大致总结，为将来可能的研究提供方便。总览全书，本书主要内容包括以下几个部分：

第一，研究了科技型中小企业的定义、作用和问题。本书总结和研究了世界主要经济体对于科技型中小企业的定义和具体的界定标准，并且在系统分析我国科技型中小企业概念的基础上，提出我国应该根据科技型企业和中小企业标准共同交集的概念来界定我国的科技型中小企业，只有综合这两个标准的定义才是我国最需要的科技创新的方向。同时，本书从理论上论述了科技型中小企业对于我国发展的作用和意义，也明确指出了阻碍我国科技型中小企业发展的核心问题——科技型中小企业缺失合意的金融服务。

第二，研究了科技型中小企业金融服务的现状、存在的问题和原因。本书从金融服务和企业需求的角度对我国科技型中小企业金融服务发展现状进行了梳理，并指出了其存在的相应问题。基于信息不对称角度，从企业本身、金融机构和中间信息渠道 3 个方面对科技型中小企业缺失合意的金融服务的根本原因展开了分析。

第三，评价现有对策建议。本书不仅基于信息不对称的分析视角，从理论上对现有的各种对策建议进行评价，还尝试性地应用了宏微观一体化建模和模拟方法对政策的可能效应进行了评估。

第四，提出系统的政策支持体系。本书在借鉴和分析硅谷金融服务模式，以及思考我国金融多样性改革的基础上，系统地提出了解决我国科技型中小企业缺失合意的金融服务难题的一套措施方案。该方案给出了政策的目标、原则、体系框架和具体的办法措施。

第二节　研究展望

科技型中小企业金融服务是目前的一个热点问题，研究关注度高、实践涉及内容广泛。但是从细化来看，对于科技型中小企业金融服务的政策研究并不丰富，对于该领域的具体研究还有很大的空间。具体来看，未来还可以在本书的基础上，从以下几个方面展开深入的研究：

首先，科技型中小企业金融服务内容广泛，本书主要论述了目前占主导地位的信贷服务，未来可以选取其他的金融服务内容开展深入的研究。如科技保险、金融租赁和天使投资等方面。

其次，本书中使用的科技型中小企业金融服务模型仅是一个基准模型，未来可以以基准模型为基础，开发更为高级的模型，让宏微观一体化建模和模拟方法进一步发挥作用。

最后，科技型中小企业金融服务领域并不是一个完备的市场，因此停留在一般市场均衡框架内分析，较难有大的突破，因此可以大胆尝试新方法的引入，比如采用匹配理论等新的研究方法。

参考文献

中文著作

贾康：《中国政策性金融向何处去》，中国经济出版社 2010 年版。

科技部：《中国科技统计年鉴》，中国统计出版社 2012 年版。

陆立军：《科技型中小企业与区域产业竞争力：基于 1162 家科技型中小企业问卷调查及案例分析》，中国经济出版社 2002 年版。

汤继强：《我国科技型中小企业融资政策研究》，中国财政经济出版社 2008 年版。

汤继强：《我国科技型中小企业融资政策研究——基于政府的视角》，西南财经大学博士论文，2007 年。

王益、许小松：《风险资本市场的理论与实践》，中国经济出版社 2000 年版。

赵昌文、陈春发、唐英凯：《科技金融》，科学出版社 2009 年版。

赵昌文、阙紫康、杨安华：《创新型企业的金融解决方案：2011 中国科技金融案例研究报告》，清华大学出版社 2012 年版。

仲玲：《科技型中小企业融资的理论与实证研究》，吉林大学博士论文，2006 年。

中文期刊及论文

巴曙松：《层次资本市场与经济体制改革》，《证券时报》2003 年 10 月 22 日。

财政部财政科学研究所课题组：《财税支持中小企业自主创新的问题及对策》，《中国财政》，2011 年第 3 期。

陈红、卫建业：《科技型中小企业：成长特征，影响因素，扶持政策——基于太原高新区科技型中小企业调研的分析》，《中北大学学报（社会科学版)》, 2009 年第 4 期。

陈佳贵、郭朝先:《构筑我国小企业金融支持体系的思考》,《财贸经济》, 1999 年第 5 期。

程昆、刘仁和、刘英:《风险投资对我国技术创新的作用研究》,《经济问题探索》, 2006 年第 10 期。

迟建新:《创业板呼唤政府对初创期科技中小企业的引导》,《财政研究》, 2010 年第 3 期。

戴国庆:《构建我国扶持科技型中小企业的政策体系》,《财政研究》, 2006 年第 3 期。

邓乐平、孙从海:《技术创新与资本市场》,《金融研究》, 2001 年第 9 期。

邓彦:《发达国家的科技型中小企业融资政策对我国的启示》,《中国管理信息化 (综合版)》, 2007 年。

丁文丽:《基于最优规划模型的风险投资与技术创新关系的时间序列分析(英文)》,《云南民族大学学报 (自然科学版)》, 2004 年第 13 期。

高松、庄晖、陈子健:《上海科技型中小企业融资困境及对策研究》,《上海经济研究》, 2011 年第 3 期。

高松、庄晖、牛盼强:《科技型中小企业政府资助效应提升研究——基于企业生命周期的观点》,《中国工业经济》, 2011 年第 7 期。

郭斌、刘曼路:《民间金融与中小企业发展: 对温州的实证分析》,《经济研究》, 2002 年第 10 期。

世界大学城:《国际贸易保护主义案例分析——美国 201 钢铁案》, http: //www.worlduc.com/blog2012.aspx?bid=720640, 2011 年 6 月 21 日。

国家税务总局税收科学研究所课题组:《科技型中小企业税收优惠问题研究》,《税务研究》, 2005 年第 11 期。

合肥日报:《庐江农村商业银行为县域经济服务的金融主力军》, 合肥在线, http: //news.hf365.com/system/2012/11/23/012757547.shtml, 2012 年 11 月 23 日。

胡喜保:《国有银行支持中小科技企业发展研究》,《财经理论与实践》, 2000 年第 21 期。

湖北日报:《知识产权质押贷款试点 4 年部分银行没贷一笔》, 新华网, http: //www.hb.xinhuanet.com/2013 -04/23/c_115497102.htm, 2013 年 4 月 23 日。

黄卫华:《中小科技企业融资方式及其创新》,《学术交流》,2003年第11期。

黄蕴洁、刘建秋:《科技型中小企业财务风险评价探析》,《财经问题研究》,2009年第6期。

惠晓峰、张振威、胡伟:《拓宽中小科技企业直接融资渠道研究》,《中国软科学》,2002年第3期。

贾康:《建设政策性金融发展的体制机制:破解中小企业融资难题的有效探索》,《宁波经济(三江论坛)》,2011年第9期。

贾康:《中小微企业融资两难》,新浪财经,http://finance.sina.com.cn/review/hgds/20120829/174612991044.shtml,2012年8月29日。

蒋玉洁、徐荣贞:《自主创新型企业的金融支持体系研究》,《经济问题探索》,2007年第11期。

课题组:《杭州市科技型中小企业融资难的调查分析》,《杭州科技》,2011年第2期。

兰邦华:《打造科技型中小企业融资金融支持体系——全国各地中小企业投融资服务链建设经验综述》,《中国高新区》,2009年第8期。

李成、吕博:《中小企业界定标准的国际比较及启示》,《企业发展》,2009年第6期。

李新春:《单位化企业的经济性质》,《经济研究》,2001年第7期。

李子彬:《李子彬会长在中国中小企业协会第二届常务理事会第一次会议上的报告》,中国中小企业协会网站,http://www.ca-sme.org/content.asp?id=29017,2012年7月2日。

理财周报:《138亿集合票据解渴中小企业融资成本最高达12%》,金融界,http://trust.jrj.com.cn/2012/02/27063912344437.shtml,2012年2月27日。

林伟光:《完善广东科技型中小企业融资服务体系研究》,《财政研究》,2011年第9期。

林毅夫、李永军:《中小金融机构发展与中小企业融资》,《经济研究》,2001年第1期。

林毅夫、孙希芳:《信息、非正规金融与中小企业融资》,《经济研究》,2005年第7期。

刘降斌、李艳梅:《区域科技型中小企业自主创新金融支持体系研究——基于面板数据单位根和协整的分析》,《金融研究》,2008年第12期。

刘莉:《地方高校产学研合作问题研究》,《中国高校科技与产业化》,2010

年第 8 期。

刘敏、丁德科：《创新我国中小企业贷款模式的对策研究》，《管理世界》，2010 年第 8 期。

刘小川：《论我国对科技型中小企业的财政政策扶持体系》，《南京师大学报（社会科学版）》，2006 年第 6 期。

龙超、邓琨：《中小企业融资与社区银行发展——美国社区银行发展的启示》，《经济学动态》，2011 年第 8 期。

陆立军、周国红、徐亚萍：《科技型中小企业创新的制度原因及其启示——以浙江省绍兴市为例》，《科学学与科学技术管理》，2002 年第 23 期。

陆立军、周国红：《科技型中小企业与区域经济增长的实证研究——以浙江省为例》，《科学学与科学技术管理》，2003 年第 24 期。

陆立军、周国红：《浙江省科技型中小企业发展现状及问题探讨》，《研究与发展管理》，2001 年第 13 期。

陆立军：《浙江省科技型中小企业发展研究》，《中国软科学》，2001 年第 7 期。

罗亚非、洪荧：《科技型中小企业界定问题研究》，《统计研究》，2005 年第 5 期。

罗正英：《中小企业信贷资源占有能力提升的战略重点》，《中国工业经济》，2004 年第 4 期。

罗正英：《中小企业集群信贷融资：优势、条件与对策》，《财贸经济》，2010 年第 2 期。

美中国际合作交流会：《美国中小企业概况》，http：//www：usachina.org/case/jz0704.

秦德智、姚超：《政府行为对科技型中小企业成长的影响分析》，《企业经济》，2008 年第 4 期。

尚增健：《渐进式技术创新：科技型中小企业的成长路径——成长型中小企业成长机理的个案分析》，《管理世界》，2002 年第 6 期。

盛世豪、王立军：《产业集群促进科技型中小企业成长的机制研究》，《科学学与科学技术管理》，2004 年第 8 期。

束兰根：《科技金融融合模式与科技型中小企业发展研究》，《新金融》，2011 年第 6 期。

汤志江、苗绘、李海申：《高新科技型中小企业发展中的金融支持问题研究》,《浙江金融》, 2010 年第 8 期。
王国刚:《多层次资本市场体系建设若干问题》, 中国社会科学院网站。
王宏达、赵志强:《天津市科技型中小企业发展实证分析》,《现代财经》, 2003 年第 7 期。
王雷、党兴华:《R&D 经费支出、风险投资与高新技术产业发展——基于典型相关分析的中国数据实证研究》,《研究与发展管理》, 2008 年第 20 期。
王琦:《基于区域创新体系的科技型中小企业创新进化分析》,《经济纵横》, 2005 年第 10 期。
王胜清:《浅谈科技型中小企业的融资策略》,《财政金融》, 2009 年第 5 期。
王松奇、李扬、王国刚:《中国创业投资体系研究》,《科技进步与对策》, 2000 年第 17 期。
王松奇、李扬:《中国创业投资体系研究 (上)》,《财贸经济》, 1999 年第 1 期。
王素义、朱传华:《中小企业信用评价指标的选择与拓展》,《生产力研究》, 2009 年第 11 期。
王霄、张捷:《银行信贷配给与中小企业贷款》,《经济研究》, 2003 年第 7 期。
王玉荣、李军:《风险投资对中小企业自主创新影响的实证研究——基于中小企业板的经验数据》,《山东科技大学学报 (社会科学版)》, 2009 年第 11 期。
奚飞:《美国硅谷银行模式对我国中小科技企业的融资启示》,《商业经济》, 2010 年第 1 期。
肖玉香:《科技型中小企业金融支持制度研究》,《求索》, 2011 年第 5 期。
谢冰、蔡洋萍:《科技型中小企业立体式融资模式创新研究》,《财贸研究》, 2012 年第 2 期。
徐洪水:《金融缺口和交易成本最小化: 中小企业融资难题的成因研究与政策路径——理论分析与宁波个案实证研究》,《金融研究》, 2001 年第 11 期。
徐忠、邹传伟:《硬信息和软信息框架下银行内部贷款审批权分配和激励机制设计——对中小企业融资问题的启示》,《金融研究》, 2010 年第 8 期。
许晖、纪春礼、李季等:《基于组织免疫视角的科技型中小企业风险应对机理研究》，《管理世界》，2011 年第 2 期。

鄢洪平、马怀军：《风险投资解困中小科技企业融资难题》，《财政研究》，2007 年第 1 期。

杨刚：《科技与金融结合的支撑体系研究》，《工业技术经济》，2005 年第 8 期。

姚战琪、夏杰长：《促进现代金融服务业与科技进步的融合与互动》，《上海金融》，2007 年第 3 期。

余应敏：《科技中小企业财务预测数据的信息含量：基于创新基金立项因素的实证分析》，《中央财经大学学报》，2008 年第 11 期。

袁萍：《中小型科技企业创业融资研究》，《经济师》，2006 年第 2 期。

张保国：《中小科技企业融资策略分析》，《中国创业投资与高科技》，2004 年第 6 期。

张捷、梁笛：《我国中小企业贷款约束的影响因素分析》，《暨南学报（哲学社会科学版）》，2004 年第 26 期。

张捷：《中小企业的关系型借贷与银行组织结构》，《经济研究》，2002 年第 6 期。

张明喜、王周飞：《推进科技型中小企业发展的税收政策》，《税务研究》，2011 年第 6 期。

张明艳、田卫民：《财政支持科技型中小企业投入方式国际比较研究》，《特区经济》，2010 年第 8 期。

张世伟、李学、樊立庄：《养老保险政策的微观模拟》，《吉林大学社会科学学报》，2005 年第 45 期。

张世伟、万相昱、樊立庄：《个人所得税制度改革的微观模拟》，《吉林大学社会科学学报》，2006 年第 46 期。

张小蒂、李风华：《风险资本市场理论及其对我国中小型科技企业发展的启示》，《金融研究》，2000 年第 8 期。

章卫民、劳剑东、李湛：《科技型中小企业成长阶段分析及划分标准》，《科学学与科学技术管理》，2008 年第 29 期。

章卫民、劳剑东、殷林森等：《上海科技型中小企业政策支持现状调查》，《科技进步与对策》，2009 年第 26 期。

赵焕焱：《“十二五”期间中国酒店业市场竞争策略分析》，慧聪酒店网，http：//info.hotel.hc360.com/2012/12/280921471272，2012 年 12 月 28日。

中共天津市委金融（综合经济）工委课题组：《关于加快解决天津市科技型中小企业融资难问题的调查报告》，《华北金融》，2006 年第 1 期。

中国知识产权报：《贵州：专利质押融资为中小企业撑起一片天》，机械工业联合会机经网，http：//www.mei.net.cn/xghy/201304/491550.html，2013 年 4 月 22 日。

《中国中小企业平均寿命仅 2.5 年》，中国资本报道网，http：//www.esame.cn/NewsView.aspx?id=8637，2012 年 11 月 6 日。

周国红、陆立军：《科技型中小企业成长环境评价指标体系的构建》，《数量经济技术经济研究》，2002 年第 2 期。

周国红、陆立军：《科技型中小企业创新绩效的行为因素研究》，《数量经济技术经济研究》，2001 年第 9 期。

周再清、钟翼、欧阳国良：《供应链上中小企业信用评价模型的构建及实证研究》，《上海金融》，2010 年第 1 期。

周中胜、王愫：《企业家能力、信用评级与中小企业信贷融资可获性——基于江浙地区中小企业问卷调查的经验研究》，《财贸经济》，2010 年第 31 期。

英文著作

Camerer C., *Behavioral Game Theory: Experiments in Strategic Interaction*, Princeton: Princeton University Press, 2003.

Gurusamy S., *Financial Services and System*, Noida: Tata McGraw-Hill Education Private Limited, 2009.

英文期刊及论文

Batra G., Mahmood S., "Direct Support to Private Firms: Evidence on Effectiveness", *World Bank Policy Research Working Paper*, 2003(3170).

Benfratello L., Schiantarelli F., Sembenelli A., "Banks and Innovation: Microeconometric Evidence on Italian Firms", *Journal of Financial Economics*, 2008, 90 (2): 197-217.

Berger A. N., Frame W. S., "Small Business Credit Scoring and Credit

Availability", *Journal of Small Business Management*, 2007, 45 (1): 5-22.

Berger A. N., Udell G. F., "A more Complete Conceptual Framework for SME Finance", *Journal of Banking & Finance*, 2006, 30 (11): 2945-2966.

Camerer C. F., Fehr E., "When Does 'Economic Man' Dominate Social Behavior?", *Science*, 2006, 311 (5757): 47-52.

Camerer C. F., Ho T. H., Chong J. K., "A Cognitive Hierarchy Model of Games", *The Quarterly Journal of Economics*, 2004, 119 (3): 861-898.

Canepa A., Stoneman P., "Financial Constraints to Innovation in The UK: Evidence from CIS2 and CIS3", *Oxford Economic Papers*, 2008, 60 (4): 711-730.

European Commission, "SME User Guide Serves", *Official Journal of the European Union*: L 124, 2003: 36.

Gorodnichenko Y., Schnitzer M., "Financial Constraints and Innovation: Why Poor Countries don't Catch up", *National Bureau of Economic Research*, 2010.

Keuschniggchristian, "Venture Capital Backed Growth", *Journal of Economic Growth*, 2004, 9 (2): 239-261.

Orcutt G. H., "A New Type of Socio-economic System", *The Review of Economics and Statistics*, 1957, 39 (2): 116-123.

Oya Pinar Ardic, Nataliya Mylenko and Valentina Saltane: "Small and Medium Enterprises: A Cross-country Analysis with a New Data Set", *Policy Research Working Paper* 5538, January 2011.

Rogers B. W., Palfrey T. R., Camerer C. F., "Heterogeneous Quantal Response Equilibrium and Cognitive Hierarchies", *Journal of Economic Theory*, 2009, 144 (4): 1440-1467.

Saint-Paul G., "Technological Choice, Financial Markets and Economic Development", *European Economic Review*, 1992, 36 (4): 763-781.

"Silicon Valley Venture Capital Survey - First Quarter 2013", Fenwick & West LLP: http: //www: fenwick.com/publications/Pages/Silicon-Valley-Venture-Survey-First-Quarter-2013.aspx, 2013-04-23.

索　引

M

N

R

S

W

X

Y

Z

后　记

本书能够写作完成，并敢于出版，主要得益于财政部财政科学研究所贾康研究员的支持和鼓励，甚为感谢！贾康老师是我国著名的财经专家，本人有幸在攻读博士学位期间师从贾老师。贾老师的人格魅力和学术造诣吸引着大批学子投师门下，他渊博的学识、严谨的学风、敬业的精神，感召并影响了我们每一个人。在博士学习及其后的工作生涯中，贾老师渊博的知识和对科研的真知灼见，使我受益匪浅。也因如此，虽本书动笔至今一年有余，数易其稿，但我仍诚惶诚恐，生怕辜负贾老师的一片厚望。

本书的主要内容来自于本人的博士论文，在写作论文过程中，我还有幸得到了财科所王建新老师、孟翠莲老师、孟艳老师、封北麟老师、龙小燕老师等人的帮助和指导。书稿写作和修改过程中，吕旺实、赵全厚、杨良初、王泽彩几位老师给予了本人许多指导，提出了许多宝贵的意见。在此，我一并向这些专家和老师们表示由衷的敬意与感谢。

本书进一步修订得到了社科院数量经济与技术经济研究所数量经济理论方法研究室主任王国成研究员的具体指导和帮助。王国成是我国著名的博弈论专家，本人有幸跟随王老师进行博士后合作研究。王老师开阔的思路，数理方面深厚的学术造诣，使我受益良多。本书中的模型研究部分得到了王老师的悉心指导，在此特别致谢。同时，也感谢王老师在学习、生活等各方面的关心和帮助。

本书得到了国家科技支撑项目“面向科技型中小企业的科技金融综合服务平台及应用示范”（2012BAH31）课题“科技金融综合服务体系设计及政策理论研究”（2012BAH317-07）和国家重点基础研究发展计划（973计划）“气候变化经济过程的复杂性机制、新型集成评估模型簇与政策模拟平台研发”（2012CB955800）课题“气候变化与气候保护中的全球经济问题”（2012CB955802）的资助和支持，在此一并感谢课题组的各位同仁。

还要感谢经济管理出版社的编辑，他们不仅对书稿的文字表达进行了细致审校，还对书中有关内容给出了专业的修改意见。

我的妻子常莎，花费大量的时间和精力为本书进行了校正和格式调整。没有她的付出，本书很难让除我之外的人读懂。她及岳父母的鼓励、支持和生活上的关照，对于我顺利完成本书极其重要。在此，特别对她及岳父母表示感谢！

感谢我的父母，你们无私的付出才造就了我的今天。由于有了父母各方面的支持和无微不至的关爱，我才能够静下心来攻读博士学位和完成本书的撰写。感谢两位善良、正直的老人！另外，还要感谢所有关心我的亲人和朋友们，他们给予了我许多帮助。

刘　飞

于北京市鼓楼外大街

2014 年 11 月